비판적
읽기와
소통의
글쓰기

비판적 읽기와 소통의 글쓰기

유광수 | 임진영 | 김기란 | 주형예 | 강현조 지음

도서출판 박이정

CONTENTS

1부
읽기의 방법

1장 │ 대화적 읽기

1. 기본 정보 읽기 · · · · · · · 017
  1) 주변 정보 수집 · · · · · · · 017
  2) 소통 맥락 읽기 · · · · · · · 019
2. 개성적 이해 · · · · · · · 021
  1) 전문적 읽기 · · · · · · · 022
  2) 창의적 읽기 · · · · · · · 025

2장 │ 분석적 읽기

1. 단락과 구조의 분석 · · · · · · · 031
  1) 핵심어와 소주제문 찾기 · · · · · · · 031
  2) 단락 간 구조의 분석 · · · · · · · 033
2. 설득을 위한 수사적 전략 분석 · · · · · · · 041
  1) 논리적 설득과 로고스 · · · · · · · 042
  2) 공감을 통한 설득, 파토스와 에토스 · · · · · · · 042

3장 │ 비판적 읽기

1. 논리적 구성의 이해 · · · · · · · 055
  1) 이유와 근거 · · · · · · · 056
  2) 전제와 주장 · · · · · · · 058
2. 정합성 및 타당성 검토 · · · · · · · 059
  1) 논리적 인과 관계 · · · · · · · 060
  2) 숨은 전제와 가치판단 · · · · · · · 064

2부
쓰기의 방법

4장 │ 문제의식과 글쓰기

1. 주제 찾기의 방법 · 079
   1) 경험의 활용과 주제 찾기 · 079
   2) 읽기자료의 활용과 주제 찾기 · 082
2. 주제의 구체화와 내용 생성 · 087
   1) 질문 만들기와 내용 생성하기 · 088
   2) 설득력 있는 주장으로 수정하기 · 092

5장 │ 자료탐색과 글쓰기

1. 자료탐색의 방법과 기준 · 099
   1) 자료탐색의 방법 · 099
   2) 자료탐색과 선정의 기준 · 106
2. 자료 분석 평가 · 109
   1) 분석의 기준과 쓰임새 · 109
   2) 자료 분석 평가 방법 · 111
3. 자료 활용과 재맥락화 · 113
   1) 자료 활용 방법 · 113
   2) 재맥락화 양상과 방법 · 116

6장 │ 글의 목적과 쓰기의 전략

1. 이해와 설명 · 125
   1) 설명과 판단 · 125
   2) 설명의 방법 · 127

2. 해석과 비평 · 130
   1) 분석과 해석 · 130
   2) 감상과 비평 · 133
3. 제안과 반론 · 136
   1) 문제 제기와 대안 제시 · 137
   2) 반론과 토론 · 141

3부

읽기와 쓰기의 실제

7장 | 삶과 이야기

1. '나'와 이야기 · 149
   1) '나'의 경험과 기억 · 149
   2) 정체성과 욕망 · 151
2. 역사와 이야기 · 153
   1) 큰 이야기와 작은 이야기 · 153
   2) 작은 이야기의 복원 · 155
   📖 쓰기 양식 1: 인터뷰 · 159

8장 | 개인과 공동체

1. 개인과 공동체의 관계 · 167
   1) 자유주의적 관점 · 167
   2) 공동체주의적 관점 · 171
2. 현대 사회의 개인과 공동체 · 174
   1) 갈등과 쟁점 · 175
   2) 진단과 전망 · 180
   📖 쓰기 양식 2: 칼럼 · 187

9장 | 예술과 비(非)예술

1. 예술의 개념 · 195
　1) 예술과 비(非)예술의 경계 · 195
　2) 예술에 대한 정의 · 197
2. 예술작품의 수용과 평가 · 198
　1) 수용과 감상 · 199
　2) 해석과 평가 · 200
　▢ 쓰기 양식 3: 학술적 에세이 · 205

10장 | 종교와 과학

1. 종교와 과학의 관계 · 213
　1) 공존과 조화 · 213
　2) 갈등과 대화 · 216
2. 우리 시대의 종교와 윤리 · 219
　1) 현재에 대한 성찰 · 219
　2) 미래에 대한 전망 · 221
　▢ 쓰기 양식 4: 학술논문 · 227

참고문헌 · 239

이 책의 특성과 학습 방법

『비판적 읽기와 소통의 글쓰기』는 대학생들이 다양한 분야의 글을 논리적·비판적으로 읽는 방법을 익히고, 이를 글쓰기에 활용하는 방법을 학습하도록 구성한 책이다. 대학에서 공부하는 학생들은 이 책을 활용하여 다양한 읽기의 방법과 쓰기의 방법을 학습하고 학술적 글쓰기의 원리와 방법을 익힐 수 있다.

이 책을 효과적으로 사용하기 위해 필요한 몇 가지 사항을 정리하면 다음과 같다.

■ 이 책의 체제와 내용

이 책은 크게 3부로 구성하였다. 1부에서는 다양한 읽기의 방법을 설명하였고, 2부에서는 쓰기의 방법에 대해 설명하였다. 3부는 다양한 주제를 통해 1부와 2부에서 학습한 읽기와 쓰기의 방법을 실제 글쓰기에 구체적으로 적용시킬 수 있도록 구성하였다.

1부. 읽기의 방법

1장에서는 능동적으로 다양한 맥락을 구성하는 대화적 읽기의 방법을 설명하고, 2장에서는 텍스트를 논리적이고 분석적으로 읽는 방법에 대해 살펴본다. 3장에서는 논리적 구성에 대한 이해를 바탕으로 정합성과 타당성을 종합적으로 검토하며 비판적으로 읽는 방법을 학습한다.

2부. 쓰기의 방법

4장에서는 글쓰기 계획 단계에서 어떻게 주제를 찾고 내용을 생성하는지를 살펴본다. 5장에서는 글쓰기의 자료가 될 신뢰할 만한 지식과 정보를 찾아내서 글의 논지와 맥락에 맞게 구성하는 법을 알아본다. 6장에서는 다양한 글의 목적에 따라 그에 맞게 글을 쓰는 방법을 설명한다.

1~2부에서 학습한 읽기와 쓰기의 방법을 바탕으로 7~10장의 각 주제에 대해 이해하고 다양한 글로 자신의 생각을 표현하는 방법을 학습한다. 또 각 장의 끝에는 실제 글쓰기에 활용할 수 있도록 글을 쓰는 과정을 '쓰기 양식'으로 구체적으로 제시하여 과정 중심 글쓰기 학습이 가능하도록 했다.

[그림1] 각 부 내용의 상호관련성과 학습 흐름도

각 장의 구성 원리

이 책의 각 장은 다음의 세 가지 구성 요소로 이루어져 있다.

- 이해 및 방법
- 예문
- 학습활동 및 연습문제

이 책에서는 첫째로 다양한 읽기와 쓰기에 대한 기본적인 이해를 돕기 위해 읽기와 쓰기의 원리와 방법을 설명한다. 1부에서는 대화적 읽기와 분석적 읽기, 그리고 비판적 읽기란 무엇이고 그 구체적인 방법은 어떠한지를 살펴보았다. 2부에서는 학술적 글쓰기를 위해 문제의식을 가지고 주제를 찾고 자료를 탐색하는 방법, 설명하는 글, 비평하는 글, 제안하는 글을 쓰는 방법을 살펴보았다. 3부는 1~2부에서 학습한 내용을 바탕으로 삶과 이야기, 개인과 공동체, 예술과 비예술, 종교와 과학에 관련된 주제를 탐구한 후 다양한 형식의 글쓰기를 실습할 수 있도록 구성하였다.

둘째로 읽기와 쓰기에 대한 설명을 돕기 위해 다양한 예문을 제시하였다. 1~2부에서는 정치, 경제, 사회, 문화, 과학 분야의 글은 물론 그림, 사진, 도표, 수식 등 다양한 텍스트를 읽고 이해하도록 구성하였다. 3부에서는 해당 주제를 탐구하는 데 적합하다고 판단되는 예문들을 선정하여 해당 주제를 명확히 이해하고 글쓰기에 활용하도록 하였다.

셋째로 각 장의 핵심 내용을 익히도록 하기 위해 '학습활동'과 '연습문제'를 수록하였다. 학습활동에서는 각 장에서 설명한 원리와 방법을 수업 시간에 과정 중심의 학습을 통해 학생들이 서로 의논하며 익힐 수 있도록 했다. 그리고 각 장의 끝에 있는 연습문제는 내용 학습에서 익힌 사항들을 글쓰기 과정에 연결하여 실습할 수 있도록 제시하였다.

마지막으로 각 장의 첫머리에는 학습 내용을 간추린 요약문을 두었고, 본문 중간 중간에는 내용의 심층적 이해와 학습을 도울 수 있도록 팁(Tip)을 수록하였다. 3부의 각 장 끝에는 실제 글쓰기에 도움이 되도록 구체적인 매뉴얼을 제시하였다.

교수가 알아야 할 사항

- 이 책은 1부에서 3부까지 유기적으로 구성되어 있다. 따라서 이 책의 활용도를 높이려면 1부의 읽기 방법과 2부의 쓰기 방법을 연결하여 3부에서 여러 주제에 따라 적합한 글쓰기를 할 수 있도록 하는 것이 좋다.
- 이 책의 1~3부 중에서 어떤 부분을 학생들에게 중점적으로 가르칠 것인가에 대한 판단에 따라 다양한 수업 모델을 만들 수 있다. 2부를 중심으로 '글쓰기 과정'을 연습하면서 1부와 3부의 내용을 적절히 활용할 수도 있으며, 3부 주제별 글쓰기를 '쓰기 양식' 유형에 따라 연습하면서 1부와 2부의 방법을 선택적으로 학습할 수도 있다.
- 본문과 예문 중심의 강의보다는 각 장의 내용을 응용하여 학생들이 동료들과 협력하여 학습할 수 있도록 지도하는 것이 좋다.
- 교수자는 교재에 나온 내용에 국한하지 말고, 학생들이 각 장에 나온 내용과 관련 있는 주제를 연결하여 학습할 수 있도록 유도해야 한다.
- 각 장에는 본문 내용을 적용하여 학습할 수 있도록 '학습활동'과 '연습문제'를 배치하였다. 교수자는 이를 적절하게 선택하여 과제로 부과할 수 있다.
- 교수자는 '학습활동'과 '연습문제'에 대한 피드백을 충실히 해야 한다.
- 3부 각 장 끝에 있는 '쓰기 양식'은 실제 글쓰기에 활용할 수 있게 고안된 것이다. '쓰기 양식'을 활용하여 다양한 글쓰기를 연습하도록 한다.

학생이 알아야 할 사항

- 글쓰기는 작문 지식을 쌓고 이론을 배우기 위한 과목이 아니다. 학생들은 방법이나 이론을 연구하는 차원보다는 풍부한 자료를 비판적으로 읽고 꾸준히 쓰는 연습을 함으로써 글쓰기 능력을 향상시킬 수 있도록 노력해야 한다.

- 각 장에 수록된 예문들을 자세히 읽고 이해하는 데에서 더 나아가, 예문 안에 소개된 관련 자료와 작품들을 능동적으로 찾아서 읽는 노력이 필요하다.
- 수업 시간에 수행하는 학습활동과 연습문제를 효과적으로 익히기 위해서는 관련 내용에 대해 미리 준비 학습을 해 온다.
- 글쓰기의 학습 성과를 높이기 위해서는 동료 학생들과 긴밀히 협조하는 한편, 필요할 경우에는 교내에 있는 글쓰기교실(센터)의 도움을 받는다.
- 글쓰기 과제에 타인의 생각이나 글을 인용할 때는 출처를 분명하게 밝히고 표절을 하지 않도록 유의한다.

1부

읽기의 방법

1장

대화적 읽기

대화적 읽기란 텍스트가 제공하는 지식과 정보에 대한 이해를 통해 창의적 사고를 형성하는 능동적 읽기를 의미한다. 대화적 읽기에서 읽는 이는 글쓴이의 입장을 그대로 수용하는 것이 아니라 자신의 지식과 경험을 활용하여 다양한 맥락을 구성한다. 그런 의미에서 대화적 읽기는 글쓴이와 소통하면서 자신의 의견을 형성하는 적극적 읽기이다.

이 장에서는 읽는 이가 텍스트와 대화하는 몇 가지 방법을 제시하여, 글을 잘 쓰기 위하여 잘 읽을 수 있도록 연습할 것이다.

1 기본 정보 읽기

우리는 책이나 글을 선택할 때 매체에 실린 광고나 책 소개를 찾아보거나 블로그의 책 감상평이나 지인들의 추천평 등을 참고하는 경우가 많다. 이와 같이 읽는 이는 텍스트를 읽기 전에 주변 정보를 활용하여 이미 대화를 시작한다.

또한 텍스트가 집필 혹은 출판된 시기의 관심사, 문화 이해 방식, 글쓴이의 개성, 읽는 이가 놓인 상황이나 유행 등 다양한 소통 맥락 또한 텍스트를 읽는 데 크고 작은 영향력을 행사한다. 글쓴이와 읽는 이 사이에는 의식적이거나 무의식적으로 다양한 소통 맥락이 작용한다.

그러므로 대화적 읽기가 본격적으로 시작되기 전에 읽는 이는 자신이 활용할 수 있는 소통 맥락들을 점검하여 적극적으로 대화할 수 있는 도구를 갖추어야 한다.

1. 주변 정보 수집

글을 선택하여 읽기 전에 우리는 여러 가지 주변 정보를 바탕으로 내용을 추측하고 예상한다. 이때 출판사의 리뷰, 신문이나 포털의 책 소개란, 주변인의 추천, 대형 서점의 베스트셀러 순위, 블로그 서평, 책의 서문과 발문, 목차 등을 통해 도움을 얻기도 한다. 이와 같이 주변 정보를 수집하는 이유는 해당 글이 내가 원하는 글인지 판단하는 데 도움을 주기 때문이다. 나아가 정보 수집이 중요한 이유는 이렇게 파악한 정보들을 통해 읽는 이가 글쓴이와 대화하기 위해 필요한 전략을 효과적으로 세울 수 있기 때문이다.

가) 지난 45년 동안 보다 많은 사람들, 즉 미술가나 학생들 및 나아가 미술사학자들까지도 한결같이 다른 어떤 단행본보다도 에른스트 곰브리치의 〈서양미술사〉를 통해서 미술 세계에 대한 견문을 넓혀왔다. 이 책은 난해한 특수 용어들을 멀리한 솔직담백함과 미술에 대한 열정으로 참으로 많은 감화를 주어 온 한 위대한 미술사가의 훌륭한 역사서이다. 이 새 개정판은 곰브리치의 저서를 읽어가며 성장해온 우리 세대에게 매우 희소식이 아닐 수 없으며 후세들을 위해서는 더더욱 희소식이 아닐 수 없다.

– E.H. 곰브리치, 『서양미술사』, 백승길·이종숭 옮김, 예경, 2010(8쇄), 뒷날개 부분.

나) 『멈추면, 비로소 보이는 것들』, 혜민
쫓기듯 사는 삶에 지친 이들에게 혜민 스님이 전하는 지혜로운 이야기!
종교와 인종, 가치관을 뛰어넘어 진정한 인생의 잠언을 들려주는 혜민 스님의 에세이 『멈추면 비로소 보이는 것들』. 이 책은 관계에 대해, 사랑에 대해, 마음과 인생에 대해 머리로는 알지만 마음으로는 안 되는 것들에 대해 파워 트위터리안으로 불리는 저자의 지혜로운 대답을 담고 있다.

– 2012년 네이버 추천 베스트셀러 리스트 중에서.

다) 이 책은 중세 사람들이 책에 대해 지녔던 '열정'을 보여주고자 한다. 우선은 책이라는 귀한 물건이 만들어지는 과정, 즉 양피지가 필경사와 채식사들의 오랜 수고를 통해 수서본으로 태어나는 과정을 살펴 볼 것이다.

– 소피 카사뉴–브루케, 『세상은 한 권의 책이었다』, 최애리 옮김, 마티, 2006.

가)·나)·다)는 다양한 형태의 서평들이다. 여기에는 출판사의 홍보 전략이 반영되어 있지만, 읽는 이는 쏟아져 나오는 많은 출판물 가운데 자신에게 필요한 책을 선택하는 데 도움을 줄 주변 정보로 활용할 수 있다.

가)는 책날개로서 여기에는 책에 대한 평가가 들어 있다. 나)는 포털에 소개된 책 추천 평이다. 많은 독자들은 매일 쏟아져 나오는 다양한 책들 중에 필요한 책을 선택하기 위해 포털사이트의 추천 평이나 신문의 북 리뷰 등을 참고하기도 한다. 다)는 책을 들고 잠시 서문을 훑어보는 정도로 파악할 수 있는, 책에 대한 정보이다.

이와 같이 관련 정보들을 통해 읽는 이는 책에 대한 사전 정보를 수집한다. 정보 수집에서 꼭 필요한 것은 취사선택 능력이다. 내용 구성이나 저자에 대한 정보, 독자들의 반응 등 자신의 판단에 도움을 주는 정보들을 정확하게 수집해야 한다. 읽는 이가 자신의 필요에 따른 명확한 기준을 가지고 있어야 광고의 과장을 걷어내고 어떤 부분을 받아들여야 할지 판단할 수 있다. 읽기 전 단계에서 주변 정보들은 내용에 대한 대략적 이해를 돕고 주제나 가치에 대한 알려진 판단들을 점검하는 데 유용하다.

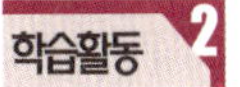 **학습활동 1** 조별로 책을 한 권 선택하여 그 책과 관련된 광고, 신문이나 포털 사이트의 책 소개란, 개인 블로그의 감상평 등을 찾아보고 조원들과 함께 수집한 정보의 종류와 내용에 대해 이야기를 나눠 보자.

학습활동 2 개봉 영화에 대한 비평 글을 쓰기 위해 영화 한 편을 선택하여 관람하고자 한다. 영화에 대한 다양한 정보를 수집하여 비교 검토한 후 선택해 보자. 어떤 이유 때문에 그 영화를 선택했는지 발표해 보자.

2. 소통 맥락 읽기

글의 종류, 글이 탄생된 사회·문화적 배경, 글쓴이와 읽는 이가 속한 사회의 공통된 상식과 변화된 상식 등은 글을 이해하기 위해 참조할 수 있는 맥락이다. 맥락에 대한 이해는 글을 다양한 시각에서 읽고 특정한 지점을 주의 깊게 읽어낼 수 있도록 도와준다. 이처럼 텍스트를 읽을 때 여러 맥락을 고려하며 읽는다면 단어와 문장의 의미를 파악하는 단순한 읽기 이상의 성과를 얻을 수 있다.

예를 들어 김광석의 노래는 1980년대 한국의 정치 상황에서 불렸던 민중가요와 포크 음악에 뿌리를 두고 있다. 현재에도 많은 사람들이 원곡의 목소리 그대로, 혹은 여러 후배 가수늘이 리메이크한 노래를 들으며 공감하고 있으며, 영화 삽입곡, 뮤지컬 등 다양한 방식으로 소통되고 있다. 하지만 같은 노래라고 할지라도 1980년대 대중문화와 2010년대 대중문화에서 차지하는 의미와 위상이 같을 수는 없다. 그러므로 시대와 매체, 감상 방식의 변화 등 다양한 맥락을 읽으면 이 노래에 대해 더 깊이 이해할 수 있을 것이다.

다음 예시 자료를 가지고 맥락을 읽는다는 것에 대해 더 생각해 보자.

예문 2 가)

– 스티브 잡스, Corbis/Reuters/Getty, 2003·2007·2010.

– 박웅현, 통신사 광고 카피, 2001.

나)의 '넥타이와 청바지는 평등하다'는 짧은 문장을 이해하기 위해서는 몇 가지 소통 맥락을 아는 것이 필요하다. 우선 이것이 광고 카피라는 것을 놓치지 말아야 한다. 그리고 넥타이와 청바지로 대변되는 화이트칼라와 블루칼라의 역사적·상징적·상식적 이미지를 떠올려야 한다. 가)와 같은 스티브 잡스의 감각적이고 활동적인 청바지 스타일과 점심시간에 우르르 몰려나오는 넥타이 부대의 고달픈 이미지도 맥락을 짚어내는 데 도움이 된다. 각 계급의 상징이었던 청바지와 넥타이는 이제 다른 맥락에서 소통되고 있다. 청바지와 넥타이에 대해 새롭게 생성된 의미가 광고 카피에 차용되면서 상품의 이미지를 만드는 전략에 이용되었다.

만약 상품 광고라는 정황을 이해하지 못하거나 넥타이와 청바지의 역사적 상징성을 제대로 알고 있지 못한다면, 그리고 상징적 의미의 변화가 일어난 현실을 감지하지 못한다면, 나)의 텍스트가 전달하는 의미에 대해 제대로 이해하기 어렵다.

이와 같이 맥락을 읽어내기 위해서는 다음과 같은 몇 가지 방법이 유용하다.

① 글쓴이가 속한 시대의 사회·문화적 배경을 이해한다.
② 글쓴이가 그의 다른 글에서 의도했던 생각의 방향을 참고한다.
③ 글쓴이가 사용하는 개념과 경험의 독특성을 파악한다.
④ 읽는 이가 속한 시대의 사회 문화적 성향을 점검한다.
⑤ 글의 장르와 매체, 그 글을 쓴 목적에 대해 생각한다.

학습활동 3 다음 시를 읽고 제시된 질문에 답해 보자.

> 사람들 사이에 섬이 있다. 그 섬에 가고 싶다
>
> — 정현종, 「섬」, 『사람들 사이에 섬이 있다』, 미래사, 1991.

ⅰ) 각자 자신이 활용할 수 있는 기본 정보를 바탕으로 위의 시를 읽어보자. 시 감상에 작동한 소통 맥락을 생각해 보자.

ⅱ) 자신의 감상은 조원들의 감상과 같지 않다. 그 이유에 대해 이야기를 나눠 보자.

ⅲ) 이 시를 다른 목적으로 활용해 보자. 여행지 소개 글, 광고카피, 새로운 패러디 시 창작 등 다양한 목적을 설정할 수 있다.

2 개성적 이해

대화적 읽기는 읽는 이가 텍스트를 적극적으로 읽으면서 그에 대한 자신의 의견을 점검하고, 나아가 자신의 생각을 구성하는 것을 가장 핵심적인 목표로 삼는다. 읽는 이는 전달되는 메시지를 일방적으로 받아들이는 것이 아니라 자신의 경험과 지식을 활용하여 이해의 맥락을 구성하며 읽어야 한다.

이와 같은 개성적 이해는 대화적 읽기가 지향하는 이상적 읽기이다. 읽는 이가 지식과 정보를 바탕으로 분석적·비판적으로 읽는 것을 전문적 읽기라고 한다면, 일반적 통념을 넘어서는 읽기를 창의적 읽기라고 할 수 있다. 전문성과 창의성의 경계가 명확하지는 않지만 텍스트를 읽는 서로 다른 방법이라는 점에서 구분하여 논의할 수 있다. 이 두 가지 방법이 결합되는 가운데 개성적 이해에 이르게 된다.

전문성 + 창의성 ⇒ 개성적 이해

● **전문적 읽기의 요건**

– 텍스트 이해를 위한 기초 지식을 갖추고 있다.

– 텍스트의 주제와 논리적 흐름을 파악한다.

– 논리적 근거의 타당성과 신뢰성에 대해 검토한다.

– 필요한 자료를 수집하여 분류하고 분석하고 메모한다.

– 기존 지식의 맥락에서 텍스트의 의미를 평가한다.

1. 전문적 읽기

전문 지식과 정보를 바탕으로 주어진 텍스트를 깊이 있게 읽는 것을 전문적 읽기라고
한다. 전문 지식을 단순 적용하는 것이 아니라 깊이 읽기를 기반으로 하여 새로운 이해
의 맥락을 구성하는 데까지 나아가야 전문적 읽기라고 할 수 있다.

그림 1 윤두서, 〈윤두서 자화상(尹斗緖 自畫像)〉, 조선후기, 고산윤선도전시관.

나) 여섯 자도 되지 않는 몸으로 온 세상을 초월하려는 뜻을 지녔구나! 긴 수염이 나부끼고 안색은 붉고 윤택하니, 보는 사람들은 그가 도사나 검객이 아닌가 의심할 것이다. 그러나 그 진실하고 삼가고 물러서서 겸양하는 풍모는 역시 홀로 행실을 가다듬는 군자라고 하기에 부끄러움이 없다.

– 이하곤, 「윤두서가 그린 작은 자화상에 붙이는 찬문[尹孝彦自寫小眞贊]」
(오주석, 『옛 그림 읽기의 즐거움』, 솔, 2005에서 재인용).

다) 전연 뜻밖에도 58년전 윤두서 〈자화상〉의 옛 사진을 발견하게 되었다. 그것은 1937년 조선사편 수회에서 편집하고 조선총독부가 발행한 『조선사료집진속(朝鮮史料集眞續)』이라는 책의 제3집 속에 들어 있었다. 옛 사진 속의 윤두서의 모습은 지금 작품과는 크게 달랐다. 그의 몸 부분이 선명하게 그려져 있었던 것이다. 그 결과 현 상태에서 몸 없이 얼굴만 따로 있는, 거의 충격적이라 부를 만큼 지나치게 강하기만 하고 날카롭기만 했던 〈자화상〉 속 윤두서의 인상이 원래는 훨씬 어질어 보이는 얼굴에 침착하고 단아한 분위기를 띠었다는 사실을 알게 되었다. (중략)

원래 있던 윤두서 〈자화상〉 사진 속의 상반신 윤곽선이 그 후 어떻게 해서 감쪽같이 없어졌을까? 비밀은 몸 부분이 유탄(柳炭)으로 그려진 데에 있었다. 유탄이란 요즘의 스케치 연필에 해당하는 것으로 버드나무 가지로 만든 숯이다. 이것은 화면에 달라붙는 점착력이 약해서 쉽게 지워진다. 그래서 데생하다가 수정하기에 편리하므로 통상 밑그림을 잡을 때 사용한다. 그런데 자화상의 경우, 중요 부분인 얼굴부터 먹선을 올려 정착시키고 몸체는 우선 유탄으로만 형태를 잡는 과정에서 그 몸에 미처 먹선을 올리지 않은 상태, 즉 미완성 상태로 전해오다가 언젠가 그 부분이 지워져버린 것이다.

– 오주석, 『옛 그림 읽기의 즐거움』, 솔, 2005.

가)는 조선 시대의 유명한 화가인 윤두서(尹斗緒: 1668~1715)의 자화상이다. 이 자화상에 대해 윤두서와 절친했던 이하곤(李夏坤: 1677~1724)이 나)처럼 읽었다. 다)는 옛 그림에 대해 전문적인 식견을 지닌 현대의 독자가 읽은 것이다.

나)에서 이하곤은 이상적 인물형인 '군자'(君子)라는 상식에 입각하여 윤두서의 자화상을 읽었다. 시간이 흘러 현대의 우리에게 얼굴만 있는 이 그림은 다소 의아하게 보이지만, 다)와 같이 다른 자료와 지식을 참고하면 윤두서의 자화상에 대한 새로운 이해에 도달할 수 있다. 이처럼 우리는 기존의 지식과 통념을 넘어 다양한 자료를 폭넓게 참고하고 활용하여 이해의 기반을 넓혀야 한다.

학습활동 4 다음 글은 '조선 후기 물장수'라는 대상에 대한 전문적 읽기의 사례이다. 활용된 지식과 정보에 대해서 논의해 보자.

조선 후기나 말기 어느 시점에서인가 물 길어다 주는 일을 전문으로 하는 한 무리의 남자 운반 노동자, 속칭 '물장수' 또는 '수상(水商)'이 출현했다. 물장수는 개항 이후 외국인의 카메라에 포착된 서울의 직업인 중에서 상당한 비중을 점하지만, 이상할 정도로 공식 기록에는 잘 나타나지 않는다. 그 탓에 지금으로서는 이 직업이 언제 처음 출현했는지를 알 도리가 없다. 이럴 때는 어쩔 수 없이 '역사적 상상력'을 동원하여 추정하는 수밖에.

우선은 임진·병자의 양란 이후 서울 성내에 노비 인구가 급감하고 부역 체계가 바뀌었던 점을 꼽아야 할 터이다. 임진왜란 당시 서울 노비들 스스로가 장례원(掌隸院)의 노비 문서를 불태웠을 뿐 아니라, 다수가 전쟁 중에 도주했고, 남아 있었거나 돌아온 노비들 중 일부는 훈련도감 등의 군대에서 새 일거리를 얻었다. 물론 물 긷는 일은 주로 비녀(婢女)들 몫이었기 때문에 이런 사정이 당장 물 공급 체계의 변화를 초래하지는 않았겠지만, 노비 수의 감소는 결국 노비가 담당하던 천역을 양민에게 덤터기 씌우지 않을 수 없게끔 했다. 또 전란 후 서울에 새로 입성한 사람들 중에는 지방 유민(流民)으로서 아무 일이든 가리지 않고 하는 사람들이 많았으니, 이들 돈 받고 남의 역을 대신 져주는 사람들에게는 '역'이 곧 '업'이었다. 상전이 '시켜서'가 아니라 '돈 받고' 물 길어다 주는 일이 낯설지 않은 분위기가 만들어지고 있었던 것이다.

둘째로는 인구증가와 소비 생활의 변화에 따라 물 사정이 악화되었던 점을 들 수 있다. 18세기 초반에는 도성 내 간선 하수도였던 개천이 갑작스럽게 폐색되었다. 인구증가에 따른 오물 투기의 증가, 목재 남벌에 따른 근교 산림의 황폐화, 농업지대 확장에 따른 배수 기능의 약화가 동시에 작용하여 개천의 폐색과 오염을 초래했고, 이는 우기의 범람으로 이어졌다. 그 결과 상당수의 도심부 우물에도 개천의 오물이 역류하여 흘러들었을 것이다. 18세기 말 준천의 시행으로 범람은 멈추었지만, 일단 오염되었던 우물이 쉬 깨끗해질 수는 없었다. 가까운 우물을 쓸 수 없게 된 사람들은 더 먼 곳에 있는 우물을 찾아야 했고, 그런 만큼 물동이 하나 머리에 달랑 얹고 종종 걸음으로 왕래할 수밖에 없었던 여자들에게 물 긷는 일은 고역 중의 고역이 되어버렸다. 이제 그 일은 남자의 일로 바뀌어야 마땅했다.

셋째로는 '질병의 세계화'와 관련하여 19세기 중반부터 조선이 콜레라의 침습(侵襲)을 겪기 시작했던 사정을 고려해야 한다. 1492년 콜럼버스의 '신대륙 발견'은 수만 년간 서로 격절된 채 다른 세계에서 살아왔던 인간 집단 사이에 교류의 통로를 열었다. 이후 범지구적 차원에서 인간과 물자의 교류가 확대되었는데, 그 당연한 결과로 세균과 질병 역시 함께 이동했다. 잘 알려진 대로 16세기 신대륙 원주민 인구 격감은 주로 유럽에서 전파된 두창에 말미암은 것이었다. 콜레라 역시 19세기 초까지는 인도 주변에 한정된 질병이었으나 영국인을 매개로 세계 도처로 확산되었다. 조선에 콜레라가 처음 침투한 것은 1821년으로 추정되는데, 이 질병은 그 이전까지 반복적으로 발생해왔던 역병들과 일정한 균형 상태를 이루었던 조선 사회를 크게 동요시켰다. 경험은 지식의 중요 원천이다. 당시 사람들은 이 치명적인 역병의 원인을 알지는 못했지만, 거듭 역병을 겪으면서 이윽고 이 질병이 물과 관련되어 있다는 사실을 알게 되었을 것이고 그런 만큼 깨끗한 물에 대한 수요도 늘어났을 것이다.

이런 사정에 비추어, 서울에 전업적 물장수들이 등장한 것은 18세기 말에서 19세기 초 사이였다고 본다. 20세기 초에 그들의 수는 서울에서만 1,000여 명을 넘어섰다. 물장수 사진이 특별히 많이 남아 있는 것은, 그들이 외국인의 눈에 희한한 존재로 비쳤기 때문만이 아니라 그 수 자체가 많았기 때문이기도 하다.

– 전우용, 『서울은 깊다』, 돌베개, 2008.

2. 창의적 읽기

창의적 읽기는 자신이 가지고 있는 경험, 기질, 교양 등을 반영하고 상상력을 통한 맥락화를 성공적으로 수행한 읽기를 의미한다. 개인이 속한 환경과 지식 기반을 적극적으로 활용하면서, 상상력을 바탕으로 주어진 글을 다른 상황이나 맥락으로 전환시키기 때문에 글쓴이가 의도한 것 이상의 의미를 생성하게 된다.

예문 4 가)

– 백남준, 〈굿모닝 미스터 오웰〉, 47분 37초, 백남준아트센터 비디오 아카이브 소장.

나) 백남준이 맥루헌의 비판의 영향으로 미디어에 "반격"을 가했지만, 그는 결코 안더스와 같은 비관론자가 아니었다. 그것을 보여주는 대표적인 예가 바로 서울, 뉴욕, 파리를 연결한 TV 쇼 「굿모닝 미스터 오웰」이다. '플럭서스'처럼 전자의 물결로 존재했던 이 퍼포먼스에서 백남준은 오웰이나 안더스의 기술적 비관주의를 가볍게 조롱했다.

하이데거는 '기술'을 철학적 문제로 끌어들인다. 『기술과 전향』에서 그는 기술을 한갓 인간의 통제 아래에 놓인 '수단'으로 바라보는 근대적 관점을 비판한다. 기술은 외려 인간을 지배하는 일종의 '숙명'에 가깝다는 것이다. 인간을 압도하는 기술. 수많은 공상과학 영화에 소재를 제공한 이 현대인의 두려움 앞에서 그가 뚜렷한 대안을 내놓은 것 같지는 않다. 그저 기술을 대하는 현존재(=인간)의 태도를 바꿀 것을 요청할 뿐이다.

기술에 대한 현존재의 태도. 하이데거만큼의 형이상학적 비장함은 없어도 이것은 또한 백남준의 주제이기도 했다. 현존재는 기술을 어떻게 대할 것인가? 이 물음에 백남준은 하나의 대답을 주었다.

백남준의 〈굿모닝 미스터 오웰〉은 창의적 읽기의 적절한 사례이다. 이 작품은 조지 오웰의 『1984년』이라는 텍스트를 창의적으로 읽은 결과물이다. '빅 브라더'가 텔레비전을 지식과 권력을 집중하려는 통제 수단으로 사용한다는, 『1984년』의 매스미디어에 대한 비관적 전망에 대해 〈굿모닝 미스터 오웰〉은 인공위성을 이용한 전 세계로의 생중계 방식을 통해 소통적 예술매체로서 텔레비전의 가능성을 보여주었다. 여기에서 창의적 읽기는 메시지에 대한 재해석으로만 나타나는 것이 아니다. '비디오 아트'라는 새로운 예술 장르의 창안이 이루어졌다는 점 또한 창의적 읽기의 결과로서 주목할 만하다. (백남준에 대한 평가는 나)에서 참조할 수 있다.)

창의적 읽기는 현실의 문제들을 통념과 다른 관점에서 접근하도록 인도해 주며, 그 결과 인간이 새롭게 인식할 수 있는 현실을 창조한다. 하지만 많은 경우, 이러한 창의적 읽기와 지식과 연구를 바탕으로 읽는 전문적 읽기의 경계는 분명하지 않다. 전문적 지식을 실제 텍스트와 관련시키고 해석하는 단계에서도 창의적 상상력이 개입하기 때문이다.

학습활동 5 다음 글을 읽고 조원들과 이야기를 나눠보자. 서로의 이야기에서 앞서 제시된 전문성과 창의성 요건에 비추어 '개성적 읽기'로 평가할 수 있는 요소들을 찾아보자.

백설공주가 잠에서 깨어나자, 난쟁이들은 백설공주에게 당신은 도대체 누구이며, 이 집에는 어쩌다가 들어오게 되었느냐고 물었어요. 그래서 백설공주는 어머니가 자기를 죽이려 했던 이야기와 사냥꾼이 자기를 죽이지 않고 놓아준 이야기, 하루 종일 달음질로 도망쳐 이 집까지 오게 된 이야기 등을 들려주었어요. 난쟁이들은 백설공주를 가엾게 여겼어요. 그리고 백설공주에게 말했어요. "저희들 대신 집도 지켜주시고 밥과 바느질, 설거지, 뜨개질, 청소, 빨래 등을 해주신다면, 저희와 함께 이 집에서 사셔도 좋습니다. 갖고 싶은 것 있으면 다 가지십시오. 그러나 밤에 저희들이 집에 왔을 때는 식사 준비가 되어 있어야 합니다. 저희들은 모두 낮에는 광산에서 황금을 캐니까 공주님께서는 집에 혼자 계시게 될 것입니다. 그러니 왕비를 조심하시고, 아무도 집 안에 들이지 마십시오.(그림 형제의 〈백설공주〉 1812년 판본)

– 잭 자이프스, 『동화의 정체』 김정아 옮김, 문학동네, 2008.

1 여러분이 미술관에서 전시물을 설명하는 안내자(docent)가 되었다고 하자. 앤서니 브라운 그림을 인터넷에서 찾아보고 그 중 하나를 골라 전시회에 단체 관람 온 초등학생들에게 설명하는 글을 2000자 정도 써 보자. 글을 쓸 때 다음과 같은 맥락을 고려하여 쓰도록 하자.

- 우리가 익숙하게 알고 있는 고전 동화의 맥락
- 초등학생들에게 설명해야 한다는 상황의 특수성
- 앤서니 브라운 동화책 내용과의 관련성
- 앤서니 브라운 작가의 작품 경향

2 다음 시를 창의적으로 읽어 나만의 '일곱 개의 단어로 된 사전'을 써 보자.

일곱 개의 단어로 된 사전

진은영

봄, 놀라서 뒷걸음질치다
맨발로 푸른 뱀의 머리를 밟다

슬픔
물에 불은 나무토막, 그 위로 또 비가 내린다

자본주의
형형색색의 어둠 혹은
바다 밑으로 뚫린 백만 킬로의 컴컴한 터널
─여길 어떻게 혼자 걸어서 지나가?

문학
길을 잃고 흉가에서 잠들 때
멀리서 백열전구처럼 반짝이는 개구리 울음

시인의 독백
"어둠 속에 이 소리마저 없다면"
부러진 피리로 벽을 탕탕 치면서

혁명
눈 감을 때만 보이는 별들의 회오리
가로등 밑에서는 투명하게 보이는 잎맥의 길

시, 일부러 뜯어본 주소 불명의 아름다운 편지
너는 그곳에 살지 않는다

– 진은영, 『일곱 개의 단어로 된 사전』, 문학과 지성사, 2003.

2장

분석적 읽기

분석적 읽기는 텍스트의 구성 요소와 전략을 꼼꼼히 읽어가며 전체 의미를 파악하는 것으로 독해의 기초 활동이 된다. 분석적 읽기의 목적은 텍스트의 중심 생각과 핵심 정보를 이해하는 것이지만, 그것이 이해에서 끝나지 않고 나의 글을 쓰는 활동으로 연결될 수 있어야 한다. 이를 위해서는 텍스트의 내용과 함께 구조와 논리적 연관 역시 분석되어야 한다.

이 장에서는 텍스트를 분석적으로 읽는 과정을 통해 나의 글을 구성하기 위한 전략을 알아본다.

1 단락과 구조의 분석

텍스트를 분석하기 위해서는 내용 단락을 구분한 후, 내용 단락 안에 있는 핵심 단어와 중심 문장의 관계에 주목하여 내용의 흐름을 이해해야 한다.

1. 핵심어와 소주제문 찾기

핵심어는 각 단락에서 다루고 있는 주요 내용을 담은 단어이다. 핵심어는 중심 소재일 수도 있고 화제일 수도 있으며 주제를 함축한 단어일 수도 있다. 보통 핵심어는 주요 내용과 관련되어 있으므로 대체로 단락마다 등장하고, 각 단락의 중심 문장의 주어로 위치하는 경우가 많으며, 작은 따옴표(' ')로 강조되기도 한다.

예문 1 **소쇄원**을 꾸민 사람은 조선 중종 때의 처사 양산보이다. 양씨 문중의 기록에 따르면, 양산보는 17세의 나이로 당시 대사헌인 조광조의 문하에 출입하였다 한다. 그 무렵의 조광조는 삼십대의 청년으로, 이념화된 주자학의 가파른 절정에 도달해 있었다. 아마도 어린 양산보는 조광조의 도포자락에 휘날리는 이성과 사유의 강파른 위엄에 압도되어 있었을 것이고, 사유의 힘으로 세계의 질서를 재편해나가는 젊은 스승의 아름다운 권력과 그 권력이 현실 속에서 가동되는 일대장관을 숨죽이며 바라보고 있었을 것이다. 젊은 스승의 낙원이 붕괴되자 양산보는 지체없이 낙향하였다. 그는 다만 돌과 나무와 물줄기를 끌어모아 소쇄원을 꾸몄다. 소쇄원 입구의 오솔길을 따라서 대봉대를 지나 좀더 올라가면 **애양단 마당**에 닿는다. 애양단 마당은 소쇄원 안의 여러 정자와 오솔길에 이르는 접근로이며, 소쇄원 정원 전체를 한 시선에 들여앉힐 수 있는 중앙관측소인 셈이다. **애양단 마당의 '중**

양'은 스스로가 풍경의 일부로서의 숨어 있는 중앙이며, 감추어진 기능적 중앙인 동시에 스스로 하나의 변방 풍경이다. 이 북쪽 변방이 양지발라서 겨울에 계곡수가 꽁꽁 얼어붙을 때도 이 마당에는 햇볕이 자글자글 끓고 있다고 해서 애양(愛陽)이라고 이름지었다 한다. 애양단 마당은 소쇄원의 공간적, 기능적 중앙이지만, 그 중앙은 단지 햇볕만을 기다리고 있는 겸손한 중앙이다. 소쇄원에서는 세계를 혹은 풍경을 관찰하고 해석하고 거기에 관하여 말을 하는 주체로서의 자아의 입지와 위상이 물리적 공간의 거죽으로 돌출되지 않는다.

– 김훈, 『풍경과 상처』, 문학동네, 1993.

앞의 예문에서 굵게 표시한 소쇄원은 중심 소재인 동시에 핵심어이다. '소쇄원'은 다시 하위 범주인 '소쇄원의 마당 애양단'으로 구체화되고, 애양단의 '중앙'이 지니는 공간적 특징은 주제를 효과적으로 집약하면서 이 글의 초점이 되고 있다.

보통 한 편의 글은 여러 개의 단락으로 구성된다. 각 단락은 한 개의 중심문장, 즉 소주제문과 그 내용을 뒷받침하는 문장들로 이루어진다. 단락 안에서는 소주제문을 지지·보충·상술하기 위한 다양한 방법이 활용된다. 구체적인 예화를 제시하는 것도 그 중 하나이다.

예문 2 역사를 읽으면서 우리는 빈번히 인간됨의 수수께끼에 놀라지 않을 수가 없다. 600만의 유태인을 체계적으로 제거한 나치 정부는 1936년 1월 14일자로 된 어류 및 냉혈동물에 관한 법규 속에 다음과 같은 규정을 두고 있다. "인간 소비를 위해 살해하려는 조개, 새우 등 갑각류는 가능하면 강렬하게 비등하는 물속에 집어넣어야 한다. 동물을 차거나 미지근한 물에 넣은 후에 물을 끓이는 것은 금한다." 동물을 요리할 때 안락사 시켜야 한다는 극히 인도주의적 조항이다. 하인리히 힘러는 돌격대장을 거쳐 내무장관을 지낸 나치 지도자의 한사람인데 이러한 대화가 남아 있다. "불교의 승려들이 숲을 지날 때 아직도 조그만 방울을 달고 다닌다는 얘기를 듣고 아주 감동을 받았어요. 자기가 밟을지도 모르는 동물들에게 도망갈 기회를 주기 위해서랍니다. 그런데 우리 쪽에선 아무 생각 없이 달팽이나 벌레를 함부로 밟아버리거든요." 잔학한 테러를 총지휘한 냉혈한으로 묘사되는 힘러의 말인데 성자의 말씀처럼 들린다. 인간의 수수께끼에 다시 한 번 놀라지 않을 수 없다. 이러한 수수께끼 앞에서 망연자실하면서도 우리들은 그러나 인문주의적인 꿈을 버리지 못한다. 버릴 수도 없다.

– 유종호, 『시란 무엇인가』, 민음사, 1995.

앞의 예문 단락에서 소주제문은 첫 문장이다. 그 다음 내용은 밑줄 친 소주제문을 뒷받침하기 위한 구체적 예화이다. 나치 시대의 정부규정과 나치 돌격대장의 예화가 대비되면서 인간이 보여주는 일관성 없는 모순된 행동이 효과적으로 설명된다. 이처럼 예화를 제시할 때는 대표성을 지니는 몇 개의 예화를 함께 제시하는 것이 좋다.

다음 단락의 핵심어를 찾아 표시해 보자.

예술계에서는 추상 표현주의가 프로파간다식 활동에 적합한 양식으로 생각되었다. 추상 표현주의는 통제되고, 전통적이며, 편협한 사회주의 리얼리즘의 본질과는 정반대로 상정하기 좋은 미술 양식이었다. 작품에 개인적인 강조를 부여하고 알아볼 수 있는 대상을 그림으로부터 제외시킴으로써 추상 표현주의는 새로운 미술 운동을 창조해내는 데 성공했다. 폴록을 비롯한 대표적인 미국 아방가르드 미술가들이 초기의 정치 운동에 대해 매우 냉소적인 시선을 보낸 사실도 좋은 예가 되었다. 이처럼 정치에 비관적인 예술가들이 만들어내는 순수한 예술에도 미국 정부는 따뜻한 시선을 보낸다는 아량을 보여주고자 한 것이었다. 그러나 추상 표현주의는 냉전이라는 시대적 요구에 알맞게 미술과 정치를 분리시켜 순수한 예술의 열정만을 표출하였음에도 불구하고 결과적으로는 가장 정치적인 현상을 양산하고 말았다. 예술의 강력한 후원자로서 미술계를 통제했던 록펠러나 휘트니 역시 정치 영역에서 문화가 갖는 가치를 이미 인식했던 것이다.

— 코디 최, 『20세기 문화 지형도』, 컬처그라피, 2010.

2. 단락 간 구조의 분석

단락과 단락을 엮어내는 텍스트의 구조는 글쓴이가 주제를 전개하는 전략이라고 할 수 있다. 단락과 단락이 논리적 연관에 따라 유기적으로 결합될 때, 텍스트 전체의 주제가 효과적으로 드러날 수 있기 때문이다. 텍스트의 구조는 서론–본론–결론의 3단 구성처럼 형식적으로 고정된 것이 아니다. 내용을 효과적으로 전달하기 위해 글쓴이가 선택한 재료들의 배열이며, 그러한 배열이 만들어내는 사고의 진행 과정 혹은 진행 방향이 텍스트의 구조라 할 수 있다.

① 비교와 대조

단락 간 구조를 형성하는 방법으로는 예화의 제시, 비교와 대조, 유비와 인과 등이 활용된다. 이 중 가장 많이 활용되는 것은 단락과 단락을 유사 관계와 대립 관계로 배치하는 비교와 대조이다. 다음 예문을 살펴보자.

① 1997년 서울. 서울대학교가 타교생이나 졸업생들의 도서관 출입을 막기 위해 학생증 바코드를 만들었다는 1단 기사. 고시와 취업 때문에 느닷없이 대학가를 강타한 면학 열풍이 도서관을 늘 만원으로 만들었고, 자리가 부족한 도서관에 대한 학생들의 불만이 누적되어 학생회와 협의 끝에 취한 조처라는 설명이다. 서울대학교만큼 언론의 조명은 못 받았지만, 다른 대학들도 사정은 마찬가지이다. 그런데 나는 어느 대학의 학생회도 외부인의 도서관 이용 금지 조치에 대해 진지하게 토론하고 그것의 사회적 의미를 물었다는 소리를 들은 적이 없다. 정치적 지향이나 운동의 논리에서 볼 때 1968년의 파리와 1997년 한국의 학생 운동 간에 이념적 차이는 찾기 어려울지도 모르겠다. 그들은 적어도 노동자-학생 연대라는 구호를 공유했다. 그럼에도 불구하고 나는 양자 사이의 메울 수 없는 문화적 거리를 직감한다. 각 행위 주체의 의식 심층에 깊게 뿌리박고 있는 이 문화적 차이는 정치적 구호를 공유한다고 해서 지워지는 것이 아니다. 그 차이는 궁극적으로 대학과 사회의 관계를 설정하는 방식의 차이로 드러난다. 1968년의 파리가 대학의 공공성을 쟁취했다면, 1997년 이후의 한국은 대학의 생산성 논리에 패배했다.

② 1968년 파리의 대학생들은 24시간 내내 소르본느를 노동자들에게 개방한다고 선언했다. 투쟁은 엘리트 양성과 권위주의 구조, 학생들에 대한 가부장주의와 학교-학부-학과 사이에 존재하는 철통같은 위계질서, 학생들의 특권적 지위, 전문 지식의 신비화 등에 대한 비판에서 촉발되었다. 그것은 대학을 기술 관료의 요구에 따라 산업 생산의 기지로 바꾸려는 정치권력과 자본의 기도에 대한 학생들의 투쟁이었다. 노동자-학생 연대라는 구호는 이제 대학을 모든 사람들에게 개방한다는 '장벽 없는 대학'이라는 목표로 이어졌다. 1968년의 밑에 깔려 있는 문제의식은 정치권력의 문제가 아니라 그것을 넘어서 일상을 지배하는 규율 권력에 대한 문제 제기이기도 했다. 여성에 대한 남성 지배, 소수 민족에 대한 지배 민족의 억압, 소비주의에 대한 문화적 순응, 정치권력을 강화해 주는 맹목적 애국심, 가부장주의의 온상인 가족 제도 등 그야말로 일상생활을 지배해 온 자연스런 전제들이 의문시되고 부정되었다. 대학은 이로써 '반문화(counterculture)'의 핵심 거점이 되었고, 사회에 대한 비판적 기능이라는 고유의 공공성을 지킬 수 있었다.

– 임지현, 「일상적 파시즘의 코드 읽기」, 『우리 안의 파시즘』, 삼인, 2005.

위의 예문은 예화를 통해 글쓴이의 생각을 구체적으로 전달한다. ①의 예화와 ②의 예화는, 1997년의 서울과 1968년의 파리라는 시공간의 차이에 따른 대학의 기능과 역할의 변화를 보여준다. 하지만 두 예문 모두 대학의 공공성 문제를 전제로 공유하고 있다.

서로 다른 관점의 글에서도 공유되는 지점을 발견할 수 있다. 반대로 서로 유사한 관점의 글에서도 차이점을 찾아낼 수 있다. 유사점과 차이점을 비교하고 대조하여 꼼꼼히 분석하면 찬반에 따른 단순한 이분법을 극복하고 상호소통의 가능성을 찾을 수 있다.

 다음 글을 읽고 제시된 분석표를 활용하여 분석해 보자.

그간 독일의 프랑크푸르트 알게마이너 지는 자본주의의 미래에 관한 글들을 연재물로 싣고 있었는데, 최근에 실린 글은 상당한 논쟁과 주목의 대상이 되었다. 그것은 관계된 두 필자 페터 슬로터다이크와 악셀 호네트가 독일 학계에 널리 알려진 철학자들이기 때문이기도 할 것이다.(중략)

논쟁의 발단은 페터 슬로터다이크 교수의 자본주의론이다. 사람들을 놀라게 한 것은 진보주의자라고 할 수도 있는 슬로터다이크 교수가 극렬한 언어로 자본주의를 옹호하고 나선 것이다. 그에 의하면, 루소로부터 마르크스 그리고 레닌에 이르기까지 자본주의 비판은 자산가와 자본가들의 자산이 도둑질의 합법화라는 주장에 근거한다. 자연을 선점유하고 지대를 요구하고 노동자가 창조한 잉여가치를 강제수용하는 일 모두가 그 예가 된다. 그러나 슬로터다이크 교수는 이것은 19세기까지의 체제를 말하는 것이고, 오늘에 해당되는 것이 아니라고 한다. 기업가나 노동자나 다 같이 생산적 가치 창조에 참여하고 있는 것이 오늘의 경제이다. (금융위기에서 드러났듯이, 사회적 대립적 양극이 있다면, 그것은 금융대출자와 차용자인데, 이 대결에서 사업가와 노동자는 같은 편에 서 있다고 슬로터다이크 교수는 말한다.) 오늘날에 와서 생산된 잉여가치를 강탈해가는 것은, 어떤 경우, 소득의 반 이상을 세금으로 거두어 가는 국가이다. 세금은 부패한 정부 관리들의 몫이 되기도 하고, (선진국의 경우) 사회 복지 비용으로 지출되기도 한다. 이렇게 보면 복지국가는 '도둑정치 체제'라고 부를 수 있다.

　이러한 주장을 담은 슬로터다이크 교수의 논설이 발표된 몇 달 후인 지난 9월25일 악셀 호네트 교수는 '차이트'지에 이것을 반박하는 장편의 글을 발표했다. 프랑크푸르트 학파를 계승하는 유명한 철학 교수인 그가 분개한 것은 이해할 만하다. 그 반박문이 나온 것은 총선 직전이었는데, 총선에서 사회민주당을 돕겠다는 생각도 호네트 교수의 마음에 있었는지 모른다. 슬로터다이크의 복지국가 비방은 비스마르크의 위로부터의 개혁 그리고 영국과 프랑스에서의 피나는 노동 운동이 얻어낸 역사적 과실을 뒤집어엎자는 것이다. 슬로터다이크의 정치론에서 중요한 것은 심리적 동기로서의 원한과 분노와 시기심이다. 자본가 계급이 생산적인 계급이 되었음에도 불구하고 자본가의 부의 축적을 절도 행위의 결과라고 하는 것은 이러한 부정적 심리 작용으로 인한 것이라고 그는 생각한다. 그러나 호네트 교수에 의하면, 이것은 사회 국가가 실현하고자 하는 평등과 정의의 사회 이상을 바르게 이해하는 것이 아니다. 사회국가는 정치적으로나 도덕적으로나 정당한 원리―엄숙한 이성의 명령을 현실 속에 구현하고자 하는 노력이며, 미움이나 시기심과 같은 부정직인 심리에서 나오는 이념이 아니다. 슬로터다이크는 역사와 현실의 천박한 이해로부터 출발하여 실업자 구제나 고용 확대에 대한 넋두리를 그만두라고 하고, 역사의 업적인 사회국가의 정책을 포기하라고 한다. 그는 잘 사는 사람들에 의한 납세 거부 투쟁을 주장한다. 이것을 요약하여 표현한 것이 그의 논설 제목 '베푸는 손의 혁명'이다.

　호네트 교수의 논평에 대하여 총선일인 지난달 27일자 프랑크푸르트 알게마이너 지는 슬로터다이크 교수의 반박 논설을 게재했다. 호네트 교수의 어조를 두고, 슬로터다이크 교수는, "금융가들의 탐욕에 법적인 한계를 정하기 어려운 만큼이나, 불행한 철학교수의 마음에 농축되는 독(毒)에도 한계를 부여하기 어렵다"고 말한다. 그는 호네트 교수와는 정식으로 논쟁을 벌일 생각이 없다고 한다. 그러면서도 자신의 주장을 다시 설명한다. 그중에서 가장 중요한 것은 사회국가의 폐지가 그의 목표가 아니라는 것이다. 그가 원하는 것은 사회의 심리적 동력학을 재조정하는 것이다. 오늘날 사회를 움직이고 있는 것은 탐욕이다. 그리고 여기에서 생겨나는 것을 다시 빼앗아오는 것이 사회국가이다. 그런데 부자가 국가에 빼앗기는 돈을 기증하는 것이 되게 한다면 어떻게 될 것인가? 결과는 같겠지만, 사회 행동의 표준은 크게 바뀌고, 사회는 탐욕의 문화가 아니라 긍지의 문화로 이행하게 될 것이다. 거기에서 베푸는 일은, 십계명(十誡命)에 추가하여, '열한 번째의 계명'이 될 것이다. 그러한 문화의 전제하에서 과세제도에 대한 사실적 검토가 가능해지고, 체제의 간소화가 이루어질 수 있을 것이다. 그리고 작은 정부가 실현될 것이다. '베푸는 손의 혁명'은 이러한 대전환을 지칭하는 것이다.(후략)

― 「김우창 칼럼―사회체제 속의 심리 인자(因子)들」, 『경향신문』, 2009. 10. 7.

▶ 분석표 ◀

텍스트의 공통 화제	
화제에 대한 두 입장(관점)	
두 입장 사이 공통점 찾기	
두 입장 사이 차이점 찾기	
공통점과 차이점을 바탕으로 자신의 주장 써보기(500자 내외)	

② 유비와 인과

단락과 단락은 유비와 인과 관계를 통해서도 구조화될 수 있다. 유비는 비교되는 두 대상의 유사성에 기대어 글쓴이의 주장이나 생각을 간접적으로 드러낸다. 유비는 예화를 제시하는 방법을 활용하는데, 하나의 구체적 예시를 통해 그것과 유사한 다른 대상을 간접적으로 설명한다.

예문 4 미국의 치피와 인디언족 추장인 애덤 노드웰이 어제 로마에서 돌발적인 행동으로 관심을 끌었다. 캘리포니아에서 출발한 비행기를 타고 로마에 도착한 노드웰은 부족의 왕을 상징하는 복장을 하고 비행기에서 내리면서, 크리스토퍼 콜럼버스가 과거에 아메리카 대륙에서 했던 것과 똑같은 방식으로 "'발견의 권리'에 따라 아메리카 인디언의 이름으로 이탈리아를 소유할 것"이라고 선언했다. 노드웰은 "나는 오늘을 '이탈리아 발견의 날'로 선언한다"고 말했다. 이어 그는 "콜럼버스는 무슨 권리로 이미 수천 년 전부터 사람들이 살아온 아메리카 대륙을 발견했다고 말했는가? 이제 나도 그와 똑같은 권리로 이탈리아에 와서 당신네 나라를 발견했음을 선언한다"고 말했다.

– 앤서니 웨스턴, 『논증의 기술』, 이보경 옮김, 필맥, 2004.

앞의 예문은 유비의 방법으로 구성된 한 단락의 글이다. 인디언 추장인 애덤 노드웰은 자신의 이탈리아 방문을 발견이라고 규정하면서 이탈리아에 대한 소유권을 주장한다. 한 인간이 새로운 장소에 처음 도착했다는 점에서 콜럼버스와 노드웰의 행위는 본질상 서로 다르지 않음에도 불구하고 유독 한 사람에게만 '발견의 권리'를 인정하는 근거가 무엇인지 묻고 있는 것이다. 노드웰은 유비를 통해 제국주의적 식민지 정책을 역설적으로 비판하고 있다.

이에 비해 인과는 두 가지 이상의 대상 사이에서 발견되는 원인과 결과 관계를 구조화하는 방법이다. 다음 예문을 분석해 보자.

예문 5 ① 급격한 세계화의 물결 속에서 이제 노동의 이동은 자본이나 상품의 이동만큼이나 일상적인 일이 되어가고 있다. 이러한 현상은 국가 간 산업발전의 차이에서 오는 임금 불균형과 노동력 수요의 차이에서 기인한 것이다. 한국 역시 고도의 경제성장과 고학력·고령화 현상 등으로 인해, 1980년대 후반부터 급격하게 나타나기 시작한 노동력 부족 문제를 중국의 조선족이나 동남아 외국인 노동자들에 의지해 해결해 나가고 있다.

② 국제적인 노동 이동은 노동자를 수출하고 수입하는 국가 모두에서 새로운 변화들을 야기하였다. 먼저 이주노동자들을 수입하는 국가들은 고임금과 단순근로 및 3D 기피현상 등으로 인해 발생한 노동력의 공백을 이주노동자들을 통해 채워나감으로써, 경제성장을 위한 새로운 동력원을 확보할 수 있게 되었다. 그러나 다른 한편에서는, 저임금의 이주노동자들이 급격하게 유입되면서 자국의 노동자들이 지나치게 많은 일자리들을 잃어버리지 않을까 하는 우려감이 확산되기 시작했다. 또한 보수적인 성향의 단체들을 중심으로 국가 정체성의 문제 역시 거론되기 시작했다. 나아가 이주노동자들이 점차 사회적으로 하부계층 및 불만계급으로 자리잡아감에 따라, 이것이 잠재적인 사회 불안요소로 작용하여 국가 운영에 큰 부담을 줄 것이라는 비판도 제기되었다. 다음으로 이주노동자를 수출하는 송출국에서는 이주노동자들로부터의 송금과 기술 습득이 국가 경제의 큰 수입원이 되었다. 그러나 다른 한편에서는 고급인력의 대량유출로 인한 발전 동력의 부재 현상이 나타나기 시작했다. 또한 송출국들은 자국인들의 인권이 노동 수입국에서 유린당하는 것을 그저 지켜봐야만 하는 문제가 발생하기도 하였다.

③ 노동 이동을 둘러싼 이 같은 일련의 현상들에 대해, 킨(Keane)은 중심부(inner core)와 주변부(periphery) 간의 간극이라는 개념을 중심으로 접근하고 있다. 그에 의하면, 현재 세계는 주권국가 중심의 국제질서와 하나의 세계정부에 의한 질서 사이에 중간적인 형태로 존재하고 있는 코스모크라시(cosmocracy) 상태이다. 이러한 코스모크라시에서는 중심부와 주변부 간의 간극이 발생하게 된다. 그리고 이때 구조의 중심에 위치한 국가들 사이에는 일방적인 의존성(dependence)만이 존재하게 된다. 그런 점에서 현재 나타나고 있는 노동의 이동은 중심부와 주변부 간의 일방적인 의존성에 근거한 현상이라고 할 수 있다.

④ 월러스틴(Wallerstein) 역시 현대 노동 이동의 흐름을 구조론적인 시각에서 조명하고 있다. 그에 의하면, 현재의 노동 이동은 대부분 주변부의 저발전 국가로부터 중심부의 선진국으로 이동하는 형

태가 주류를 이루고 있다. 따라서 노동 송출국과 수입국 간의 경제적인 이해관계에 의해 발생한 이주노동자 문제는 동등한 수준의 정치·경제력을 갖춘 국가들 간의 문제가 아니라, 세계자본주의체제에 있어 중심국과 주변국의 불평등한 관계에 위치한 국가들 간의 문제라고 볼 수 있다. 즉, 키첼트(Kitchelt)와 젠킨스(Jenkins) 등이 지적한 것처럼, 상호의존성 구축과 상대국에 대한 유연한 개방체제 확립, 그리고 보조성의 원리 실현 등과 같이 국가 간 경제교류의 원활한 흐름을 위해 필수적인 원리들이 노동 송출국과 수입국 간의 관계에서 충분히 담보되지 못하고 있는 것이다. 더욱이 이러한 문제에 있어, 중심부와 주변부, 또는 남북 간의 경제적인 불평등을 해소하려는 국제기구의 노력 역시 대표성의 결여에서 오는 민주적 정당성의 부족으로 인해 현실적인 한계들에 직면하고 있다.

⑤ 이러한 상황 속에서, 이주노동자 문제 해결을 위한 대안으로 최근 제기되고 있는 것이 세계시민사회의 역할이다. 특히 노동 송출국과 수입국의 일국의 시민사회의 역할을 뛰어넘는 시민사회 행위자들 간의 연대와 초국가적 시민사회 행위자들의 역할이 이러한 이주노동자 문제의 해결에 있어 매우 중요한 역할을 할 수 있다는 것이다. 중심부와 주변부 국가 간의 정상적인 경제적 교류를 가로막는 일련의 간극들을 좁혀나가는 데 있어, 시민사회라는 제3섹터가 교량적 역할을 할 수 있음을 가정하는 살러먼 등의 학자들에 의하여 이러한 의견은 매우 큰 영향력을 가지고 받아들여지고 있다. 즉, 이주노동자 문제를 해결하는 데 있어, 국가와 시장, 그리고 국제기구 등이 지니고 있는 태생적 한계를 보완할 수 있는 하나의 대안으로서, 세계시민사회를 중심축으로 하여 이주노동자 문제를 가지고 있는 당사국들에 외부적 영향력을 행사하여 새로운 대안을 조직하도록 강제한다는 것이다.

⑥ 그러나 최근 사회과학 일각에서 불고 있는 이러한 시민사회 만능주의는 또 다른 역기능을 불러올 수 있다. 특히 이주노동자 문제는 단순히 이주노동자들의 인권이나 사회적 지위의 문제를 뛰어넘어, 한 국가에 있어 그 국가의 시민들의 경제사회적인 문제와 직접적인 연계를 가지고 있기 때문이다. 최근 시민사회와 초국가적 행위주체들이 앞장서서 새롭게 이주노동자들에 대한 정책을 통과시킨 독일의 경우를 보더라도, 그것이 일국의 내부적인 사회경제적 문제를 간과했을 때, 결코 바람직하지 못한 대안으로 남을 수 있다는 것을 보여주었다. 즉, 독일의 사례연구는 글로벌 거버넌스 제도의 형성과 활성화를 통한 논의가 글로벌 거버넌스 제도 자체의 민주적 형성에 지나치게 집착함으로써, 그것이 국민국가 차원의 민주주의에 가져오는 비민주적 효과에 대해서는 자칫 소홀할 수 있다는 것을 잘 보여주고 있다고 하겠다.

⑦ 따라서 본 논문은 이러한 문제의식을 바탕으로 하여 기본적으로 국가와 시민사회, 그리고 시장 등으로 구성된 다차원적인 네트워크(multisectoral network)의 관점에서 이주노동자 문제의 해결책을 제시하려고 한다.

– 김성수, 「이주노동자 문제와 그 대안: 내재화된 자유주의를 중심으로」, 『시민사회와 NGO』 7권 2호,
한양대학교 제3섹터연구소, 2009.

앞의 예문은 인과 관계로 구조화된 텍스트이다. 모두 7개의 단락으로 구성되어 있는데, 우선 '국제적인 노동 이동 현상'이 가져온 변화를 설명한 후, 그 배경과 원인을 분석한다. 나아가 분석된 원인을 바탕으로 기존 논의가 지닌 문제점과 한계를 지적하고 글쓴이의 관점을 제시한다.

앞의 예문의 내용과 구조를 한 눈에 들어올 수 있도록 표로 정리해 보면 다음과 같다.

▶ 분석표 ◀

단락별 소주제	단락별 뒷받침 세부 내용			단락별 전개 방법	단락간 연결 관계	
① 국제적 노동 이동의 확대(현상)	임금과 노동력 수요의 불균형			원인·결과	화제 제시	도입
② 국제적 노동 이동이 개별 국가에 미친 영향	수입국	장점	경제 성장 동력 확보	비교·분석	현상 분석	전개
		단점	자국 노동자의 일자리 감소			
			사회 불안 및 국가 운영에 부담			
	송출국	장점	국가 경제 수입 증대			
		단점	자국 발전 동력 부재 및 노동자 인권 유린 대처 불가			
③ 국제적 노동 이동 현상에 대한 킨의 분석	중심부에 대한 주변부의 일방적인 의존성(원인)			인용 예시 1	원인 분석	
④ 국제적 노동 이동 현상에 대한 월러스틴의 분석	중심부와 주변부의 불평등한 관계(원인)			인용 예시 2		
⑤ 대안으로서의 세계시민사회 역할론	세계시민사회의 연대를 통해 개별 국가에 대해 외부적 영향력을 행사함으로써 문제 해결			주지+상술	문제 제기	
⑥ 세계시민사회 역할론의 문제점 및 한계	개별 국가 내부의 사회경제적 문제 간과			주지+상술		
⑦ 새로운 해결책의 필요성 제시	다차원적 네트워크의 관점에서 이수노동자문제 해결책 제시			주지	논제 제시	결론

　　분석표를 사용하면 전체 텍스트의 구조화된 내용을 일목요연하게 파악할 수 있다. 앞의 분석표에서 알 수 있듯이 【예문5】의 텍스트는 단락과 단락 사이 인과적 구조화를 만들어 글쓴이가 전달하려는 논점을 구체적으로 드러내고 있다.

학습활동 3　분석표를 활용하여 다음 글을 분석해 보자. 특히 단락별 소주제문과 그것들이 단락으로 연결되는 논리적 관계와 전개 방법을 정리해 보자.

　　최근의 연극학 연구는 문화학적 관심과 연동하여 좁은 의미의 연극적 '공연(Aufführung)'이 아닌 넓은 의미의 문화적 퍼포먼스(cultural performance)에 포섭되는 다양한 문화적 재현물을 고찰하기 위한 노력을 보여주고 있다. 즉 "전통적 연극 개념의 변화와 함께 연극의 예술미학적 특징이 지시적 기능으로부터 수행적 기능으로 전환"되면서 수행성 개념을 바탕으로 확장된 연극의 범주에 포섭되는 다양한 문화적 재현물 역시 연극학적 개념으로 사유할 수 있게 된 것이다.

　　이러한 연구 경향을 반영하는 연극학 연구 대상의 확장과 새로운 의제 제출 과정에서 지난 10여 년 간 국내외 연극학 세미나와 심포지움의 관심은 연극성(Theatralität)에 대한 고찰로 모아지고 있다. 최근의 연극성 논의에서는 연극성 개념을 연극 예술의 내적 요소에 관계하는 개념으로 규정하는 데서 나아가 일반적인 예술생산의 원리 즉 문화인류학적 범주로 확장하여 이해하려는 시도를 보여준다. 이와 관련하여 크리스토퍼 뱀(Christopher Balme)은 최근의 연극성에 대한 연구 경향을 다음의 네 가지로 분류하여 정리한 바 있다.

첫 번째 연구 경향은 어빙 고프만(Erving Goffman)의 저술에서 촉발된 사회학적 접근으로 의식적 혹은 무의식적으로 이뤄지는 사회적 행위를 설명하는 데 연극에서 끌어온 은유를 채택하거나 역할 놀이 같은 연극적 개념을 통해 사회적 삶을 규정하려는 시도이다. 두 번째는 클리포드 기어츠(Clifford Geertz)나 밀톤 싱어(Milton Singer)가 주도하고 있는 문화인류학적 접근으로 문화 현상을 분석할 때 연극적 전문 용어를 확장, 적용하는 분석 방법을 말한다. 세 번째는 후기구조주의와 느슨하게 연결되어 연극적이라 할 수 있는 고찰 대상에 후기구조의의 철학적 의심과 검토를 담아내는 접근 방법이다. 마지막으로 네 번째 접근 방식은 매체나 지각방식과 관련하여 어떤 사건이 텔레비전의 이미지 속에서 점차 '무대화'되는 양상을 고찰한다.

위의 네 가지 접근 방법에서 공유되는 연극성 개념은 연극이라는 특정 예술 형식에 고정된 규정적 개념이 아니다. 오히려 연극성은 한 시대의 역사적·사회적·문화적 조건에 따라 각각 다르게 구성된다는 전제를 공유함으로써, 이들은 한 사회공동체의 사회구성원이 사회문화적 현상을 경험하는 과정을 관객이 무대 위의 공연을 경험하는 과정 곧 수행적 과정에 유비적으로 대입할 수 있는 근거를 마련하고, 경험의 차원에 속하기 때문에 쉽게 접근하기 힘든 역사적·사회적·문화적 현상을 연극학적 개념의 도움을 통해 효과적으로 고찰할 수 있는 분석틀을 제공한다. 때문에 이들의 시도는 대상 시기의 비(非)언어적인 역사적·사회적·문화적 경험의 장(場)을 고찰하는 작업으로 이해된다.

본 연구는 바로 이 지점에서 출발한다. 본 연구는 연극성이란 각각의 시대에 따라 다르게 외화되는 다양한 연극적 혹은 문화적 형식을 당대의 역사적·사회적·문화적 맥락에서 구성한 개념이라는 입장에서 출발하여, 한 시대의 문화적 재현물이 당대의 문화, 사회, 역사적 맥락을 환기시키는 문화적 퍼포먼스의 양상을 '극장국가(theater state)' 개념을 통해 고찰하려 한다. 이를 위한 구체적인 시도로 본 연구에서는 대한제국기(1897~1910) 고종에 의해 진행된 야심 찬 대한제국 만들기 프로젝트를 문화적 퍼포먼스의 관점에서 고찰하려 한다.

– 김기란, 「대한제국기 극장국가(theater state) 연구(2)」, 『한국연극학』 40호, 한국연극학회, 2010.

▶ 분석표 ◀

단락별 소주제문	단락별 전개 방법	단락간 연결 관계

다음 텍스트를 찾아 읽어 보자. 함께 제시된 분석표를 참조하여, 앞서 학습한 내용을 적용, 분석해 보자. 핵심어와 단락별 소주제문 찾기를 한 후 그것들이 서로 연결되는 논리적 관계를 분석해 보자. 마지막으로 전체 텍스트를 아우르는 주제문도 간략하게 정리해 보자.

권혁범, 「월드컵 '국민축제' 블랙홀에 빨려 들어간 '대한민국'–독립적 지성은 어디에 있는가」, 『당대비평』 20호, 2004.

▶ **분석표** ◀

핵심어			
텍스트 전체 주제문			
단락별 소주제문		**단락별 뒷받침 세부 내용**	**단락별 전개 방법**
①		①	
②		②	
③		③	
④		④	
⑤		⑤	
⑥		⑥	
⑦		⑦	
⑧		⑧	

2 설득을 위한 수사적 전략 분석

텍스트를 분석할 때는 텍스트가 대상으로 삼는 불특정 다수의 독자를 설득하는 전략도 고려해야 한다. 읽는 이를 설득하는 전략은 읽기의 효과로 발현되는데, 여기에는 읽는 이의 이성적 판단에 호소하는 로고스, 읽는 이들의 개별적 정서에 호소하는 파토스, 사회공동체의 윤리적 신념에 호소하는 에토스가 있다.

1. 논리적 설득과 로고스

본래 '신의 이성'을 의미했던 철학적 개념인 '로고스'는 텍스트에 제시된 논리적 근거가 독자들에게 객관적이고 타당한 것으로 받아들여질 때 그 효과를 발한다. 흔히 주장에 대한 객관적 근거로 활용되는 것은, 텍스트 외부에서 주어진 정확히 관찰된 현상, 잘 알려진 사실이나 사건, 신뢰할 수 있는 인터뷰나 시각자료 혹은 통계자료, 권위 있는 텍스트 인용 등이 있다. 하지만 주장과 근거가 제시되었다는 것만으로 독자가 로고스 효과를 느끼는 것은 아니다. 주장과 근거가 정합적으로 연결될 때 로고스 효과가 나타날 수 있다. 다음은 주장과 근거가 로고스 효과로 연결되는지를 확인하기 위해 점검해야 할 사항이다.

텍스트 구성의 논리적 전략	⇒	로고스 효과
자신의 주장을 이유와 근거를 들어 제시한다.		주장이 일관성 있게 전개되었는가?
구체적인 핵심어를 사용한다.		핵심어가 눈에 잘 들어오도록 문단에 배치되었는가?
논리적 관계로 단락을 구조화한다.		논증의 구조가 단락 관계에서 분명히 드러나는가?
반론을 적절히 제시한다.		반대 의견에 대해서도 공정한 태도를 취하는가?
정확하고 구체적인 어휘를 사용한다.		주장이 명확하게 이해되는가?

2. 공감을 통한 설득, 파토스와 에토스

텍스트에서 글쓴이가 제시한 개별적 신념이나 가치가 논리적 판단을 넘어 읽는 이가 공감할 수 있는 것이 될 때, 이것을 파토스 효과라고 한다. 단순히 감정에 호소하는 방식은 주관적 감정의 토로에 그칠 수 있다. 파토스 효과는 개별적 신념이나 태도를 제시하되, 그것을 통해 읽는 이의 공감을 끌어낼 수 있을 때 발휘된다.

에토스는 한 사회공동체가 공유하며 유지하려고 노력하는 정신적 가치를 말한다. 에토스 효과는 글쓴이의 개별적이고 특수한 주장이 읽는 이의 도덕적, 윤리적 맥락과 관계 맺으며 공통의 정신적 가치를 환기할 때 생겨난다. 에토스 효과는 글쓴이와 텍스트의 관계, 즉 텍스트의 내용에 신뢰감을 부여해주는 글쓴이의 권위에 좌우되는 경우가 많다. 글쓴이의 사회적 입지와 권위에 힘입어 텍스트의 내용이 보편적 신념과 정신적 가치로 확장될 수 있기 때문이다. 따라서 에토스 효과를 분석하기 위해서는 텍스트 외부에 전제된 것들을 확인하는 작업도 필요하다. 곧 텍스트 내부의 글쓴이의 개별적 맥락과 텍스트 외부의 사회공동체의 일반적 상황과 맥락이 동시에 분석되어야 한다.

가) 상아의 진리탑을 박차고 거리에 나선 우리는 질풍과 같은 역사의 조류에 자신을 참여시킴으로써 이성과 진리, 그리고 자유의 대학 정신을 현실의 참담한 박토에 뿌리고자 하는 바이다.

오늘의 우리는 자신들의 지성과 양심의 엄숙한 명령으로 하여금 사악과 잔학의 현상을 규탄, 광정(匡正)하려는 주체적 판단과 사명감의 발로임을 떳떳이 선명하는 바이다. 우리의 지성은 암담한 이 거리의 현상이 민주와 자유를 위장한 전체주의의 표독한 전횡에 기인한 것으로 단정한다. 무릇 모든 민주주의의 정치사는 자유의 투쟁사다. 그것은 또한, 여하한 형태의 전제(專制)도 민중 앞에 군림하는 종이로 만든 호랑이같이 헤슬픈 것임을 교시한다. 한국의 일천한 대학사가 적색전제에의 과감한 투쟁의 거획(巨劃)을 장(掌)하고 있는 데 크나큰 자부를 느끼는 것과 똑같이, 민주주의를 위장한 백색전제에의 항의를 가장 높은 영광으로 우리는 자부한다.

근대적 민주주의의 기간은 자유다. 우리에게서 자유는 상실되어 가고 있다는 것을, 아니 송두리째 박탈되고 있다는 것을 우리는 이성의 혜안으로 직시한다. 이제 막 자유의 전장엔 불이 붙기 시작했다. 정당히 가져야 할 권리를 탈환하기 위한 자유의 투쟁은 요원의 불길처럼 번져가고 있다. 자유의 전역은 바야흐로 풍성해 가고 있다. 민주주의와 민중의 공복이며 중립적 권력체인 관료와 경찰은 민주를 위장한 가부장적 전제 권력의 하수인으로 발 벗었다. 민주주의 이념의 최저 공리인 선거권마저 권력의 마수 앞에 농단되었다. 언론, 출판, 집회, 결사 및 사상의 자유의 불빛은 무식한 전제 권력의 악랄한 발악으로 깜박이던 빛조차 사라졌다. 진흙 같은 긴 밤의 계속이다. 나이 어린 학생 김주열의 참시를 보라! 그것은 가식 없는 전제주의 전횡의 나상밖에 아무 것도 아니다. 저들을 보라! 비굴하게도 위협과 폭력으로 우리를 대하려 한다.

우리가 백보를 양보하더라도 인간적으로 부르짖어야 할 것은 학생의 양심이다. 보라! 우리는 기쁨에 넘쳐 자유의 횃불을 올린다. 보라! 우리는 캄캄한 밤의 침묵에 자유의 종을 난타하는 타수의 일익임을 자랑한다. 일제의 철퇴 하에 미칠 듯 자유를 환호한 나의 아버지, 나의 형제들과 같이.

양심은 부끄럽지 않다. 외롭지도 않다. 영원한 민주주의 사수파는 영광스럽기만 하다. 보라! 현실의 뒷골목에서 용기 없는 자학을 되씹는 자까지 우리의 대열을 따른다. 나가자! 자유의 비밀은 용기일 뿐이다. 우리의 대열은 이성과 양심과 평화, 그리고 자유에의 열렬한 사랑의 대열이다. 모든 법은 우리를 보장한다.

1960년 4월 19일

– 〈서울대 문리대 4.19 선언문〉, 1960년 4월 19일

나) 예전에 저는 미국 헌법의 서문 "우리 국민"에 포함되지 못했습니다. 오래 동안 저는 그것이 그저 실수라고만 생각했습니다. 하지만 법원의 지시와 개정을 통해서 저는 마침내 "우리 국민"에 포함될 수 있었습니다. 오늘 저는 조사관으로 이 자리에 섰습니다. 저의 신념은 헌법 자체입니다. 저는 헌법의 의미가 축소되고 파괴되도록 방관하지는 않을 것입니다.

"그들은 국민의 대표인데 과연 누가 국민을 위해 그들을 적절히 조사할 수 있을까?", "법률을 위반한 사람이 바로 사법권의 주체가 아닌가." 이런 말은 옳지 않습니다. 헌법을 잘못 이해한 말들입니다. 행정부가 저지른 위법사항에 대한 탄핵권은 국회에 있습니다. 국회가 기소권리를 가진 하원과 판결권리를 가진 상원으로 나뉜다는 것은 잘 알려진 사실입니다만, 헌법을 만들 때 현명하게도 기소하는

자와 판결하는 자를 동일한 사람들로 구성하지 않은 것은 바로 이 때문입니다.

우리는 탄핵의 본질을 압니다. 탄핵은 행정부의 과도한 행동을 제어할 "재갈"의 기능을 합니다. 헌법의 제정자들은 의회에서 대통령의 탄핵이 필요한 경우를 대통령의 거만한 권력과 폭정 사이에서 균형을 이루기 힘들 때와 행정부의 독립을 유지할 수 없는 경우로 제한했습니다. 탄핵은 삼권분립에서 예외조항이며 그 범위도 매우 좁은 바, 1787년 연방협약에서는 탄핵을 중대한 범죄나 실정(失政)에 대한 사항으로 제한했습니다. 정치제도의 기준도 탄핵의 동기가 될 수 있지만 탄핵은 헌법상 "중대한 범죄"로 제한되어 있습니다.

만약 우리가 하찮은 이유로 탄핵을 진행한다면 국민들은 반감을 가질 것입니다. 국회는 처리할 일이 많지만 중대한 문제를 하찮은 이유를 들어 처리해서는 안 됩니다. 오늘 아침 토론에서 닉슨 대통령이 CIA를 남용한 것에 대한 증거가 불충분하다고 논의되었습니다. 하지만 오전에 기술된 증거에 따르면 닉슨 대통령이 1972년 6월 23일에 이미 (도청)사실을 알고 있었다는 사실이 누락되었다는 것을 알 수 있습니다. 닉슨 대통령은 6월 17일 체포된 침입자에게 공화당 재선캠프의 자금이 전달된 사실을 이미 알고 있었습니다. 닉슨 대통령은 하워드 헌트가 사주하여 다니엘 엘스버그의 정신과 주치의 사무실을 불법 침입하도록 하고 케네디 측에 흠집을 내기 위해 도청 장치를 설치했다는 것을 23일에 이미 알고 있었던 것입니다. 새로운 증거들이 속속 드러나고 있기 때문에 탄핵 과정은 천천히 진행되어야 합니다. 닉슨 대통령이 새로운 자료를 제출하겠다면 당연히 수용하겠습니다. 하지만 우리는 강력하게 소환영장을 발부합니다. 어제 미국 국민들이 닉슨 대통령이 미연방 대법원의 판결을 따를지를 궁금해 하며 8시간 동안 매우 걱정했다는 점에 주목해야 합니다.

이 시점에서 저는 탄핵기준에 해당되는 닉슨 대통령의 행동 몇 가지를 열거하고 싶습니다. 닉슨 대통령은 자신의 재선캠프에서 자금이 조성되는 것을 알고 있었고 헨리 피터슨과 워터게이트와 연관된 문제로 27번이나 만났습니다. 버지니아 주 승인협약에서 제임스 매디슨은 "대통령이 숨기고자 하는 어떤 의심스러운 인물과 연결되어 있다면 대통령은 탄핵되어야 한다"고 했습니다. 공정한 역사는 고위 권력자들이 자신의 이권을 보호하고 위법으로부터 자유로워지려고 할 때 탄핵이 있었다는 사실을 보여주고 있습니다. 우리는 불법침입 사건과 대통령이 필딩박사의 사무실을 은밀하게 출입한 사실도 알고 있습니다. '권리를 보호하고 위법으로부터 자유로워지기 위해서' 말입니다. 캐롤리나 승인협약의 탄핵 기준은 "공공의 신뢰를 배반한 사람"입니다. 닉슨대통령은 워터게이트 사건에 대한 정부의 조사를 방해했으며 그가 성명서에서 제시한 증거들도 거짓이었습니다. 이것은 "공공의 신뢰를 배반한" 것입니다. 다시 제임스 메디슨의 말을 참조하면, 그는 "헌법을 뒤엎는 시도를 하는 대통령은 탄핵될 수 있다"고 적고 있습니다. 대통령은 측근과 고의적으로 위증을 계획했고 연방 판결과 타협하려 했습니다.

만약 헌법의 탄핵 조항들이 지켜지지 않는다면 18세기의 헌법은 20세기에 파기되어야 합니다. 헌법이 관대하지 않기 때문에 대통령이 위법을 저지르고 계획하고 실행한 것일까요? 우리는 당장 그 해답을 찾아야 합니다. 이것은 감정적으로가 아니라 이성적으로 심사숙고하여 토론하고 결정할 문제입니다.

– 바바라 조던, 〈워터게이트 사건 탄핵조항 연설〉, 1974년 7월 24일.

참고 바바라 조던(Barbara Jordan)은 흑인여성 최초로 텍사스 주 상원의원과 미 의회 하원의원으로 당선된 인물이다. 하원 법사위원회에 임명된 그녀는 닉슨 대통령 탄핵사건으로 유명해졌다. 닉슨 대통령 탄핵사건은 현직 대위 예문은 '자유'와 '민주주의'에 대한 독자들의 일반적 공감을 끌어낸다. 두 예문에서 주장하는 "민주주의의 가치"는 사회공동체 구성원의 정의감을 자극하며 에토스 효과로 연결된다. 예문 (가)의 글쓴이는 자유민주주의를 수호하기 위해 거리로 나선 자신들의 선택이 폭력적인 반(反) 사회적 행동이 아니라, 민족적 책임과 의무라는 점을 당시 한국사회의 대학(생)에 대한 사회적 기대감에 기대어 호소한다. "학생의 양심", "한국의 일천한 대학사가 적색전제의 과감한 투쟁의 거획을 장하고 있는 데 크나큰 자부를 느끼는 것"이라는 표현이나 "나이 어린 학생 김주열의 참시" 등을 언급하는 대목은 그러한 점을 효과적으로 환기시키며 파토스 효과를 창출한다. 예문 나)에서는 "우리 국민"이라는 표현을 반복적으로 사용하여, 미국 내 소수자인 흑인 여성과 백인 일반 독자들이 하나의 민주 공동체라는 공감을 형성하고자 한다. 글쓴이가 흑인 여성으로 미국 국민이 되었을 때의 개인적 감격을 진솔하게 고백했을 때, 그러한 개인적 정서는 공감의 파토스 효과를 창출하고, 나아가 그것은 자유민주주의 헌법을 수호해야만 한다는 일반적 공감대로 확장된다.

학습활동 5 다음 글은 에토스 효과를 활용하여 작가의 고백의 효과를 한층 높이고 있다. 글을 읽고 분석표의 지시 내용에 따라 텍스트를 분석해 보자.

『양철북』(1959)의 작가인 귄터 그라스는 기운을 회복한 상태다. 며칠 전 작가의 친구가 우리한테 그라스가 '마음고생을 심하게 했다'고 귀띔을 했는데, 독일에서 출간된 젊은 시절의 이야기를 담은 회고록 『양파껍질을 벗기며』(2006)의 여파 탓이다. 그 책은 다양한 논쟁을 불러일으켰고, 그 와중에 작가는 거센 비난에 흔들렸던 것이다.

그라스는 그 책에서 언급된 것들 중에서 의혹을 살 만한 대목과 분분한 해석에 대해 이렇게 풀어 놓는다. "나는 히틀러 청년대에서 군복무를 했소. 전쟁이 터지자 자원입대를 했고, 해군이 되고 싶었지만 무시무시한 나치 엘리트 부대인 친위대에 배속되었지요. 나는 총 한 방 쏘지 않았어요. 딱 두 번 작전에 나갔는데, 거기서 부상을 입고 미군들의 포로가 되었소. 당시 나치 친위대가 되는 것은 나로서는 놀랄 일도 어리벙벙해지는 일도 아니었고 미안하게 생각할 일도 아닌데, 결과는 치욕적인 일이 되어버렸지요. 나는 총통을 믿었고, 독일의 승리를 믿었소. 열두 살 때부터 착각에 빠져 그들에 현혹된 채 나치 시대를 살았어요. 그 시대의 독일 젊은이들은 그런 우리를 부러워했어요. 내가 나치의 범죄를 깨달은 건 전쟁 후였소. 나로서는 지독하게 고통스러운 일이었는데, 어느 누구 하나 나를 이해하려 하지 않더군요. 정상을 참작해 줄 사람도 없고, 내가 젊은 날에 저지른 멍청한 짓이었다고 변명해도 나에 대한 비판은 수그러들지 않았지요." 그라스는 그때 입은 총상 때문에 지금까지도 오른팔로 돌팔매질을 할 수 없다. 그의 몸에 영원히 남아 있을 끔찍한 상흔이다.

일부 평론가들은 '나치 사냥'에 자주 나섰던 이들과 제3제국 시절에 공인으로서 정치활동을 펼쳤던 인사들을 향해 혹독한 비판을 가했던 권터 그라스는 그럴 자격이 없다고 비난하면서, 정치성향이 편중된 일간지 같은 매체를 통해 '지금까지 어찌 감히 우리를 가르치려 들었단 말인가?'라고 되묻는다. 이에 대해 권터 그라스는 물러나지 않고 논쟁이 될 만한 것들을 적극적으로 해명한다. "먼저, 내가 나치 친위대에 대한 과거를 밝힌 것은 갑작스러운 '고백'이 아니라는 점이오. 나는 반파시스트주의자라고 우쭐한 적도 없고, 내가 자발적으로 참전했던 것에 대해 침묵한 적도 없어요. 60년대까지 누가 나한테 물어오면, 나는 항상 나치 친위대에 근무한 적이 있다고 인정했어요. 물론 그렇게 말하면서도 나에게 따라붙는 과거의 일부를 받아들이기가 힘들었어요. 그때마다 수치스러운 과거를 숨기고 싶었어요. 나는 알고 있었어요. 언젠가는 그 이야기가 다시 불거질 거라는 것을……. 어쨌든 어떤 식으로든 그것을 포장하진 않겠소. 그건 내가 원치 않았던 일이니까."

"내가 진짜로 미안해하는 게 무엇인지 알고 싶소? 그건 내가 이미 털어놓았던, 40년 동안 숨기고 싶어 했던 그런 게 아니오. 나를 가장 고통스럽게 만들었지만 이상하게도 나한테 아무도 비난하지 않았던 그것은, 바로 내가 했던 모든 것과 그 시절에 일어날 수 있었던 모든 것들이오. 전쟁 초기에 그들은 내 사촌을 총살했고, 학교에 있는 내 급우와 교사를 데려갔소. 그리고 여호와의 증인이었던 어떤 병사는 총살 집행인으로 뽑히는 것을 거부하다가 어디론가 사라졌소. 나는 그들을 향해 왜 그러느냐고도 묻지 않았고, 그들을 쳐다보고 싶지도 않았고, 알고 싶지도 않았어요. 그들은 내가 알고 있는 사람들을 죽이거나 수용소로 데려갔지만, 그때마다 나는 다른 쪽을 쳐다보고 있었지요. 무슨 말인지 알겠소? 그게 바로 내가 안고 있는 가장 큰 고통이자 내가 결코 떼어낼 수 없는 고통이오."

– 사비 아옌, 『16인의 반란자들–노벨문학상 작가들과의 대화』, 정창 옮김, 스테이지팩토리, 2011.

▶ 분석표 ◀

문맥 분석 (텍스트 외부 분석)	저자는 누구인가?	최고 권위의 노벨문학상을 수상한, 독일의 대표적 저항 작가로 평가받는 권터 그라스와 그를 인터뷰하는 기자
	예상되는 독자는 누구인가?	
	저자와 독자를 매개하는 소통방법은 무엇인가?	
텍스트 분석 (텍스트 내부 분석)	중심 내용은 무엇인가?	
	중심 내용의 전개 방법은 무엇인가?	
	내용이 진술되는 방법과 이 글의 장르는 어떤 관계를 맺고 있는가?	
	이 글의 장르에서 일반적으로 독자들이 기대하는 것은 무엇인가?	
	저자는 자신을 어떻게 소개(제시)하고 있는가?	
	저자는 이 글의 내용에 대해 신뢰감을 줄 만한 자격을 갖추고 있는가?	
	글을 읽는 '나'는 저자를 신뢰할 수 있는가? 아니라면 왜인가?	

지금까지 살펴본 수사적 전략의 효과들은 한 편의 글에서 한 가지만 발현되는 것이 아니다. 글의 종류에 따라 선택적으로 융합되고 활용되므로, 종합적 분석을 해 보기로 하자.

다음 예문은 2012년 한국을 방문한 미국 대통령 버락 오바마가 대학에서 행한 연설문이다. 연설문에서 세계 최강국인 미국의 정치적 지도자로서 오바마 대통령은 핵확산 방지를 주장한다. 그는 읽는 이에게 합리적이고 타당한 것으로 받아들여질 수 있는 근거를 구체적으로 제시하고(로고스), 자신의 개별적 경험으로부터 연설을 듣는 청자들의 보편적 공감을 끌어내려고 하며(파토스), 인류 평화라는 보편적 가치에 호소한다(에토스).

미국 대통령으로 한국을 세 번째 방문합니다. 워싱턴 빼고 서울을 가장 많이 방문했는데 이는 양국의 특별한 유대관계와 약속을 보여주는 것입니다. 이 자리에는 주한 미국대사로 임명된 성 김 대사도 함께 참석했습니다. (중략) 지난 주 세계은행 총재로 임명된 한국인 김용도 함께 했습니다. 양국 유대관계를 군인들에게서 봅니다. 어제 방문한 비무장지대에서 한국군과 미군 양국 군인들을 봤습니다. 이들에게 경의 표합니다. 나라 위해 몸 바친 천안함 장병에게도 경의를 표합니다.

우리는 함께 합니다. 한국의 방위와 안보에 대한 우리의 의지는 절대 흔들리지 않을 것입니다. 한국은 가장 가난한 나라에서 가장 역동적인 국가로, 폐쇄적인 나라에서 안보와 번영의 리더로, 전 세계에서 글로벌코리아로 성장했습니다. 이것이 바로 여러분 세대가 물려받을 한국입니다. 나는 우리 양국이 함께 한다면 이룰 수 있는 것이 무한하다고 생각합니다. 미래라는 것은 바로 우리들 손에 달려 있습니다. 미투데이, 카카오톡으로 전 세계가 하나로 연결돼 있습니다. 이래서 전 세계 사람들이 한류열풍에 휩쓸릴 수밖에 없는 것입니다. 내가 이번에 방문하기 전에 주한미대사관에서 여러분에게 소셜 미디어를 통해서 질문을 받았다고 합니다. 제목은 오바마 대통령에게 보내는 질문이었다고 합니다. 그중에 "혹시 대통령께서는 다른 이름을 사용해서 웹사이트에 들어가서 자신이 지지자인 것처럼 글을 남긴 적이 있느냐"는 질문이 있었습니다. 질문에 매우 놀랐지만 실제로 그런 적은 없습니다. 어쩌면 저의 딸들이 그랬을지도 모르겠습니다.

공통의 도전에 대처할 수 있는 이 기회를 위해서 나는 서울에 왔습니다. 앞으로 이틀 동안 이명박 대통령과 함께 세계 핵물질을 통제할 것에 대해 이야기 할 것입니다. 오늘 내가 여러분께 이야기하고 싶은 주제는 핵무기 없는 세상의 중요성에 대한 것입니다. 3년 전 프라하에서, 나는 미국의 핵무기 확산 방지에 대한 의지를 밝혔습니다. 나는 이 목표가 내 생애에 이루어지지 못할 것을 알고 있지만, 구체적인 조치로 시작해야 했습니다. 나는 이 노력이 필요한 정신을 봅니다. 이 정신이란 것은 전 세계의 젊은이들이 가질 수 있는 정신입니다. 비전을 현실로 만드는 용기입니다. 그래서 나는 오늘 여러분들과 함께 여정을 그려보고 다음 발걸음을 계획하고자 합니다. 우리가 2년 전 워싱턴에서 얘기했던 목표의 진척상황—핵물질을 통제하는 것—을 확인할 것입니다. 그 이후에 한국, 일본, 파키스탄 등의 나라는 핵 안전성을 향상시키기 위해 새로운 센터를 설립하고 사람들을 교육하고 있습니다. 바로 어제 우크라이나는 모든 고농축 우라늄을 자국에서 제거했습니다. 다시는 서울과 같은 도시를 공격하는 데 쓰이지 않을 것입니다.

또 우리는 핵무기 거래 암시장을 타파하기 위해 모든 노력을 하고 있습니다. 요르단과 같은 나라들은 밀매 단속반을 만들어 단속하고 있습니다. 약 20개국이 이 문제에 대한 조약과 파트너십을 약속했습니다. 이렇게 해서 국제사회는 테러리스트들이 핵물질을 취득하는 것을 더 어렵게 만들었습니다. 그래서 세계는 더 안전해졌습니다. 하지만 우리는 아직 할 일이 많다는 것을 알고 있습니다. 아직 많은 무기를 만들 수 있는 핵물질들이 방치되고 있습니다. 수십만 명의 목숨을 앗아가고 전 세계의 위기를 만들 수 있습니다. 세계 안보의 가장 큰 위협입니다. 그래서 우리는 노력해야 합니다, 할 수 있습니다. 그리고 더 많은 구체적이고 실질적인 조치를 통해서 핵물질을 없애는 노력을 하겠다는 약속이 필요합니다. 미국은 미국이 할 일을 계속할 것입니다. 러시아와 함께 플루토늄을 전기로 전환할 것입니다.

미국의 두 번째 다짐은, 내가 매우 진지하게 생각하는 것 중 하나인데, 미국은 독특한 책임이 있다는 것입니다. 도덕적 책임입니다. 핵무기를 사용한 유일한 나라의 대통령으로서, 또 핵무기를 가까이 두고 있는 나라의 대통령으로서, 무엇보다도 나는 사랑하는 딸들의 아버지 입장으로서, 나의 딸들이 사랑하는 모든 것이 한꺼번에 사라지는 사회를 만들지 않을 것입니다. 핵탄두를 최저 수준으로 감축할 것입니다. 나는 미국이 새로운 핵을 개발하지 않을 것임을 분명히 합니다. 그리고 핵무기를 사용하거나 사용하겠다고 위협할 수 있는 범위를 좁혔습니다. 핵무기가 존재하는 한, 우리는 일본과 한국 등 핵무기가 없는 나라의 안보를 보장하는 행동을 취할 것입니다. 그래서 지난 여름, 나는 국가 안보팀에게 미국의 핵전략에 대한 검토를 제안했습니다. 그러나 할 일이 많이 남은 상황에서도, 우리는 지금 필요 이상의 핵무기를 보유하고 있다고 확실히 말할 수 있습니다. 나는 미국과 동맹국의 안보를 보장하고 어떠한 위험도 강하게 억제하면서 핵을 감축하는 것이 가능하다고 말합니다. (중략)

내가 취임했을 때 핵 확산을 막는 조약은 와해되고 있었습니다. 이란이 수만 개의 핵을 만들고, 북한이 핵실험을 강행했습니다. 지난 3년간, 우리는 이 문제에 대한 파트너십을 개선했습니다. 우리는 NPT의 핵심 합의안을 확인했습니다. 핵무기 보유국들은 핵무기를 축소할 것이며, 비보유국들은 핵무기를 획득하지 않을 것이고, 모든 국가들은 평화적 핵사용을 할 수 있다는 것이 그것입니다. 이러한 노력으로 국제사회 관계는 좋아졌으나 이에 동의하지 않은 나라들이 있습니다. 그 중 하나가 북한입니다.

미국은 북한에게 어떠한 적대적 의도도 가지고 있지 않으며, 평화에 헌신하고 있습니다. 우리는 관계 개선에 대해 적극적으로 나설 의지가 있지만, 북한의 도발과 핵무기 취득과 같은 행동은 이러한 존중을 무너트리고 있다는 것을 알아야 합니다. 북한은 계속 이 길을 갈 수도 있을 것이지만 우리는 그 길의 끝을 압니다. 더 고립될 것이며 그들이 얻을 기회나 존엄성과는 더욱 멀어질 것입니다. 여기서 확실히 할 것은, 이제 더 이상 도발에 대해서 보상하지 않을 것이라는 겁니다. 그런 시절은 끝났습니다. 선택은 북한 앞에 있고, 그것은 북한만의 선택입니다. 마찬가지로 이 원칙은 이란에게도 적용됩니다. 여러 차례 국제사회는 이란에게 평화적으로 원자력을 개발하는 데 도움을 주겠다고 제안했지만, 이란은 이것을 거절했습니다. 그래서 이란이 고립되었습니다. 이란은 NPT 국가 중 자국의 핵개발이 도움이 된다는 것을 증명하지 못한 유일한 국가입니다. 국제사회는 이란과도 대화할 준비가 돼 있습니다. 외교적으로 해결할 수 있는 해결책이 있습니다. 나는 오늘 러시아와 중국 대표들과 만나서 이란과의 해결책을 생각해볼 것입니다. 이를 해결할 수 있는 외교적 시간은 충분하지 않습니다. 이란의 지지자들은, 이러한 문제에 대해 진지하고 시급하게 대처해야 한다는 것을 알아야 합니다. 북한의 비타협적 행동으로 인해 새로이 조약이 생겨나고 있기 때문이고, 그것의 위반에는 결과가 따를 것입니다.

우리가 발전을 이룬 마지막 공약에 대해 말하겠습니다. 후쿠시마 원전 사고 이후에, 여러 국가들이 핵시설의 안전과 보안을 강화한 것은 옳습니다. 미국도 그렇습니다. 그런 과정에서 핵기술이 우리 삶에 가져온 놀라운 혜택을 잊지는 말아야 할 것입니다. 음식이 안전해지고, 최첨단 의술이 생겼습니다. 원자력은 청정에너지로서 탄소 공해를 줄여줍니다. 한국은 이를 잘 알고 있습니다. 원자력 에너지의 선두주자인 한국은, 평화적으로 원자력을 사용했을 때 얻을 수 있는 번영을 보여 주었습니다. (중략)

우리는 안전하고 청정한 에너지를 사용할 수 있게 될 것입니다. 미국을 포함한 국가들이 책임을 다할 때, 다른 나라들도 책임을 다할 수 있도록 할 수 있습니다. 그리고 우리는 핵무기 없는 세상, 평화로 나아갈 것입니다.

어떤 사람들은 우리의 목표가 달성 불가능하다고 비웃고 절대 될 수 없다고 생각합니다, 하지만 나는 그렇게 의심하는 사람에게 한국에 와 보라고 말합니다. 전쟁의 폐허에서 번영을 이룬 한국에 와 보라고 합니다. 그리고 내가 어제 서 있었던 비무장지대에 서서, 국민에게 헌신한 나라와 국민을 굶주리게 하는 나라 사이의 극명한 대조를 보라고 말합니다. 그리고 훌륭한 한국외대에 와 보라고 합니다. 여기서 신세대가 자리를 잡아가고 있습니다. (중략)

역사의 흐름은 영원히 거스를 수 없다는 것은 변하지 않는 사실입니다. 분단된 한반도도 마찬가지입니다. 모든 국민들이 염원하는 그 날이 쉽게 오지는 않겠지만, 분명 올 것입니다. 그리고 그 날이 오면, 불가능하게 느껴졌던 일들이 가능해질 것입니다. 핵무기 없는 세계라는 우리의 비전처럼 하나 된 한국이라는 비전도 빨리 실행되지는 않겠지만, 우리가 원하는 안보, 평화가 한미동맹으로 훨씬 가까워졌음을 위안으로 삼습니다. 그리고 한국인의 존엄성과 자유를 수호했기에 이것이 가능했다고 말합니다. 어떤 시련이 있든 우리는 함께 할 것이고, 같이 갈 것입니다. 같이 갑시다.

— 버락 오바마, 〈한국외국어대학교 특강 연설〉, 2012. 3. 26.

앞의 예문에서 오바마 대통령은 공간, 세대, 이익과 목표가 다른 한국의 청년들에게 핵확산 방지의 당위성을 설득하려 한다. 인류 역사 이래 핵을 사용한 유일한 국가인 미국의 대통령으로서 오바마의 핵확산 방지 주장은 상대적으로 설득력을 갖기 힘들 수 있다. 때문에 그는 핵무기와 관련하여 미국이 처한 개별적 상황, 즉 핵과 관련하여 미국이 피할 수 없는 특수한 책임을 먼저 인정하여 청자와의 정서적 공감(파토스)을 유도하고, 앞으로 미국은 새로운 핵을 개발하지 않겠다는 신념을 강조한다.

이를 전제로 오바마 대통령은 핵확산 방지를 위한 노력에 대해 사실적 자료를 근거로 제시하는(로고스) 한편, 두 딸의 안위와 행복을 바라는 평범한 아버지로 자신을 소개하며 청자들과 정서적 공감을 이룬다(파토스). 또한 핵확산 방지는 특정 국가의 이익과 관련된 것이 아니라, 인류의 평화를 지키기 위해 반드시 함께 힘을 모아야 할 사항이라는 점을 들어 인류공동체의 보편적 가치와 신념에 호소한다(에토스).

위의 예문에서 분석해낼 수 있는 로고스, 파토스, 에토스 효과를 정리하면 다음과 같다.

로고스		파토스		에토스	
■ 미국 정부의 정치적 노력 　− 3년 전 프라하 선언 　− 2년 전 워싱턴 선언 　− 한국, 일본, 파키스탄의 센터 설립 ■ 핵무기 거래 암시장 근절을 위한 조약과 협력 ■ 러시아의 협력 아래 플루토늄을 전기로 전환 ■ NPT 제재 활용 ■ 핵시설의 안전과 보안 강화	구체적 근거 (예시)	■ 핵과 관련하여, 미국의 도덕적 책임을 통감함 ■ 미국은 앞으로 새로운 핵무기를 개발하지 않을 예정임 ■ 두 딸의 아버지로 딸들이 평화로운 세상에서 살기를 희망함	글쓴이의 개별적 상황	■ 한민족 통일 　− 한반도의 평화 ■ 핵무기 없는 세상 　− 인류의 평화	인류보편적 가치
		핵, 평화, 분단, 기적의 내용을 매개로 글쓴이의 상황과 청자의 상황을 핵확산 방지라는 공통의 상황으로 연결함			
		■ 민족 분단이라는 한반도의 특수 상황 ■ 한반도 평화를 위해 우방국인 미국과의 협력 관계 필요 ■ 한국이 이룬 "한강변의 기적"	청자의 개별적 상황		

위 분석표에서 정리된 내용을 바탕으로, 로고스, 파토스, 에토스 효과가 충분히 발휘될 수 있도록 구성하여 '핵확산 방지'를 주장하는 글을 써보자.

1 다음 단어 중 한 개를 핵심어로 하여, 한 단락의 글을 써 보자.

청춘, 열정, 학문, 대학, 동아리, 아웃사이더

2 다음 문장을 뒷받침해주는 구체적인 예시를 찾아 한 개의 단락을 완성해 보자.

한국어는 프랑스어나 독일어처럼 여성을 단어 자체의 격으로 지정하지 않는다. 하지만 한국 사회에서 여성에 한정하여 사용되는 다양한 단어는 한국 사회의 여성에 대한 왜곡된 인식을 놀랍도록 분명하게 보여준다.

3 다음 글은 국권 상실을 목전에 둔 조선의 현실을 격렬하게 비판하고 있다. 로고스 효과가 발현되도록 논리적 설득을 중심으로 다시 쓰기를 해 보자.

정월에 대구 사람 서상돈과 김광제 등이 단연회(斷煙會)를 설립하고 국채보상금을 모았다. 몇 년간 우리나라가 왜국에게 빚진 것이 천삼백만 원이나 되었는데 갚을 길이 없었다. 사람들이 모두 우리 국토가 담보로 잡힐 것을 알았지만 속수무책이었다. 서상돈 등은 오래 생각한 끝에 '우리 국민 이천만이 모두 담배를 끊으면 일인 당 한 달 담뱃값으로 새 화폐 이십 전을 절약할 수 있다. 석 달이면 원금을 갚을 수가 있다'고 보았다. 이에 이 단체를 설립했다. 신문이 이 사실을 널리 알리자 온 나라가 호응했다. 위로는 만 원, 천 원에서부터 아래로는 십 전, 이십 전에 이르기까지 액수에 구애하지 않았으며, 억지로 보내는 것도 허락하지 않았다. 신문에 게시하자 (성금이) 눈 쌓이듯 계속 쌓여 갔다. 그러나 정부 고관이나 서울 사대부, 큰 장사꾼 중에서는 호응하는 자가 한 명도 없었다. 미친 듯 부르짖고 슬프게 울며 큰 소리로 쉬지 않고 외치는 자들은 도리어 천하고 빌어먹는 자들이었다. 이때 해주의 이재림이 이만 원, 김선준이 이만 원으로 많이 내었다. 고종이 이 소식을 듣고 탄식했다. "신민들이 이렇게 나라를 걱정하는데 짐이 무슨 면목으로 물끄러미 있겠는가." 이에 양궁에서 피우던 궐련을 모두 끊도록 특별히 명했다. 그러자 각 학교 생도들과 각 부대의 군인들에 이르기까지 모두 의논은 하지 않았지만 한결같이 이렇게 말하고는 궐련을 끊었다. "주상께서 저렇게 하시는데 하물며 우리야." 왜놈들이 담배를 끊어서 나라 빚을 갚는다는 소식을 듣고 이지용을 위협해 막으려고 했다. 이지용이 말했다. "온 나라 사람들이 나를 오적의 괴수로 지목하여 몸 둘 곳이 없소. 다른 일은 막을 수 있지만 이 일만은 막을 수가 없소." 장곡천 등도 탄식하며 말했다. "의로운 거사를 어찌 막을 수 있으랴." 기부하는 예도 있었으니, 각국 영사들은 모두 본국으로 전보를 띄워 이 사실을 알렸다. 서상돈은 미국 여인을 데리고 살며 많은 재물을 모았다. 야소교를 믿고 미국인과 사귀니, 왜놈들도 그를 꺼렸다. 그가 단연회(斷煙會)를 만들어 의연금을 모으자 사람들은 그가 믿는 미국이 도와주므로 장차 일을 반드시 해내고야 말 것이라고 생각했다. 어떤 사람이 말했다. "우리나라에서 하는 일은 시작만 있고 끝이 없다. 이 일이라고 어찌 반드시 이루겠는가. 얼마 안 가서 몇 사람만 배 불리고 말 것이다.”
그 말이 과연 들어맞았다. 세계 각국의 공채는 그 나라 경제력의 십분의 일이 최고 한도액이라고 한
다. 그런데 왜국의 경제력은 백삼십억 원에 지나지 않는데도 공채가 이십사억 원이나 되니, 나라 경
제력의 십 분의 이나 된다. 식자들이 왜국도 공채 때문에 반드시 망할 것이라고 했다.

– 황현, 『매천야록』, 허경진 옮김, 서해문집, 2006.

4 다음 글과 같이 파토스 효과를 염두에 두고 나에게 깊은 인상을 남긴 주변 사람을 소개하는 글을
1000자 내외로 써 보자.

> “소아야, 안 떨려?”
> 바이올린을 배운 지 5개월쯤 지났을 때 음악학교에서 정기연주회를 한다고 했습니다. 소아는 까만
> 바이올린을 들고 태연하게 무대 위에 올랐습니다. 어? 무대 위에는 소아만 올라가는 것이 아니라 소
> 아의 바이올린 선생님도 같이 올라가시는 거였습니다. 선생님은 소아의 어깨에 손을 얹고 관객석을
> 향해 “소아는 바이올린을 배운 지 5개월이 되었습니다.”로 시작해 성격이 차분하다는, 열심히 선생
> 님 말씀을 잘 듣는다는, 그래서 수업진도도 빠르다는, 오늘 연주는 어떠한 곡을 한다는 말씀을 하셨
> 습니다. 그리고 아이가 연주할 때에도 무대 한편에 서 계셨습니다. 그것도 바이올린을 들고요.
> 소아의 연주가 끝나고 다른 아이들의 연주 때에도 선생님은 아이들 개개인의 성격과 레슨방법, 연
> 주할 곡들을 설명하고는 무대 한편에 서 계셨습니다. 그렇게 한 시간 정도의 시간이 흘렀습니다. 초
> 등학교 5학년쯤 되는 아이가 연주를 하다가 곡이 거의 끝날 때쯤 긴장이 풀렸는지 그만 실수를 했습
> 니다. 그 순간 무대 한편에 서 계셨던 선생님이 앞으로 걸어 나오시며 아이가 틀린 부분부터 연주를
> 하시는 것이었습니다. 아이는 선생님의 도움에 힘입어 끝까지 그 곡을 잘 연주할 수 있었습니다.
> 선생님은 아이들의 연주곡들을 모두 다 외워서 어떠한 돌발사태가 생기더라도 아이들이 당황하지
> 않게 대비를 하고 서 계셨던 것입니다. 그렇게 연주가 끝나자 선생님은 아이의 어깨를 감싸며 말했습
> 니다.
> “이 곡은 정말 어려운 곡인데 세바스찬이 열심히 잘해 주었습니다.”
> 그는 가르치는 것이 천직으로 보이는 훌륭한 음악가입니다.

– 김남지, 『마이네킨더』, 가쎄, 2006.

5 인터넷에서 대표적 논객들의 글과 그 글에 대한 독자 반응 댓글을 조별로 찾아 읽어 보고, 글에
나타난 수사적 전략과 설득의 효과를 앞의 분석표와 같이 로고스·파토스·에토스 효과로 나누어
분석하는 글을 써 보자.

3장

비판적 읽기

글을 읽을 때는 글쓴이가 주장하는 바가 명확한지, 이유와 근거가 충분하면서도 신뢰할 만한지, 그리고 논리적 구성의 요소들이 정합성과 타당성을 갖추고 있는지 등을 종합적으로 검토해야 한다.

이를 토대로 읽는 이는 글쓴이의 논지를 정확히 파악하면서 논의의 문제점 및 한계 또한 포착할 수 있어야 하며, 합리적인 반론과 비판을 제기함으로써 자신만의 논점을 도출해낼 수 있어야 한다. 이러한 사유 과정 일체를 비판적 읽기라고 할 수 있다. 이 장에서는 논리적 구성의 요소들에 대한 설명을 통해 비판적 읽기의 기본적인 방법을 학습하고, 나아가 글 전체의 정합성 및 타당성을 검토하는 과정을 연습해 본다.

1 논리적 구성의 이해

    한 편의 글은 주장과 이를 뒷받침하는 내용인 이유 및 근거로 구성된다. 이 때 주장은 명확해야 하며, 확실한 이유와 정확한 근거가 제시되어야 한다. 그리고 보편타당한 원칙으로서 합리적인 전제에 의거해야 한다.

    비판적 읽기를 위해서는 논리적 구성의 요소들에 대한 이해가 필요하다. 가장 기본적인 요소는 전제-주장-이유-근거이다. 전제와 주장의 구분이 쉽지 않듯이 이유와 근거 사이에도 일정한 차이점이 있다는 것을 이해해야 글의 논리적 구성을 파악할 수 있다.

▶ **논리적 구성의 기본 요소** ◀

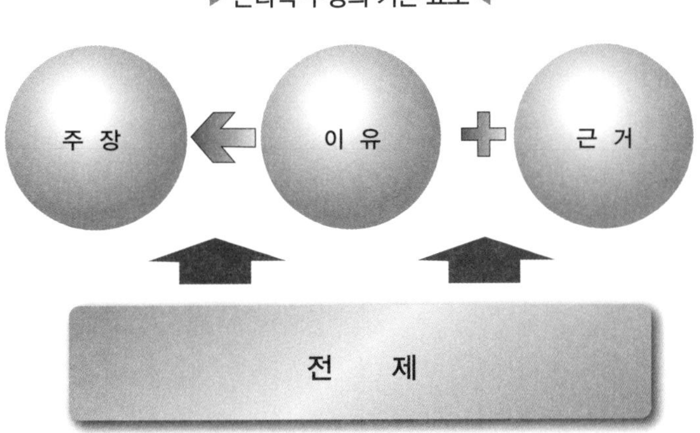

1. 이유와 근거

　논리적 구성을 가진 글은 대개 문제의 해결책을 제시하거나 대상 및 개념의 이해를 돕기 위해 쓰인다. 어떤 경우든 글쓴이의 의견은 논증 형식으로 진술되며, 가장 기본적인 틀은 '주장-이유-근거'로 돼 있다. 읽는 이는 이유와 근거의 개념 및 차이점을 명확하게 알고 있어야 주장을 비판적으로 검토할 수 있다.

　이유는 주장을 뒷받침하는 모든 진술을 가리키고, 근거는 주장을 뒷받침하기 위해 제시된 객관적인 사실이나 데이터를 의미한다. 이유는 명확하면서도 타당해야 하고, 근거는 신뢰할 만한 정확성과 객관성을 지니고 있어야 한다.

　글쓴이는 다양한 이유를 찾아내 제시함으로써 주장을 뒷받침할 수 있으며, 의견과 사실은 모두 이유가 될 수 있다. 하지만 읽는 이를 납득시키기 위해서는 최종적으로 객관적 자료와 사실에 바탕을 둔 근거를 제시하지 않으면 안 된다. 다음의 예문들을 비교해 보면 이유와 근거의 차이점을 분명히 알 수 있다.

> **예문 1** 대학생의 주거 문제 해결을 위해 대학 당국은 적극적인 노력을 해야 한다.(주장) 적지 않은 수의 학생들이 집을 떠나 학교를 다녀야 하는 것이 현실이지만, 급등하는 하숙 및 자취 비용은 대학생 개인이나 부모의 힘만으로는 감당하기 어렵기 때문이다.(이유1) 그럼에도 불구하고 대학 기숙사는 수요를 감당할 만큼 충분히 건설되지 않았다.(이유2) 이는 기숙사를 이용할 수 있는 학생과 그렇지 못한 학생 간의 형평성 문제도 야기한다.(이유3)

　위에서 제시된 이유들은 사실에 대한 일정한 판단을 내포하고 있지만 사실 그 자체로 보기는 어렵다. 하숙 및 자취 등의 주거비용이 실제로 가계에 큰 부담이 되는지, 대학 기숙사의 숫자가 정말 부족한지, 그리고 형평성 문제가 제기될 만큼 두 집단이 부담하는 비용의 차이가 큰 것인지 알 수 없기 때문이다. 이에 대한 판단을 가능하게 하는 요소가 바로 근거이다. 주장과 이유만으로 구성되었던 위의 예문에 다음과 같이 근거를 덧붙여 보자.

> **예문 2** 대학생의 주거 문제 해결을 위해 대학 당국은 적극적인 노력을 해야 한다.(주장) 적지 않은 수의 학생들이 집을 떠나 학교를 다녀야 하는 것이 현실이지만, 급등하는 하숙 및 자취 비용은 대학생 개인이나 부모의 힘만으로는 감당하기 어렵기 때문이다.(이유1) 교육부의 조사 결과에 따

르면 2011년 현재 전체 대학생 중 집에서 통학하지 않는 학생의 비율은 35.4%에 이르며, 이들의 평균 주거비용은 월 60만 원을 상회하고 있다고 한다.(근거1) 그럼에도 불구하고 대학 기숙사는 수요를 감당할 만큼 충분히 건설되지 않았다.(이유2) 같은 조사 결과에 따르면 전국 각 대학의 학생 수요 대비 기숙사 건축률, 즉 수용 규모는 30%를 넘지 못하고 있다.(근거2) 이는 기숙사를 이용할 수 있는 학생과 그렇지 못한 학생 간의 형평성 문제도 야기한다.(이유3) 한 대학 총학생회의 조사 결과 같은 학교에서 기숙사를 이용하는 학생의 평균 주거비용은 25만 원인 반면, 그렇지 못한 학생의 평균 주거비용은 전자의 3배에 가까운 70여만 원에 이르는 것으로 나타났다.(근거3)

이처럼 정확하면서도 출처가 분명한 사실들은 필자가 제시한 이유가 타당성이 있다는 점을 뒷받침한다. 물론 근거는 논증 그 자체와는 무관하며 글의 외부에 존재하는 객관적인 사실일 뿐이다. 하지만 글쓴이가 특정한 사실들을 글의 맥락 안으로 가져와 주장과 이유를 뒷받침하기 위해 읽는 이에게 제시하는 순간 그것은 비로소 하나의 근거로서 기능하게 된다. 따라서 읽는 이가 주장의 타당성에 대해 합리적으로 판단하려면 이와 같은 이유와 근거의 차이점을 명확하게 인식할 수 있어야 한다.

Tip 학술적 글쓰기에서 사용되는 근거들

- 공신력 있는 학술지에 게재된 연구 결과(논문)
- 정부 및 공적 기관이 제출하는 연례보고서 혹은 정책(연구)보고서
- 사적(史籍), 신문, 작품 원문 등의 자료 문헌(1차 자료)
- 관계자 증언이나 권위를 인정받는 전문가의 발언 기록(녹취, 인터뷰 등)
- 출처가 분명하고 공신력을 인정받는 매체의 보도자료

학습활동 1

다음 주장들을 뒷받침하는 이유를 찾아 1개 이상 서술해 보자. 그리고 주장과 이유를 뒷받침하기 위해서는 어떤 근거를 제시하는 것이 적합한지 생각해 보자.

- 국가는 이공계열 전공자의 연구 환경 개선을 위해 적극적인 지원을 해야 한다.
- 대학은 장애인 학생의 학습권 보장을 위해 다양한 방안을 적극적으로 실천해야 한다.
- 최근 20년 동안 한국 사회에서는 계층 간 양극화 현상이 심화되었다고 할 수 있다.
- 대학생들의 자기주도 학습능력은 학습동기가 충분히 부여되었는가의 여부와 가장 밀접한 연관이 있다.

2. 전제와 주장

전제는 논증의 또 다른 구성 요소로서, 주장과 이유 혹은 이유와 근거를 논리적으로
연결지어주는 보편적인 원칙을 가리키며 글쓴이의 의견이 타당하다는 것을 보여주기 위
해 사용된다. 전제가 타당하다면 이의 구체적인 적용으로서의 주장–이유 혹은 이유–근
거 또한 타당하다고 할 수 있기 때문이다. 이유는 특정한 주장만을 뒷받침하는 구체적인
속성을 지니지만 전제는 일반적인 상황에 대한 보편적인 원칙을 진술한다는 점에서 차
이가 있다.

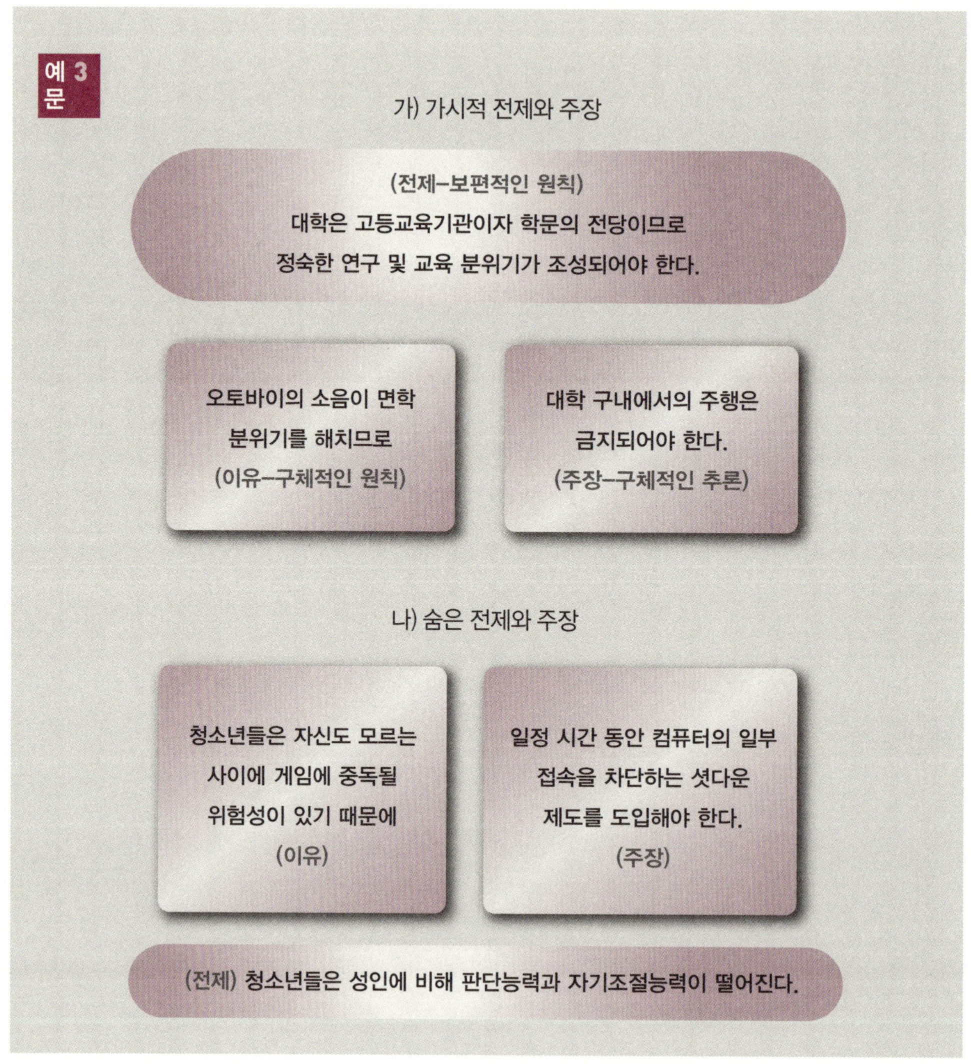

앞의 예문 가)를 통해 알 수 있듯이 대학의 정체성에 대한 일반적인 통념과 그에 따른 연구 및 교육 분위기 확립의 필요성이라는 전제에 대해서는 별다른 이의가 제기되지 않을 것이다. 이처럼 전제는 가급적 대다수의 읽는 이들이 동의할 수 있을 만한 보편적인 원칙에 입각하고 있어야 한다. 또한 나)에서 알 수 있듯이 전제는 반드시 글에 직접 제시되는 것은 아니며, 종종 생략되기도 한다. 누구나 알고 있을 만한 일반적이고 보편적인 원칙을 굳이 서술하는 것은 불필요한 일이 될 수 있기 때문이다.

그러나 전제는 한 사회의 지배적 가치관과 문화적 특성을 반영하기 마련이며, 시간이 흘러감에 따라 변하기도 한다. 이러한 전제의 속성을 감안할 때 읽는 이는 글쓴이가 사용한 전제를 무비판적으로 수용해서는 안 되며, 전제가 보편타당한 원칙으로서 충분히 동의할 만한 것인지 비판적으로 검토해야 한다. 아울러 주장과 전제의 차이점을 명확히 인식하고 양자를 구분할 수 있어야 한다.

<table>
<tr><td>학습활동 2</td><td>다음에 제시된 전제는 보편타당한 원칙을 환기하고 있다고 말할 수 있는가? 혹 그렇지 않은 측면이 존재하는가? 자신의 입장을 정한 후, 그 이유는 무엇인지 조원들과 이야기해 보자.</td></tr>
</table>

- 모든 사람은 국적을 가질 권리가 있다.(세계인권선언 제 15조 1항)
- 국가는 여자의 복지와 권익의 향상을 위하여 노력하여야 한다.(헌법 제 34조 2항)
- 악법도 법이다.(소크라테스)
- '은근'은 한국의 미요, '끈기'는 한국의 힘이다.(조윤제)

2 정합성 및 타당성 검토

비판적 읽기의 본격적인 단계는 글 전체의 논지가 정합성과 타당성을 온전하게 갖추고 있는지 따져 보는 것이다. 이는 각각의 논리적 구성의 요소들이 조리 있게 결합되어 있는지의 여부를 검토하는 것을 의미한다.

이를 위해 먼저 읽는 이는 주장과 이유 및 근거 사이에 논리적 인과 관계가 성립하고 있는지를 살펴보아야 한다. 이유는 주장을 적합하게 뒷받침하고 있는지, 그리고 근거는 주장과 이유를 설명해 주는 객관적이면서도 신뢰할 만한 사실을 담고 있는지 확인해 보아야 한다.

다음으로 전제가 보편타당한 원칙으로서 제시되고 있는지, 그리고 그것이 주장-이유 혹은 이유–근거를 논리적으로 타당하게 연결해 주고 있는지를 검토해 보아야 한다. 다시 말해 참이라고 보기 어려운 숨은 전제에 의거하고 있지는 않은지, 합리성이 아닌 자의적 가치 판단에 의거해 전제와 주장을 연결 짓고 있지는 않은지 등을 따져 보아야 한다.

1. 논리적 인과 관계

글쓴이는 자신의 주장을 뒷받침하기 위해 다양한 이유와 근거를 제시한다. 설득력 있는 이유를 제시하는 방법은 크게 두 가지로 나뉜다. 주장을 이행했을 때 발생하는 이익이 크다는 점을 강조하거나, 반대로 이행하지 않았을 때에는 손실이 발생할 것이라는 점을 강조하는 방법이 그것이다. 다음 예시 표를 보자.

▶ 이유 제시 방법 예시 ◀

주장	이유
'소비지향적인 대학축제문화를 개선하기 위해 기업의 후원에 의존하는 관행을 버려야 한다'	각종 광고와 홍보 이벤트 행사의 만연으로 인해 퇴색한 대학축제문화의 건강성을 회복할 수 있기 때문이다 (이익 강조)
	기업의 후원에 의존한 결과 학생들의 자발적 참여도가 저조해짐으로써 축제 본연의 의미가 퇴색했기 때문이다 (손실 강조)

이러한 글쓴이의 전략을 고려할 때, 읽는 이는 제시된 이유들이 주장과 타당한 논리적 인과 관계를 맺고 있는지를 따져 보아야 한다. 앞의 사례에 적용하자면 '대학축제에는 실제로 상업성 행사가 많은 비중을 차지하는가?', '학생들의 저조한 참여도가 기업의 후원에 따른 결과인가?' 등의 비판적 질문이 제기될 수 있다. 그리고 글쓴이가 제시한 주장과 이유 사이에 인과성이 확인될 만한 사실 근거를 요구해야 한다.

다음 예문을 통해 주장의 타당성을 뒷받침하기 위해 근거가 제시되는 양상을 구체적으로 살펴보도록 하자.

발해의 역사나 문화에 대해서는 근래 발견된 묘지(墓誌) 두 개를 제외하면 발해인 자신에 의한 기록이 거의 전해지지 않기 때문에 발해와 교류가 있었던 중국이나 일본에 잔존하는 기록에 의존하지 않을 수 없으며 불명확한 점도 적지 않다. (중략) 발해의 영역이 한·중·일 세 국가의 영토에 미치고 있기 때문에, 발해사는 그 나라들이 내포하고 있는 현실적 과제와 더불어 각 국가의 불가결한 역사로서 점차 적극적으로 연구되기 시작하였다. 　현재 각국에서 주목받고 있는 발해사 연구는 각국에 속한 연구자의 특색 있는 문제의식이 현저하게 보이며 저마다 고유의 논점이 제시되고 있다. (중략) 발해사에 있어 현재 국제적인 중심 과제는 발해를 구성하는 민족이 오늘날 어느 민족에 귀속하는가 하는 족속(族屬) 문제에 있다고 해도 과언이 아니다. (중략)	도입부 (전제)
중국의 발해사 연구를 살펴보면, 발해는 당대(唐代) 소수 민족인 말갈인의 지방 정권이라는 공식 견해가 중국 학계를 지배하고 있다. 중국에서는 항상 중국사의 주체적 역할을 해온 것이 한민족(漢民族)이라고 보기 때문에 비(非) 한민족인 말갈인의 국가였던 발해는 독립된 민족국가로 인정하지 않고, 어디까지나 당대(唐代)의 지방 민족(소수 민족인 속말 말갈(粟末靺鞨))이 건국한 국가이며 당조(唐朝)의 지방 정권이라고 자리매김하고 있다. (중략) 　이에 대해 한국·북한에서는 발해의 왕실 및 지배 집단이 고구려인이라고 단정하고, 발해는 고구려의 계승자이며 고구려의 부활·재흥이라고 보고 있다. 발해의 혈통 자체와 문화가 오늘날 한민족(韓民族)의 혈통과 문화적 전통의 중요한 구성 성분이 되었다고 하여 발해 남쪽에 위치했던 신라와 똑같은 한민족에 의한 두 국가가 병립했다고 보는 학설이 가장 유력하다. 이러한 인식에 입각하여 한국에서는 이 시대를 '남북국 시대'라고 부르는 방식이 정착하고 있다.	근거
이런 여러 설을 죽 훑어보면 발해사에 대한 견해는 각국 사이에 상당한 차이가 있는 것처럼 보인다. 그러나 주목되는 점은 그럼에도 불구하고 발해사에 대응하는 방식에 분명한 공통점을 엿볼 수 있다는 것이다. 그것은 오늘날 각국에서의 민족과 국가에 대한 통념을 암묵리에 분석틀로 삼고 있으며, 나아가 각국이 내포하고 있는 현실적 정치 과제에 맞추어 발해사를 부각시키려고 한다는 점이다. (중략) 　각국의 발해사 연구는 이러한 현실적 과제가 직접·간접적인 계기가 되었는데, 여기서는 그 현실적 과제의 좋고 나쁨을 따지려는 것이 아니다. 그러한 과제의 무게는 각각에 있다 하더라도 현실의 정치 과제를 매개 없이 역사에 투영하거나 혹은 가탁하는 불모성(不毛性)을 문제삼으려는 것이다. 그것들은 내부를 향한 선전은 될 수 있어도 국제적인 범위에서 학술적으로 발해의 족속 문제를 해명하는 데는 생산적인 논의가 될 수 없다. 　전에 나는 남북한에서 발해사를 한국사에 자리매김하려는 시도가 논거가 빈약하고 충분한 실증에 바탕을 두지 않은 점을 자세하고도 솔직하게 지적한 적이 있다. 적어도 역사 연구로서의 틀을 넘어선 자의적인 해석에 대한 비판은 필요하며, 연구상의 공통 기반을 갖추기 위해서도 상호 비판이 적극적으로 이루어지지 않으면 안 된다.	주장

− 이성시, 「발해사를 둘러싼 민족과 국가」, 『만들어진 고대—근대 국민 국가의 동아시아 이야기』, 박경희 옮김, 삼인, 2001.

위 예문에서는 족속(族屬) 문제의 관점에서 보았을 때는 발해사에 대한 견해가 나라마다 크게 차이가 나는 것처럼 보이지만 대응 방식의 측면에서는 관련 국가들이 분명한 공통점을 보이고 있다는 주장이 제시되었다. 그 근거로 글쓴이는 각국의 발해사 연구 경향을 구체적으로 제시하고 있다. 이처럼 사실에 기반을 둔 근거가 제시될 때 주장의 타당성이 인정될 가능성이 높아진다.

요컨대 논증의 기본 요소 간에는 논리적 인과 관계, 즉 전제-주장-이유-근거 사이의 정연하면서도 조리 있는 결합이 있어야 한다. 그리고 주장과 이유가 신뢰할 만한 근거에 의해 뒷받침될 때 그 글은 정합성과 타당성을 갖추었다고 할 수 있다. 따라서 읽는 이는 각 요소들 사이의 논리적 인과 관계가 온전히 성립하고 있는지, 그리고 명확한 근거가 제시되어 있는지 살펴보아야 한다.

 다음 예문의 논리적 흐름을 파악해 본 후, 전제-주장-이유-근거를 찾아 정리해 보자. 그리고 제시된 근거들의 타당성 여부를 검토해 보자.

노르웨이에 가기 전까지 노르웨이어를 배운 적이 없는 나는 적지 않은 고민을 했다. 동양사와 같이 난해한 이야기를 영어로 강의해야 하는데, 과연 학생들이 복잡한 사학 용어를 충분히 알아들을까? 노르웨이어를 모르면서 노르웨이에서 생활한다는 것이 너무 지나친 모험은 아닐까? 한국에서 영어밖에 모른다는 죄로 고초를 겪는 외국인을 워낙 많이 본 탓에 나는 정말로 마음이 조마조마했다.

그러나 첫 강의부터 학생들이 발음이나 어휘 구사 등 모든 면에서 나보다도 영어를 더 잘하는 것을 보고 놀라지 않을 수 없었다. '잘한다'기보다는 영어가 또 하나의 모국어로 보일 정도였다. 부끄러움과 고마움을 동시에 느끼며 내가 한국 체류 때의 습관을 살려 학생들의 영어 실력을 칭찬하자 강의실은 순식간에 웃음바다로 변했다. 내가 어리둥절해 하자 학생들이 "영어 하는 게 뭐 그리 대단한 일이냐. 음식 먹고 자전거 타는 것처럼 일상적인 일 아니냐"고 반문했다. 학생들의 설명을 듣고 나는 '동양사를 듣는 학생이면 조금 특별한 교육을 받고 있겠지'라는 생각으로 망가진 자존심(?)을 달래면서도, 노르웨이인들의 영어 교육에 대해서 알아보아야겠다고 마음속으로 다짐했다.

학생들의 말은 사실이었다. 특수 교육을 받았을 법한 동양사 수강생뿐만 아니라, 의무 교육인 고등학교밖에 안 나온 자전거 수리공이나 아시아계 택시 운전사조차도 한국의 교수나 외교관들보다도 훨씬 영어를 잘했다. 그리고 더 놀라운 것은 동양사 수강생들이 대학교에서 특별한 교육을 받은 일이 전혀 없다는 것이었다. 노르웨이 대학에는 한국 대학생의 본업인 양 돼버린 교양영어, 영어회화, 토익 같은 과목이 아예 없다. 입시가 없으니 영어 자격을 검증받는 것도 아니다. 영어를 중고등학교 때 하나의 과목으로 배우고 끝난다. 일본이나 한국에서는 입시 때의 영어 점수, 입사시험 때의 토익 점수가 몇 점이냐에 따라 현대판 '귀족'이 되느냐 '백성'이 되느냐가 결정된다는 이야기를 학생들에게 하면 못 믿겠다는 듯한 표정을 짓는 학생이 많다. 영어를 '그저 아무나 하는 일'쯤으로 생각하는 의식이 상식화되었기 때문이다.

한국처럼 비대해진 사교육 기관이 없는데도 10대 후반의 노르웨이 아이들이 이만큼 영어에 숙달할 수 있는 배경은 도대체 무엇인가? 일차적으로 언어 자체의 구조적·어휘적 유사성과 문화의 친근성을 들 수 있다. 이러한 의미에서 유럽 언어 중 하나인 영어가 국제체제의 공용어가 되었다는 사실 자체가 이미 유럽인에 대한 일종의 '특혜'인 동시에 비유럽 문화의 타자화를 의미한다는 지적은 아주 타당하다.

그러나 이러한 '태생적 특혜' 외에도 노르웨이 청년들이 영어를 잘할 수 있는 비결은 성실하고 체계적인 의무교육이라는 사회제도에 있다. 15~20명을 넘지 않는 반에서 아이들에게 '봉사'하는 것이 바로 교육이라는 진리가 몸에 밴 교사와 영화 시청, 노래 듣기, 일 대 일 대화 같은 방법으로 재미있게 영어를 배우는 이들 학생에게는 영어가 '위협'이 아니라 '재미'로 느껴질 뿐이다.

또 대학 입시가 없고 실업이 거의 없는 상황이다 보니 학교 성적을 잘 받으려고 서로 경쟁하는 일도, 인간의 존엄성을 모독하는 '등수'를 매기는 일도 전혀 없다. '체벌'이라는 용어가 없는 것은 물론이고, 아이들을 감정적으로 지나치게 야단치는 선생님은 교육자로서 부적합하다는 판정을 받아 권고 퇴직의 위기에 처한다. 언어 숙달은 창조력의 발로이고, 아이의 창조력은 바로 경쟁과 폭력이 없는 환경에서만 제대로 발전할 수 있다. 게다가 중고생들이 교환 학생 자격으로 국고의 지원을 받아 영어권 나라에 가서 몇 개월씩 지내기도 한다. 이와 같은 배경을 알면, "영어와 같이 기본적인 것까지 대학교에서 배워야 하느냐"는 노르웨이 대학생의 놀라움을 충분히 이해할 수 있다.

한편 고등학교를 졸업한 뒤에도 영어 실력을 유지할 수 있는 바탕으로는 노르웨이 사회의 개방적이고 국제적인 분위기를 꼽을 수 있다. 유럽 공동체 시민이면 노르웨이에서 노르웨이인과 동등한 자격으로 일자리를 얻을 수 있기 때문에, 직장에서 외국인 동료와 자연스럽게 영어로 이야기할 기회가 많다. 내가 속한 학과도 교수와 직원의 절반 정도가 외국인인데, 그들은 노르웨이인과 똑같은 대우를 받는다. 그리고 결혼과 같은 문제에서도 노르웨이인들은 국경과 국적을 전혀 의식하지 않는다. 러시아와 인접한 북부 지방에서는 러시아인과 혼인하는 비율이 약 10%에 이르는가 하면, 오슬로에 사는 내 주위에도 칠레인, 타이인, 중국인, 일본인, 러시아인, 한국인 등과 결혼한 노르웨이인이 많다.

이와 같은 '국제 가정'에서는 배우자가 노르웨이어를 구사하기 전에 영어로 일상생활을 하는 경우가 많다. 게다가 모든 근로자가 최소한 4주 이상의 휴가와 특별 휴가수당을 받는 노르웨이에서는 기후가 좀 더 온화하고 물가가 저렴한 외국에서 휴가를 보내는 것이 일상적인 연례행사다. 한마디로, 적어도 유럽의 범위 안에서 '우리'와 '남', '자국'과 '외국'을 뚜렷이 구분하지 않는 노르웨이에서는 영어를 하는 것이 그야말로 '먹고 자는 것'과 같은 일상적인 행위에 지나지 않는다. (중략)

이러한 노르웨이의 현실에 비추어본다면, 출세와 생존을 위해 평생을 시작도 끝도 없는 '영어 공부'에 바치도록 강요받는, 그러면서도 결국 영어 단어 몇 개도 쉽게 연결하지 못하는 대다수 한국인의 상황을 어떻게 봐야 하는가? 한마디로, 영어와 관련된 모든 의식과 제도가 근본적으로 잘못된 것이다. 영어 실력도 아닌 '영어 시험 잘 보는 실력'으로 신분을 부여하고, '영어 시험 잘 보는 실력'(아니면 이 실력을 양성하기 위한 돈과 여유)이 없어서 대학에 못 들어간 사람을 아예 인간 취급도 하지 않는 사회의식과(요즘은 좀 완화되었지만), 영어 대신 폭력과 폭언, 감시와 규율을 가르치는 공교육도 새로운 길을 모색해야 한다.

－박노자, 「'영어 실력'은 평등의 산물」, 『좌우는 있어도 위아래는 없다』, 한겨레출판사, 2002.

2. 숨은 전제와 가치판단

글의 정합성 및 타당성을 판단하기 위해서는 주장과 전제의 관계에 대한 비판적인 검토가 이루어져야 한다. 예컨대 '거짓말을 자꾸 하면, 결국 사람들은 그의 말을 믿지 않게 된다'와 같은 전제에는 대부분의 사람들이 동의할 수 있을 것이다. 이러한 전제에 의거한다면 '대학 홈페이지의 자유게시판에 거짓 정보가 많이 유포될수록 학생들의 접속 및 이용률은 감소할 것이다'라는 주장 또한 설득력을 지닐 수 있다.

그러나 전제가 보편타당한 원칙을 환기하고 있다고 해서 주장이 반드시 설득력을 지니는 것은 아니다. 전제 또한 한 사회의 가치관과 문화를 반영하는 속성을 지니고 있기 때문에 주장을 뒷받침하는 것이 아니라 오히려 주장의 타당성을 제약하는 결과를 초래할 수도 있다. 특히 인종, 성별(젠더), 계층에 대한 사회 통념 중에 이러한 속성을 지니는 것들이 많으므로 주의를 요한다. 예를 들어 '여성 운전자가 남성 운전자에 비해 교통사고를 많이 낸다'는 통념은 사실이 아닐 뿐더러 실제로는 오히려 남성 운전자의 사고 발생 비율이 3배 이상 높다. 그럼에도 불구하고 교통사고의 발생 원인을 '운전자가 여성이기 때문'이라고 보려는 태도가 사라지지 않는 것은 선입견이나 편견이 작용하여 형성된 통념이 전제로 작용하고 있기 때문이다.

이처럼 숨은 전제, 그리고 그 속에 담긴 자의적 가치판단이 글의 정합성과 타당성을 제약할 수 있으므로 글을 읽을 때에는 전제와 주장의 관계에 대한 면밀한 검토가 있어야 한다. 다음 예문을 통해 그러한 검토의 과정에 대해 학습해 보자.

예문 5 친일 행위에 대한 역사적 평가에선 당시 조선 사람들이 일본의 식민 통치 아래 어떻게 살았고 식민 통치를 어떻게 받아들였나 살피는 일이 긴요하다. 그들의 삶을 규정한 물질적 조건들을 살피는 일은 특히 중요하다. 누구도 외족의 식민 통치를 달가워하지 않지만, 그것의 수용 또는 거부엔 큰 편차가 있을 수밖에 없다. 실제로 식민 통치의 효율과 그것이 결정하는 경제적·사회적 조건들은 식민 통치의 정당성에 대한 주민들의 견해에 근본적 영향을 미친다.

그래서 '식민지 조선에서 조선 사람은 실제로 어떻게 살았나?'라는 물음은 친일 행위를 다루는 사람들이 피할 수 없는 물음이다. 그 물음에 대해서 내가 나름의 답을 찾은 과정이 제 11장 '일본의 조선 식민 통치에 대한 평가'에서 기술되었다. 모두 15장들로 된 글에서 단 한 장에 지나지 않지만, 그것은 전체 분량의 3분의 1 가량 된다. 이 글의 무게 중심이 실질적으로 일본의 조선 식민 통치에 대한 평가에 있음이 거기서 드러난다.

일본의 식민 통치는 우리 근대 역사에서 절대적 중요성을 지닌 사건이었고 우리 역사학계의 중심적 연구 주제였지만, 계량적 접근을 통해서 일본의 식민 통치를 평가한 연구들은 드물었다. 일본의 혹독한 식민 통치의 구체적인 모습들에 대한 기술들은 많았지만, 그것들을 계량적으로 평가해서 종합적으로 제시한 연구는 찾기가 쉽지 않았고, 그런 종합적 결과가 튼튼한 이론의 뒷받침을 받은 경우는 더욱 드물었다.

그런 상황에서 내가 고른 길은 인구 추세를 살피는 것이었다. 어떤 통치의 성격과 효율은 궁극적으로 인구 추세에 반영된다. 식민 통치에선 그런 상관관계가 더욱 긴밀하니, 라틴 아메리카와 아프리카의 역사가 잘 보여준 것처럼, 정복자들이 약탈적이거나 추출적extractive 정책을 펴면 원주민들의 인구는 빠르게 줄어든다. 통치의 영향을 따질 때 흔히 고려되는 요소들만이 아니라 비제도적 차별과 식민자들이 퍼뜨린 질병들처럼 놓치기 쉬운 요인들까지, 심지어 식민지화의 심리적 충격과 같은 요인들까지, 인구 추세엔 반영된다.

식민지 시기 조선인 인구는 1910년의 13,128,780명에서 1942년 25,525,409명으로 94.4% 늘었다. 이 수치엔 해외로 나간 사람들은 포함되지 않았다. 한 추산에 따르면, 당시 일본 식민 제국의 다른 영토로, 즉 일본 본토, 대만, 관동주, 남양군도 그리고 만주국으로, 이주한 조선 사람들은 150만 명가량 된다. 중국, 미국 그리고 소련으로 이주한 사람들도 상당히 많았다.

이런 인구 증가는 조선조 후기의 인구 정체와 뚜렷하게 대조된다. 조선조 사회가 임진왜란과 병자호란으로 인한 파괴와 혼란을 어느 정도 극복해서 비교적 안정되었던 1678년(숙종 4년) 조선인 인구는 5,246,972명이었고, 한 세기 뒤 정조 치세에 안정적 성장세를 보여 1807년(순조 7년)에 7,561,406명으로 정점을 맞았다. 그 뒤로는 인구가 상당히 감소하여 개항한 1876년(고종 13년)엔 6,691,757명으로 조사되었다. 즉 조선조 치하에서 조선인 인구는 두 세기 동안에 30%가 채 못 되는 증가율을 보였다.

식민지 시기 조선인 인구는 같은 시기 일본 본토의 일본인 인구보다 훨씬 빠르게 늘어났다. 일본인 인구는 1910년의 49,184,000명에서 1942년의 72,888,000명으로 48.2%가 늘어서, 조선인 인구 증가율의 절반가량 되는 증가율을 보였다.

이런 조선인 인구 증가는 비슷한 시기에 일본의 식민 통치를 받은 대만에서 원주민 인구가 보인 증가보다도 상당히 높았다. 대만의 원주민 인구는 1905년 3,055,461명에서 1943년의 6,133,867명으로 곱절이 되었다. 일본의 대만 식민 통치가 성공적이라는 평가를 받았으므로, 이렇게 긍정적인 비교는 보기보다 큰 뜻을 지닌다.

아울러 식민지 시기 조선인 인구는 비슷한 시기의 아시아나 세계 인구보다 훨씬 빠르게 늘어났다. 세계 인구는 1900년의 16억 5천만 명에서 1950년의 25억 2천만 명으로 늘어서 0.85%의 연평균 증가율을 보였다. 같은 기간에 아시아 인구는 0.84%의 연평균 증가율을 보였다. 식민지 시기 조선인 인구 증가율이 아시아나 세계 인구의 그것보다 곱절 이상 높았다는 사실은 19세기에 조선인 인구가 정체해서 당시 세계 인구 증가율 0.6%와 큰 차이를 보였다는 사실과 뚜렷이 대조된다.

이런 사정을 요약하면 아래와 같다.

인구들	기간	연평균 증가율(%)
식민지 시기 조선인	1910~1942	2.09
조선조 후기 조선인	1678~1876	0.12
식민지 시기 일본 본토 일본인	1910~1942	1.24
식민지 시기 대만인	1905~1943	1.85
20세기 전반 아시아	1900~1950	0.84
20세기 전반 세계	1900~1950	0.85

앞의 예문에서 글쓴이는 "통치의 성격과 효율은 궁극적으로 인구 추세에 반영된다. 식민 통치에선 그런 상관관계가 더욱 긴밀"하다는 전제에 의거하여 식민지 시기 조선의 인구가 이전 시기뿐만 아니라 여타 국가의 인구 추세와 비교해 보아도 높은 증가율을 보여준다는 사실을 제시한 후, "식민 통치의 본질적 제약들과 폐해들에도 불구하고, 일본의 식민 통치 아래서 조선 사람들은 상당히 잘 살았다"는 주장을 표명하고 있다.

사실 앞의 예문의 전제에는 '좋은 통치는 인구를 증가시킬 것이며, 나쁜 통치는 인구를 감소시킬 것이다'라는 가정, 즉 또 다른 전제가 숨어 있다. 하지만 이 전제가 반드시 참이라고 볼 수는 없다. 인구의 증감을 가져오는 요인은 통치 외에도 다양하게 존재할 수 있으며, 실제로 비교적 통치가 안정되어 있다고 볼 수 있는 선진국의 인구증가율이 그렇지 않은 개발도상국의 그것에 비해 오히려 낮은 것 또한 사실이다. 따라서 예문의 본문에 제시된 전제가 타당해 보임에도 불구하고 글쓴이의 주장에 선뜻 동의하기 어려운 이유는 보편타당성이 충분히 입증되지 않은 숨은 전제에 의거해 결론을 내리고 있기 때문이다.

이처럼 언뜻 보기에 합리적인 것처럼 보이는 전제와 주장 사이에도 논리적 결함이 있을 수 있다. 이는 근본적으로 전제가 지닌 이중적 성격으로부터 비롯된 것이라 할 수 있다. 즉 전제는 원칙적으로 보편타당성을 지향하지만 현실적으로는 주관적 가치판단으로부터 결코 자유로울 수 없는 속성을 지니고 있는 것이다. 따라서 읽는 이는 글쓴이의 주장에 내포되어 있는 전제를 무비판적으로 수용해서는 안 되며, 비판적인 관점에서 반드시 타당성 여부를 검토해야 한다.

학습활동 4 다음 글에서 제기되고 있는 주장과 전제가 무엇인지 각각 찾아 정리해 본 후, 전제가 주장을 적합하게 뒷받침하고 있는지 판단해 보자. 만약 그렇지 않다면 그 이유가 무엇이라고 생각하는지 동료 학생들과 논의해 보자.

개혁의 사업은 공상(空想)과 공론(空論)으로 될 것이 아니요, 오직 실행으로만 될 것이요, 재래(在來)의 정권이나 습관에 반항하여 구(舊)를 파하고 신(新)을 건(建)하는 위업은 그 사업의 성질상 곤란과 위험이 많은 것이니, 이를 능히 하려면 위대한 용기가 필요합니다. 또 일국을 개혁하려는 위업은 결코 한두 개인의 능력으로 능히 할 바 아니요, 오직 공고하고 유력한 단체로만 할 것이외다.

그런데 조선사를 보면 흔히 개혁자들이 국왕이나 재상에게 일편(一篇)의 의견서를 제출함으로써 유일한 방침을 삼았고, 가장 근대에는 비교적 진보한 사상을 가졌다 할 김옥균, 박영효조차 겨우 십수(十數)의 동지를 음모적으로 규합함에 불과하였고, 공고하고 세력이 큰 대결사(大結社)를 만드는 데까지는 생각이 미치지 못하였습니다. 비록 근년에 이르러 개혁을 목적으로 한 여러 가지 단체가 있었지마는 내가 전에 말한 바와 같이 그 역시 공고한 단결이라 할 수는 없었습니다. 진실로 갑신 이래로 3인 이상의 단결된 동지가 3개년 이상 그 단결을 유지한 사례를 보거나 듣지 못했습니다.

그 원인이 어디에 있는가? 첫째, 허위(虛僞), 나타(懶惰), 무신(無信), 사회성의 결핍에 있습니다. 피차에 허위되니 피차에 믿지 못하고 믿지 못하니 단결이 안 됩니다. 단체생활의 제일 요건은 진실로 서로 믿는 것인데 거짓말쟁이, 속임꾼들끼리 모이면 무슨 단결이 되겠습니까. 둘째, 단체란 일하자고 만드는 것인데 밤낮 공상과 공론으로만 일을 삼으면 무엇이 되겠습니까. 셋째, 신의가 없어 피차에 작정한 것을 지킬 줄을 모르고 단체로부터 받은 의리를 돌이보지 않이 서로 믿음이 없으면 무슨 단결이 되겠습니까. '배반'은 실로 조선의 교우사(交友史), 단체사(團體史)를 관류(貫流)한 악덕이외다. 이리하여 악정의 개혁을 행하지 못하고 말았습니다.

위에 말한 나의 사론(史論)이 만일 정확하다 하면 조선 민족 쇠퇴의 근본적 원인이 도덕적인 데 있다는 점이 더욱 분명하지 아니합니까? 곧 허위, 비사회적 이기심, 나타, 무신, 겁나(怯懦), 사회성의 결핍—이것이 조선 민족으로 하여금 금일의 쇠퇴에 빠지게 한 원인이 아닙니까?

영미족(英美族)의 흥왕(興旺)도 그 민족성이 원인이요, 오족(吾族)의 쇠퇴도 그 민족성이 원인이니 민족의 성쇠흥망이 실로 그 민족성에 달린 것이외다. 그러므로, 한 민족을 개조하려면 그 민족성의 근저인 도덕에서부터 시작되어야 한다 함이외다.

"새 술은 낡은 부대에 담지 못한다. 부대는 터지고 술은 쏟아지리라. 낡은 재목으로 새 집을 짓지 못한다. 더구나 썩어져 무너진 집 재목으로 새 집을 지으랴. 짓지도 못하려니와 지어도 다시 무너지리라." 쇠퇴하던 백성이 그냥 흥왕하는 백성이 되지 못하리니 흥왕하려면 그 백성부터 새롭게 힘 있게 하여야 할 것이외다. 만일 그 썩어진 성격을 그냥 두면 어떠한 노력을 하더라도 허사가 되고 말 것이니 민족적 성격의 개조! 이것이 우리가 살아날 유일한 길이외다.

— 이광수, 「민족개조론」 중에서, 『개벽』 23호, 1922. 5.

 다음 글은 이른바 '리얼리티' 프로그램에 대한 기존의 주장을 비판하고 있다. 이 글을 참고하여 비판적 읽기의 대상이 될 만하다고 판단되는 우리나라의 TV 프로그램을 골라 자신의 의견을 정리한 후, 비판의 주된 근거가 무엇인지 동료 학생들에게 말해 보자.

극한 상황 속에서 살아남기와 비슷한 시기에 발전된 또 다른 종류의 '리얼리티' 프로그램을 보면, 완전히 새로운 방송을 보고 있다는 주장이 거의 틀렸다는 것을 알 수 있다. 2001년 1월 ITV에서 시작한 『팝스타』의 의도는 '영국 전역을 강타할 팝밴드를 발굴해서 키워내는 것'이었다. 어디선가 들어본 이야기 같지 않은가? 몽키즈(Monkees)를 기억할 정도의 나이 또래인 사람들에게는 그럴 것이다. 1966년에 방송사는 그 그룹을 발굴, 육성해서 히트 팝 밴드로 키워냈다. 차이가 있다면, 미국 NBC에서 했다는 점과 영국 젊은이였던 데이비드 존스(David Jones)를 제외한다면 나머지 멤버들은 대부분이 미국인이었다는 점이다. 몽키즈가 ITV의 2001년 그룹―이 그룹은 히어세이(Hear'Say)로 불리게 된다―과 달랐던 또 한 가지는 그들 중 누구도 노래나 악기 다루는 법을 배우지 않았다는 점인데, 이것은 매우 결정적인 차이 같지만 나중에 드러났던 것처럼, 흥미로울 정도로 전혀 중요하지 않은 차이였다.

또 다른 중요한 차이점이 있다. 미국 시리즈는 400명의 희망자들 중에서 오디션을 거쳐 최종 4명을 뽑아 완전한 그룹을 결성한 후 스크린에 내보내면서 방송을 시작했던 반면, 35년 후의 영국에서는 오디션 과정 자체가 그 프로그램의 관전 포인트가 되었고 그룹의 결성으로 끝이 났다는 점이다. 『팝스타』는 그 시즌 ITV 최고의 시청률을 기록한 프로그램 중의 하나로서 그 인기를 입증했고, 이런 종류의 프로그램을 '리얼리티'라는 광고 문구 아래 두어야 할 주된 이유를 제공해주었다. 방송에서 사용하는 그런 특별한 의미로, 연예인 지망자들은 '실제'가 되었다. 그들 중에는 소위 중하층이나 노동계급 출신들(또는 광고계에서 말하는 사회경제적 범주 C2, D, E에 속하는 사람들)이 압도적으로 많았다. 수백만 명의 시청자가 지켜보는 앞에서 심사위원들이 실력 없는 출연자의 면전에 대고 그 사람이 얼마나 끔찍했는지를 직접 말해준다는 점에서 우리가 보는 것은 '실제'였다. 처음에 기획했던 대로 히어세이는 승자로 호명된 직후부터 가요차트 수위에 오르면서 2류 유명인의 길에 순조롭게 들어서기는 했지만, 그 프로그램이 방송되는 동안 진짜로 유명해진 사람들은 심사위원들이었다.

몽키즈가 그룹 형성에서 시작되었던 반면 『팝스타』에서는 그것으로 끝이 난다는 두 프로그램의 차이점이, 리얼리티 TV라고 불리는 부류에는 새로울 것이 없다는 주장에 대한 반대 증거라고 주장할 수도 있다. 하지만, ITV가 잘 검증된 공식에 의존했던 부분은 방송을 통한 팝스타 양성이라는 측면만이 아니었다. 오디션 과정을 주된 요소로 이용함으로써, 『팝스타』는 굳건히 자리잡고 있던 연예인 선발대회의 전통을 따랐다. 1950년대의 『기회를 잡아라』(Opportunity Knocks)에서부터 오늘날의 『그들 눈에 비친 스타』(Stars in Their Eyes)에 이르기까지, 영국 텔레비전에서는 연예인 선발대회가 빠졌던 적이 거의 없었다. 그 중에서도 가장 유명한 것은 ITV의 『뉴페이스』(New Faces)로서, 1973년부터 1988년까지 하다 말다를 반복했다. 이 프로그램은 제대로 해내지 못한 참가자가 수백만 명 앞에서 얼마나 형편없었는지를 들어야 한다는 이유 때문에 유명해졌다. 1970년대에 잔인할 정도로 솔직했던 레코드 프로듀서와 『뉴페이스』의 심사위원 미키 모스트(Mickie Most)가 했던 일을 2001년에는 잔인할 정도로 솔직한 팝 프로듀서와 『팝스타』의 심사위원 나이젤 리트고(Nigel Lythgoe)가

맡았다. 그는 심사위원들 중에서도 가장 노골적인 평가를 내려 사랑받기도 했지만 미움을
사기도 했다.

— 크리스토퍼 던클리, 「새롭지도, 재치 있지도 않다」, 영국사상연구소 엮음, 『논쟁 없는 시대의 논쟁』,
박민아 외 옮김, 이음, 2009.

1 다음 글들을 읽고 논리적 인과 관계의 성립 여부 및 근거의 타당성에 대해 검토해 본 후, 이를 바탕으로 이 글들이 지니고 있는 문제점에 대해 분석하는 글을 한 편 써 보자.

가) 청년층(15~29세)이 경기부진보다는 중소기업을 기피하기 때문에 취업하지 않고 있다는 분석 결과가 나왔다. 한국고용정보원은 19일 고교·전문대졸 이상자 1700명, 기업 인사담당자 252명 등을 상대로 실시한 설문조사에서 이러한 결과를 얻었다고 밝혔다.

분석결과에 따르면 학력이 높을수록 중소기업취업을 꺼리는 현상이 뚜렷했다. 고교·전문대·대학·대학원 졸업자의 취업애로 요인은 '경기부진'이 14.0%, 12.5%, 16.4%, 16.6%인 데 비해 '중소기업 기피'는 12.4%, 18.5%, 19.5%, 26.0%로 나타났다. 고교 졸업자의 경우 '경기부진'보다 '중소기업 기피'가 1.6% 포인트 낮게 나왔지만 '원하는 일자리가 없다'(17.2%)까지 포함하면 중소기업 기피 현상이 얼마나 심각한지 알 수 있다. 인사담당자들도 청년층의 취업 지연 원인을 '중소기업 기피'(23.8%), '취업자의 높은 기대 임금'(21.8%) 순으로 꼽았다.

청년층이 대기업보다 고용효과가 훨씬 큰 중소기업을 외면하다 보니 청년실업률이 좀처럼 낮아지지 않고 있다. 지난달 청년실업률은 8.3%로, 지난해 4월(8.7%) 이후 최고치를 기록했다. 전문가들은 구직 단념자와 취업 준비생 등 통계에 잡히진 않지만 사실상 실업 상태에 있는 청년까지 포함하면 실업률이 16%가량 될 것으로 추산한다.

놀고먹는 청년층이 늘어날수록 가계는 물론 국가 경제 전반에 악영향을 미친다. 가계 수입이 감소하면 소비를 위축시켜 경기가 침체되는 악순환에 빠지기 때문이다. 따라서 청년층은 기대 임금 수준을 다소 낮춰서라도 적극적인 구직활동에 나서야 한다. 중소기업에서 실력을 쌓은 뒤 더 좋은 회사로 옮기는 방법도 생각해 볼 수 있다.

중소기업은 양질의 노동력을 확보하기 위해서라도 저임금을 현실화하고 근무환경을 개선해야 한다. 정부는 청년층이 선호하는 일자리를 창출하고, 청년 전용 창업자금을 확충하는 등 다각적인 노력을 기울이기 바란다.

– 「청년층, 눈높이 낮춰 적극 구직활동 해야」, 「국민일보」 사설, 2012. 3. 20.

나) 청년 취업난 속에서도 산업 현장은 '젊은 피'가 없다고 난리다. 올해 대한민국 명장(名匠)으로 선정된 이대근 한국단자공업 생산1팀장은 "제조업 현장을 외면하는 젊은 후배들이 안타깝다. 목표와 직업의식이 없는 것 같다"고 말했다. 이 명장은 "좋아하는 전문 분야를 찾아 차근차근 기술과 경험을 쌓아 가면 길이 보이는데, 젊은 세대들은 조금만 힘들어도 포기한다"고 한탄했다.

금형 설계와 제작 전문가인 이 명장의 기술 인생은 취업난 속 청년들이 어떤 자세로 삶에 임해야 하는지를 보여준다. 그는 중학교 때부터 기술자의 꿈을 갖고 군산기계공고에 진학해 장인의 길을 묵묵히 걸었다. 군 제대 후 중소기업을 거쳐 1987년부터 한국단자공업에서 일을 시작했다. 바쁜 가운데도 인하대 공대에서 산업공학 석사학위를 받았다. 금형분야 자격증 10개, 특허 8건, 실용신안 3건도 취득했다. 그는 기술이 쌓일 때마다 실력을 점검하기 위해 자격증에 도전했다.

그가 대기업이나 공기업과 같은 안정적인 일자리를 얻기 위해 학벌 등 스펙 쌓기에만 열을 올렸다면 오늘날과 같은 명예와 보상을 받지 못했을 것이다. 지난해 대학 졸업자 52만 명, 고등학교 졸업자 65만 명이 쏟아져 나왔다. 대졸자 중에서는 31만 명, 고졸자 중에서는 대학에 진학한 47만 명을 빼고 4만 명만 일자리를 잡았다. 대기업이나 공기업에 취업한 사람은 소수다. 수많은 젊은이들이 남들이 알아주는 일자리를 쫓아다니다가 바늘구멍 취업문 앞에서 좌절한다.

경기 침체와 산업 구조의 변화로 청년 취업난은 쉽사리 해결되기 어렵다. 선진국도 비슷한 상황이다. 대기업은 일자리가 모자라도 300인 이하 중소기업은 2만 명 넘게 부족하다. 겉보기에 화려한 간판을 얻기 위해 젊음을 허비하기보다 자신이 좋아하는 일을 찾아 현장에 과감하게 도전하는 편이 현명하다. 출발은 미미해도 경험을 꾸준히 쌓게 되면 언젠가 목표에 도달할 수 있다는 믿음과 끈기를 가질 필요가 있다. 부실 대학의 졸업장보다는 산업 현장의 값진 경험과 지식이 백배 더 나을 수 있다고 이 시대 명장들은 충고하고 있다.

– 「산업 현장 외면하는 청춘, 취업난만 탓하지 마라」, 「동아일보」 사설, 2012. 9. 1.

2 다음 글은 교통사고의 발생 원인을 운전자의 성별에서 찾으려는 시각의 문제점을 비판하고 있다. 이 예문을 참고하여 고정관념이나 편향된 가치판단이 전제로 내포되어 있다고 생각하는 또 다른 언론 보도 사례를 찾아보고, 해당 기사의 문제점을 비판하는 글을 써 보자.

인터넷을 중심으로 확산되어 온 '○○녀/김여사' 현상은 한국사회의 어떤 점을 보여주는 것일까?

일단 검색부터 해 본다. 구글에서 '김여사'를 검색하니 0.26초만에 1790만개가 뜬다. 검색 결과를 하나씩 열어본다. 말 함부로 하는 건 대개 여자고('막말녀'), 남에게 행패 부리는 것도 여자며('행패녀'), 아무데서나 담배를 빼 무는 것도 여자다('담배녀'). 이 갖가지 '녀'들은 운전석에 앉는 순간 '여사'가 되는데, 역주행과 불법 좌회전을 즐기며, 주로 학교 운동장이나 논두렁에 주차하는 습관이 있다. 이런 이야기를 어떻게 받아들여야 할까? 가장 손쉬운 설명은, 한국 여자들이 실제로 그렇다고 말하는 것이다. 하지만 한국 여자들이 정말 그렇게 '막장'일까?

일단 이 가설은 상식적으로 받아들이기 어렵다. 일반적 경험으로 보아, 한국 여자들이 남자들보다 특별히 더 거칠고 뻔뻔하다고 믿을 수는 없기 때문이다. 그렇다면 '악행'이 주로 여자들 차지가 되는 까닭은 무엇일까?

혹시나 앞의 가설에 여전히 미련을 갖는 사람이 있을까봐 말해 두건대, 통계적 사실은 '김여사 전설'을 뒷받침하지 않는다. 교통안전공단의 2010년 조사결과를 보면, 한국 남성이 여성보다 평균 5배 넘는 교통사고를 저지르기 때문이다. 운전면허 소지자 100명당 교통사고 발생건수를 봐도, 남성이 여성보다 3.3배나 높았다.

그렇다면 사고차량마다 '김여사'가 어른거리는 이유를 어떻게 설명해야 할까? 다음의 보도를 보자.

보도 1. 현금 수송차 '김여사'…가만히 있는 차를 왜?
"승용차가 속도를 줄이지 않고 그대로 현금 수송차를 들이받아서 1명이 숨졌습니다. 운전자는 50대 여성이었습니다." (SBS 뉴스 2012. 6. 21)

최근 한국사회를 뒤흔들어 놓았던 사건이다. 제목의 '김여사'부터 시작해, 이 짧은 보도는 운전자가 여성이라는 사실을 두 번이나 강조한다. 사실 이 사건이 일어나기 열흘 전, 더 큰 사고가 있었다. 하지만 같은 매체인데도, 보도태도는 사뭇 달랐다.

일가족 네 명이 모두 사망한 대형 사고였고, 가해자는 음주운전을 하다 이 끔찍한 사고를 저질렀다. 그러나 제목에도, 본문에도 운전자의 성별은 드러나지 않는다. 오직 '만취상태'였다는 사실만 언급될 뿐이다(가해 운전자는 남자였다).

두 보도는 아주 흥미로운 대비를 보여준다. 두 번째 보도가 사건을 외적 요인, 즉 '만취운전'이라는 외적 요인으로 설명하는 반면, 첫 번째 보도는 '여성성'이라는 내적 요인과 결부한다. 다시 말해, '여성성' 자체를 사고의 원인으로 간주하는 것이다. 한국 언론 거의 모두가 이런 식의 보도 태도를 보인다. (중략)

이런 식의 고정관념이 강화되면 사고가 나기만 해도 반사적으로 '김여사'를 떠올리게 된다. 실제로 언론보도와 인터넷에 게시된 글들을 보면, 운전자 성별을 알 수 없는 실수나 사고조차 '김여사'로 의미화되는 경우가 흔하다. 만약 남자들이 교통사고를 낼 때마다 다음과 같은 보도가 나오면 어떨까?

음주운전에 '일가족 참변'…가해 운전자 또 '남자'

오늘 새벽 인천국제공항 고속도로에서 승용차 2대가 추돌해 일가족 4명이 모두 숨지는 참변이 일어났습니다. 역시나, 가해 차량의 운전자는 남자였습니다.

여기서 끝나면 양반이다. 앵커가 '왜 이런 일이 반복되는 것일까요?'라고 묻고, 전문가들이 나와 '남성의 두뇌구조'를 들먹인다고 생각해 보라. 이게 정확히 한국 여성들이 처한 어처구니없는 상황이다.

– 강인규, 「'김여사' 담론이 드러내는 패배주의적 공명심」, 『오마이뉴스』, 2012. 7. 6.

3 다음 글은 국제회의의 경제적 파급 효과를 예측·분석한 보고서이다. 이 글을 읽고 금액을 산출할 때 전제되어 있는 가정이 무엇인지 분석한 후, 그러한 가정의 타당성과 주장과 전제 사이의 정합성에 대해 분석하는 글을 써 보자.

서울 G20 정상회의의 성공적 개최에 따른 경제적 가치는 ① 개최의 직접효과(1,023억원)와 ② 간접효과(21조 4,553억~24조 5,373억원)를 합쳐 총 21조 5,576~24조 6,395억원에 이르며 ③ 계량화할 수 없는 무형의 가치는 이를 훨씬 능가할 것으로 예상된다. 개최의 직접효과는 외국인 참가자 소비지출 490억원과 부가가치 창출효과 533억원으로 추정했다. G20 정상회의 개최에 대한 해외의 긍정적 반응이 각각 65%, 75%임을 구분하여 간접효과를 추정한 결과 기업 홍보효과(1조 738억~1조 2,390억원)와 수출증대효과(18조 9,587~21조 8,755억원) 그리고 해외자금조달비용 절감효과(1조 4,228억원)가 발생하는 것으로 나타났다. (중략)

간접적인 경제효과는 총 21조 4,553억~24조 5,373억 원

ㅁ 간접효과는 국가 이미지 제고에 따른 한국기업의 수출증대 효과와 북핵 리스크 감소에 따른 해외자금조달비용 절감효과를 포함

□ 서울 G20 정상회의 개최로 외교역량이 강화되고 경제·문화 발전 등 소프트 매력이 발산되면 한
국의 국가 이미지가 개선
- 신흥국 최초로 G20 정상회의를 개최함에 따라 선진국과 개도국의 가교국가로서 한국의 위상
이 국제사회에 각인되는 계기를 마련
- 동시에 한국의 경제발전 및 위기극복 노하우 등 유·무형의 매력이 해외방송 및 언론에 집중 조
명되면서 한국의 이미지가 제고
• 해외 반응을 고려할 때 이번 회의의 성공적인 개최로 한국의 국가 이미지가 1.3%p 이상 제고
될 것으로 추정

□ 국가이미지 제고는 한국기업의 이미지 개선으로 이어져 중장기적으로 18조 9,587억~21조 8,755
억 원의 수출증대효과를 유발할 것으로 기대
- 국가이미지 제고로 기업인지도가 동반 상승함에 따라 1조 738억~1조 2,390억 원의 기업 홍보
효과가 발생
• 글로벌 기업의 입장에서는 광고비를 지출하지 않고서도 인지도를 1.3~1.5%p 상승시키는 계
기
• 글로벌 기업의 인지도를 1%p 상승시키는 데 약 5,000억 달러 비용이 소요되는 점을 감안,
G20 정상회의를 통해 국내 글로벌 500대 기업(14개, 2009년 기준)은 1개사당 약 767~885억
원의 홍보효과가 발생
- 기업의 이미지 제고로 기업매출이 증대되면서 18조 9,587억~21조 8,755억 원의 수출증대효과
가 발생
• 해외 긍정적 반응이 65%인 경우 기업의 이미지 제고는 1조 738억 원의 광고비 투입효과를 유
발해 기업 매출이 18조 9,587억 원 증가

– 삼성경제연구소, 『서울 G20 정상회의와 기대 효과』, 2010. 9. 15.

2부

쓰기의 방법

4장

문제의식과 글쓰기

좋은 글이란 글쓴이의 의도와 목적이 읽는 이에게 효과적으로 전달되는 글이다. 글쓴이는 읽는 이에게 대상에 대한 새로운 이해를 주고 사유의 지평을 넓혀주며 특별한 공감을 불러일으키는 글, 독창적인 문제의식을 가진 글을 쓰기 위해 노력한다. 대상에 대한 새로운 지식과 관점, 표현이 있는 글을 좋은 글, 창의적인 글이라고 할 수 있다.

이 장에서는 글쓰기 과정의 계획 단계에서 어떻게 문제의식을 가다듬고 내용을 생성할 것인지 살펴본다. 화제와 주제를 설정해 구체화하고, 글의 목적과 읽는 이를 고려하여 글의 성격에 알맞은 내용을 생성하는 것이 계획 단계에서 할 일이다.

1 주제 찾기의 방법

　화제는 쓰고자 하는 글의 구체적인 대상이며, 주제는 화제에 대해 글쓴이가 말하려는 중심 생각이다. 좋은 글을 쓰기 위해서는 어떤 화제를 다루든지 먼저 글쓴이 자신의 관점을 확보하려고 노력해야 한다. 글을 쓸 때에는 일반적으로 화제의 범위가 제시되는 경우가 많으므로 우선 주어진 화제를 좁혀서 주제를 찾아 글을 쓰는 과정을 살펴보고, 읽기자료와 화제를 연관시켜 주제를 구체화하는 방법에 대해 알아보도록 한다.

1. 경험의 활용과 주제 찾기

　넓은 범위의 화제를 좁힐 때 글쓴이의 관점을 확보하기 위해서는 자신의 경험에서 출발하는 것이 바람직하다. 읽는 이를 설득하거나 공감을 얻기 위해서는 글쓴이 자신이 잘 이해하고 표현할 수 있는 화제를 택하는 것이 좋기 때문이다.

　제시된 화제는 다음의 세 가지 과정을 거쳐 구체화될 수 있다.

> ① 화제와 관련된 핵심 단어를 적고 분류한다. (개별 브레인스토밍)
> ② 화제에 대해 다른 사람들과 자유롭게 의견을 나눈다. (조별 브레인스토밍)
> ③ 화제를 바탕으로 자유롭게 서술해 본다. (자유 서술)

　자유 서술은 혼자서도 할 수 있지만, 브레인스토밍은 여럿이 모여서 할 때 더욱 효과적이다. 어느 경우든 중요한 것은 생각에 제한을 두면 안 된다는 점이다. 글의 구상 단계는 자유롭게 진행되는 것이 좋다. 상투성에서 벗어나 생각의 자유로움을 경험할 때, 다양한 아이디어를 구할 수 있기 때문이다. 다소 거칠고 엉뚱한 발상이라 하더라도 자유 서술 과정을 거치면서 정제된 구상으로 가다듬어질 수 있다. 아래 예문은 스포츠를 화제로 하여, 위의 단계를 거쳐 정리된 자유서술 글이다.

> **예문 1** 나는 스포츠를 매우 좋아한다. 축구 선수가 되고 싶었다. 하지만 될 수가 없었다. 나는 축구를 매우 잘 해서 미국에서 초등학교를 다닐 때 축구로 대학을 가는 것이 목표였다. 그럴 수 있을 것 같았다. ①부모님 사정으로 다시 한국에 돌아와 중학을 다녀야 했고, 중학교 축구부에 들어갔다. ②그런데 경기에 한 번도 나갈 수가 없었다. ③부모님이 사정을 알아보시더니 나에게 축구를 그만두라고 하셨다.
>
> — 학생 글

　위의 예문에서 우리는 글쓰기의 주제로 구체화시킬 수 있는 여러 가지 글감을 찾아낼 수 있다. '좌절'이라는 경험의 '원인'을 생각해 볼 수도 있고, 개인의 '좌절'을 사회적 의미로 확장시킬 수도 있다. 구체적으로 ①에서는 한국의 경제 상황, 환율, 부모님 관계 등 '나'를 둘러싼 사회적 조건을 떠올릴 수 있다. ②에서는 학교 운동부의 비리 혹은 제도적 문제, 학업과 운동을 병행할 수 없는 한국 사회의 교육 현실 등을 생각해 볼 수 있다. ③에서는 부모님이 감당해야 하는 현실적 조건과 사회적 기준의 조율과 판단 과정 등을 주제로 발전시킬 수 있다. 이런 사고 과정을 통해 글쓴이의 특별한 경험과 '스포츠'라는 화제를 연관시켜 글쓰기 주제를 설정할 수 있다.

학습활동 1 다음 중 하나의 화제를 골라 자신의 문제의식과 연결시켜 구상 단계로 심화시켜 보자.

사회적 약자, 대학, 아르바이트, 장학금, 연애, 술, 여행, 꿈

① 화제와 관련해 떠오르는 단어들을 자유 연상과 브레인스토밍을 통해 정리해 보자.
② 선택한 화제에 대한 자신의 경험을 자유롭게 서술해 보자.
③ 서술된 내용 중 글감으로 쓸 만한 내용을 찾아 표시해 보자.

사람의 경험은 한정적이기 때문에 직접 경험만 가지고는 아이디어를 찾을 수 없을 때가 많다. 이럴 때에는 자신의 관점을 갖기 위해서 간접 경험 속에서 화제를 찾고 좁히는 방법을 써야 한다.

논리적·학술적 글쓰기를 할 때는 개인의 주관적 경험을 '객관화' 하는 과정이 반드시 필요하다. 화제를 좁혀 가는 과정은 어떤 문제에 대한 자신의 관점, 즉 문제의식을 선명하게 만들어 가는 과정이기도 하다. 자신의 경험을 정리한 후 질문 목록을 만들어 동료와 논의해 보면, 제시된 화제를 어떤 방식으로 좁혀갈 수 있을지, 또 자신이 던지는 질문의 사회적 의미는 무엇인지 등을 일차적으로 점검해 볼 수 있다.

아래의 사진은 2002년 월드컵 당시 시청 앞에 모여 거리응원을 하는 장면이다. 스포츠→축구→월드컵→거리응원으로 화제를 좁혀서 글을 쓰기로 구상한다고 할 때, 이 장면이 시간이 흐를수록 다양한 텍스트들 속에서 어떻게 새롭게 해석됐는지 살펴볼 필요가 있다.

그림 1 2002년 월드컵 거리응원〈http://stsupporters.tistory.com/9〉

이렇게 자신의 직접 경험과 간접 경험을 비교, 정리해 보면, 다양한 맥락 속에서 새로운 주제와 문제의식을 찾을 수 있다.

월드컵 응원, 혹은 우리 사회에 중요한 의미를 지닌 다른 사건을 하나 선택해서, 자신이 보고 읽은 신문기사, 책, 영화 등을 찾아보자. 우리의 경험 세계 속에 어떤 관점을 갖도록 영향을 미쳤는지 알기 위해, 다음 표와 같이 자신의 간접 경험 목록을 작성하고 그와 연관된 질문-답변 목록을 만들어 화제를 찾고 문제의식을 구체화하는 데 활용해 보자.

▶ 간접 경험 목록 ◀

종류	제목	핵심 내용	의견, 감상	질문	잠정 답변
책 논문 신문기사					
방송 영화 노래					
인터넷					

2. 읽기자료의 활용과 주제 찾기

① 읽기자료 안에서 주제 찾기

　화제만 제시되는 경우에는 자신의 경험을 바탕으로 문제의식을 구체화하는 방법으로 주제를 찾을 수 있다. 하지만 읽기자료가 주어지는 경우에는, 해당 자료를 꼼꼼히 읽어 가며 아이디어를 생성하고 주제를 찾아내야 한다. 화제가 읽기자료와 함께 주어질 때는 그 화제 범위 안에서, 그렇지 않을 때는 읽기자료의 범위 안에서 스스로 아이디어를 생성하고 주제를 구체화해야 한다.

　앞장에서 배운 대로 '분석적 읽기'와 '비판적 읽기' 방식으로 자료를 읽어 나가면서, 자신의 문제의식을 찾아내야 한다. 그 과정은 글쓴이의 관점과 나의 관점이 어떻게 다른가, 글쓴이가 제시하는 근거의 내용에 대해 나는 어떻게 다르게 생각하는가 등의 질문에 하나씩 답을 해 가는 과정이기도 하다. 다음 예문처럼 두 가지 읽기자료가 함께 제시될 경우에는 우선 글의 주변 정보와 맥락, 글의 장르별 특징, 핵심 논지를 파악하고 비교해 보아야 한다.

예문 2

가) "스포츠는 점점 제도화, 조직화되어 가고 있으며, 순수한 놀이의 특성은 사라지고 있다. (중략) 진짜 놀이정신(play-spirit)은 사라질 위기에 처해 있다."고 호이징가는 말했지만, 이러한 불만을 터뜨린 사람은 그가 처음도, 마지막도 아닐 것이다. (중략)

스포츠는 개인의 인격을 키우는 것이 아니라 사회구조에 가장 유용한 사람을 키우기 위해 존재한다. 우리 사회와 경제제도의 관점—다시 말해 그 제도를 조종하고 거기서 이익을 얻는 사람들의 관점—에서 보면, 사람들을 서로 경쟁자로 여기게끔 만드는 것은 매우 유용하다. 스포츠는 이러한 목적을 달성하는 데 많은 역할을 하며, 참여자들은 단결이나 집단적 노력 대신 서로를 적대시하는 것을 자연스럽게 받아들인다. 어떤 팀의 선수가 되면 그는 협력을 오직 승리의 수단으로만 생각하며, 적대감과 공격성도 정당하다고 여기고, 승리를 위해 권위주의에 복종한다. 오늘날 스포츠에 참여한다는 것은 일종의 인생수업을 받는 것이다. 데이비드 리스먼이 말했듯이 "임원들의 회의실로 가는 길은 스포츠클럽의 라커룸을 통해서 가능하다."

— 알피 콘, 『경쟁에 반대한다』, 이영노 옮김, 산눈, 2009.

나) 나 자신은 축구에 대해 반감을 가질 이유가 전혀 없다. 축구장을 찾지 않는 건 밤 시간에 밀라노의 중앙 역 지하층에서 시간 보내기를 꺼리는 것, 저녁 6시 이후에 뉴욕 센트럴 파크를 산보하는 걸 즐기지 않는 것과 같은 이유에서이다. 하지만 필요에 따라서 TV를 통해 흥미롭고 유쾌한 기분으로 좋은 경기를 구경한다. 축구라는 고상한 스포츠가 지닌 모든 장점을 인정하며 좋은 평점을 주기 때문이다.

내 얘기를 오해하지 말기 바란다. 열광적인 팬에 대한 내 감정은 롬바르드 연합의 외국인 혐오자들이 제3세계로부터 이주해 오는 사람들에 대해 갖는 감정과 일치한다.

"나는 인종 차별주의자가 아니다. 그들이 조용히 자기 집에 머물고 있는 한."

여기에서 말하는 '집'은 그들이 주말에 한데 모여 놀기를 즐기는 곳(술집, 거실, 클럽), 그리고 그곳에서 어떤 일이 벌어지는지 내 관심을 끌지 못하는 운동 경기장을 뜻한다. 내 경우에는 리버풀의 열광적인 팬이 이탈리아로 몰려오는 걸 좋게 보는 측이다. 그들이 이탈리아에 나타나면 신문에 볼 만한 기사가 많이 실리니까. '원형 경기장'을 갖고 있으려면 어느 정도의 피는 흘려야 마땅하다.

내가 축구광들을 좋아하지 않는 까닭은 그들이 이상한 성격을 갖고 있기 때문이다. 축구 팬이 아닌 사람을 볼 경우에 그가 축구에 열광하지 않는 까닭을 도저히 이해하지 못한다. 그래서 자기 멋대로 상대 역시 자기와 같은 축구 팬이라고 단정해 버리고는 고집스럽게 축구에 관한 얘기를 쉬지 않고 늘어놓는다.

여러분의 이해를 돕고자 비유를 들고자 한다. 나는 플루트의 일종인 리코더를 연주할 줄 안다. (중략)

그런 식으로 얘기가 진행된다. 여러분은 내 얘기의 요점을 알아챘을 것이다. 그리고 안절부절못하는 승객, 운 나쁘게 나와 맞은편 좌석에 앉은 그 신사에 대해 연민을 느낄 것이다. 그런데 바로 같은 경우가 축구 팬과 대화를 나눌 때 생긴다. 여러분이 탄 택시 운전사가 축구 팬일 경우에는 입장이 더욱 곤란해진다.

"비알리에 대해 어떻게 생각하세요? 예?"

"그 경기를 못 본 것 같네요."

"하지만 오늘밤에는 그 경기를 보러 갈 거잖아요. 그렇죠?"

"아뇨. 오늘밤에는 『형이상학』 전집 Z권 작업을 해야 합니다."

"좋아요. 선생은 그 경기를 보면 내 말이 옳은지 틀린지 알게 될 거에요. 반 바스텐이 제2의 마라도나로 부상할 거라는 얘기 말이죠. 어떻게 생각하세요? 하지만 나는 동시에 알다이즈를 예의 주시하고 있죠."

그런 식으로 얘기가 한도 끝도 없이 이어진다. 벽에 대고 지껄이는 식이다. '나로서는' 그런 문제를 염두에 두지 않는다는 사실을 그가 염두에 두지 않는다는 얘기가 아니다. 그는 그런 문제에 대해 관심이 없는 자가 이 세상에 '존재할 수도 있다'는 사실을 고려하지 않는다는 얘기이다. 내가 눈이 세 개인 데다가 푸른색 비늘이 돋은 목덜미에 안테나를 두 개 달고 있는 외계인이라고 하더라도 마찬가지이다. 그는 도대체가 다양성에 대해서는 생각해 본 적이 없는 사람이다. 갖가지 다양한 세계가 존재할 수 있으며, 서로 다른 세계를 직접 비교하는 건 불가능한 일일 수도 있다는 사실을.

위에서는 택시 운전사를 예로 들었다. 그런데 관리직 계층에 속한 자가 축구 팬일 경우에도 비슷한 상황이 전개된다. 그들은 궤양과 같은 자들이다. 부자건 가난한 자이건 가리지 않고 공격하는 궤양 말이다. 모든 인간은 다 같다는 신념이 매우 확고부동한 자들이 인근 지방에서 온 축구 팬의 머리를 언제든지 기꺼이 후려칠 태세를 하고 있다는 건 참으로 이상한 일이다.

인종을 가리지 않는 이런 포괄적인 쇼비니즘은 나로 하여금 감탄의 비명을 자아내게 만든다. 그런 쇼비니즘은 롬바르드 연합 지지자들이 이렇게 말하는 것과 비슷하다. "아프리카 인들이 우리 곁으로 가까이 오도록 가만히 놔둬라. 그래야 그들의 궁둥이를 걷어찰 수 있을 테니까."

– 움베르토 에코, 「축구 이야기를 하지 않는 방법」, 『세상의 바보들에게 웃으면서 화내는 방법』,
이세욱 옮김, 열린책들, 1999.

가)에서는 '스포츠' '경쟁' '협력' '놀이정신' 등의 핵심어를 찾아낼 수 있다. 이 글은 '경쟁에 반대한다'는 주장을 강하게 드러내고 있으므로, 스포츠에 대한 글쓴이의 비판적 관점이 어디에 근거한 것인지를 쉽게 짐작할 수 있다. 이에 비해 나)는 비유와 풍자를 통해 글쓴이의 주장을 표현한 글이다. 이런 글을 읽을 때는 핵심어 찾기와 함께 사회문화적 맥락을 좀 더 세심하게 살펴보면서 글을 쓰기 위한 아이디어를 찾아야 한다.

두 예문을 글쓴이의 관점에 따라 분석해 보고 비판적으로 읽어본다면, 가)의 글쓴이는 스포츠가 미국적 삶의 방식, 곧 권위주의와 자본주의적 경쟁에 익숙한 사람이 되도록 만드는 데 기여한다고 주장한다. 이러한 주장에 대해 읽는 이는 어떻게 생각하는지, '경쟁'과 '놀이', '협력'에 대한 자신의 관점은 무엇인지 정리하고 친구들과 의견을 나누면서 주제를 구체화시킬 수 있다.

나)를 이해하기 위해서는 우선 유럽 축구와 응원문화의 핵심인 훌리건에 대한 이해가 필요하다. 더 나아가 '롬바르드 연합' 같은 극우 집단에 대한 사실도 확인할 필요가 있다. 또한 생략된 비유적 예화, 즉 자신이 만약 열차에서 만난 낯선 승객에게 리코더 연주에 관한 장황한 연설을 끝도 없이 늘어놓는다면 상대는 어떻게 느낄지를 실감나게 보여주는 예화도 참고할 수 있다. 열광적인 축구 팬들은 상대방을 무시하며 자신의 취향을 강요하는 자들이라고 비판하는 글쓴이의 주장을 이해했다면, 이제 그에 대한 자신의 관점과 의견을 정립해야 한다. '한국과 유럽의 응원문화 비교분석'에 관한 글을 쓴다면, 앞에서 월드컵 거리응원에 대한 직간접 경험을 정리한 목록이 도움이 될 것이다.

이와 같이 서로 다른 사회문화적 맥락을 고려하면서 다양한 텍스트들을 자신의 관점으로 엮어내는 과정을 통해 새로운 주제를 찾아낼 수 있다.

학습활동 ❸ 다음 글을 읽고 핵심어를 찾아보자. 찾아낸 핵심어를 조합하여 주제문을 만들고 한 단락 정도 개별적으로 자유서술을 한 후, 조별로 검토해 보자. 그 중에서 가장 흥미로운 주제를 찾아 '릴레이 글쓰기' 방식으로 '스포츠'에 관한 한 편의 글을 조별로 완성해 보자.

신체와 근대성

스포츠는 도시문화의 일부이다. 시골사람도 걷고 뛰고 무거운 짐을 옮긴다. 여름이면 헤엄을 치고 겨울이면 썰매를 탄다. 그러나 우리는 이런 몸놀림을 스포츠라 하지 않는다. 스포츠는 특정한 규칙에 따르는 운동과 경기다. 또한 특정한 예식과 장식 그리고 도구를 거느린다. 시골사람의 몸동작이 어떤 자연스러운 운동이라면 스포츠는 어떤 코드에 따라 학습된 인위적 운동이다.

우리는 스포츠를 보통 학교에서 배운다. 학교라는 근대적 제도를 통해 국민은 체조를, 수영을, 축구를 비롯한 구기 종목을 접하고 익힌다. 제도를 통해 전파되고 재생산되는 운동, 그것이 스포츠다. 그래서 어릴 적 냇가에서 미역 감을 때 하는 헤엄은 개헤엄이다. 개꿈이 무의미한 꿈인 것처럼, 개헤엄은 무의미한 헤엄이다. 의미는 규칙과 코드가 있을 때 성립한다. 규칙과 코드가 있는 몸동작, 의미 있는 몸동작, 그것이 스포츠이다. 그러므로 스포츠의 출현은 어떤 분류의 시작이다. 의미 있는 몸동작과 의미 없는 몸동작의 구분이 그 구분의 시작이다. 이런 구분은 신분의 구분으로까지 발전한다. 오늘날 사회학자들은 스포츠가 계급적 구별 짓기의 중요한 수단임을 지적한다. 가령 상층계급은 자신들이 즐기던 운동을 하층계급이 즐기기 시작하면 그 운동을 그만두고 새로운 종목에 열중한다. 운동종목이 마치 의상과 같이 신분구분의 기준으로 이용된다는 것이다.

스포츠가 전문적 직업의 영역으로 발돋움함에 따라 어떤 양극화 현상이 뒤따른다. 한쪽에는 스포츠를 통해 어떤 장면을 연출하는 사람들이, 다른 한 쪽에는 그 장면을 관람하는 사람들이 있게 된다. 한쪽에는 묘기와 기록을 생산하는 직업적 운동선수들이, 다른 한쪽에는 그들이 생산한 장면을 즐기는 소비자들이 있다. 스포츠가 발전함에 따라 장면 생산자와 장면 소비자 사이의 거리는 점점 커진다. 규칙과 코드가 복잡해지고 전략과 작전이 정교해지면서 소비자는 생산된 장면을 완전히 파악하기 어려워진다.

하지만 이런 문제는 곧 사라진다. 해설자가 등장해서 선수들의 동작을 설명해주기 때문이다. 이런 역할은 스포츠가 상품화될수록 점점 커진다. 선수들이 연출한 장면을 대중이 만끽할 수 있도록 해주는 도우미의 역할이 있을 때만 고도의 전문성을 띠어가는 스포츠가 대중으로부터 유리되지 않을 수 있기 때문이다. 그러나 스포츠를 대중에게 가깝게 만드는 것은 무엇보다 미디어의 힘이다. 미디어에 힘입어 스포츠는 비로소 광범위한 대중이 소비할 수 있는 스펙터클, 스펙터클로서의 상품이 될 수 있었다.

스포츠는 오늘날 수많은 직업과 생업을 창출하는 거대 규모의 사업영역이 되었다. 다양한 종류의 기업이 스포츠 영역에 자리하고 있고, 전문가와 아마추어를 위한 관련 상품들을 생산하고 있다. 운동선수들은 쇼비즈니스에 동원된 연예인과 같은 역할을 담당하게 되었다. 그러나 이 모든 것은 근대성의 필연적 귀결이다. 스포츠는 근대성의 빛과 그림자가 그 어느 곳보다 강렬한 대비를 이루면서 동시에 드러나는 장소이다.

– 김상환, 「스포츠, 근대성, 정치」, 『철학과 현실』 53호, 2002년 여름.

② 화제와 읽기자료 연관시켜 주제 찾기

화제가 정해진 상태에서 함께 읽기자료가 주어지는 경우도 있다. 이럴 때는 자신의 관점만으로 글을 전개하는 것이 아니라, 주어진 글을 분석해서 그 글의 핵심 내용과 연관시켜서 주제를 찾아야 한다.

예문 3 가) 화제 : 청소년 문제

나) 인간을 심각하게 좌절하도록 만드는 욕구는 다양하다. 그러나 인간의 삶에 치명적인 결과를 낳는 가장 중요한 근간은 무엇보다도 '인정에 관한 욕구'이다. 사람들은 타인에게서 자신의 욕구를 인정받지 못할 때 고통을 느낀다. 그렇다고 사람들이 고통을 수동적으로 감내하는 것으로 그치는 것은 아니다. 때로는 "짜증나"를 연발하기도 하고, "나는 왜 되는 일이 없어"라고 한탄하거나, 자연스레 나오는 권위 내지 카리스마를 발휘하여 상대방이 나의 의지에 자발적으로 따르도록 만드는 경우도 있다. 상대방이 자신의 뜻대로 하기를 바라는 마음에서 버럭 화를 내기도 하고, 때로는 상대를 설득하기도 하고, 설득하지 못하더라도 깊은 인상이라도 남기려 한다. 그래도 직성이 풀리지 않으면 힘이나 폭력을 이용하여 자신의 뜻을 억압적으로 관철시키기도 한다. 그렇게 해서라도 인정을 받고 싶은 것이다. 이와 반대로 계층의 구속성을 지닌 사회적 조건을 바꾸기 위해 제도권에 도전하는 사람도 있다. 그러다 보면 소소한 갈등과 충돌의 골이 깊어져서 심각한 싸움으로까지 발전하기도 한다.

그러므로 인정과 관련된 인간의 욕구와 그 중요성에 대해 천착해 볼 필요가 있다. 타인과 사회로부터 인정받고 싶어 하는 인간에게 나타나는 '인정 문제'와 '인정을 위한 싸움'을 주제화하고, 그에 대한 근거를 논리적으로 전개한 사람이 '헤겔'이다. 그가 말한 인정이 단순히 심리적인 인정을 의미하는 것은 아니지만, 인정의 근거 및 그것의 논리적 구조를 '인정 욕구'와 '인정 투쟁'이라는 개념으로 정착시켰기 때문에 심리적 인정이든, 정치적 인정이든, 제도적 인정이든, 경제적 인정이든, 사회적 인정이든 간에, 헤겔의 주장은 되풀이되어 인용되곤 한다.

물론 인간이 지닌 욕구가 '인정 욕구'만 있는 것은 아닐 것이다. 또한 충돌을 야기하고 고통을 수반하는 사회 문제가 인정 욕구와만 관련이 있는 것도 아니다. 그러므로 인간이 지닌 욕구를 포괄적으로

나)는 '인정 욕구'에 대한 글로서 가)의 화제와 함께 읽을 수 있다. '청소년의 인정 욕
구'라는 관점으로 좁혀서 나)의 글을 읽는 방식으로 주제를 구체화할 수 있다. 그래서 인
간의 행위가 인정 욕구, 인정 투쟁과 어떤 관련이 있는지 생각해보면 위의 '청소년 문제'
라는 화제와 관련지어 다음과 같은 주제문을 찾을 수 있다.

- 청소년 일탈은 가족 내에서 인정을 받고 싶어 하는 욕구와 관련이 있다.
- 청소년을 미성숙한 어른이 아니라 청소년으로서 인정할 수 있는 제도적 방안이 필요하다.
- 공교육에서 청소년에게 적절한 사회적 인정을 제공하고 있는지 논의가 필요하다.
- 청소년의 인정 욕구는 자질의 확인과 개발을 통해 스스로 완성시켜 나갈 수 있다.

이렇게 화제를 '청소년의 인정 욕구'와 관련된 주제문으로 구체화하면, 각각 관련된
키워드를 선택할 수 있다. 이에 따라 다양한 시각으로 읽기자료를 읽어 보며 주제문을
가다듬고 또 다른 근거 자료들을 모으면 글의 내용을 생성할 수 있다.

 앞에서 제시된 화제와 또다른 읽기자료 예문을 가지고 주제를 구체화하여 칼럼 구성개요를
짜 보고 조별로 검토해 보자.

2 주제의 구체화와 내용 생성

앞에서 우리는 경험 속에서 문제의식을 찾고, 자료 읽기를 통해 아이디어를 생성하는
주제 찾기 과정을 살펴보았다. 이 과정에서 문제의식을 심화하고 주제를 구체화할 때 가
장 유용한 방식은 질문–답변 목록을 만들어 주제문을 구성하는 것이다. 제시된 화제의
범위가 좁거나 이미 질문 형태로 되어 있어서, 문답 내용을 변형시키면 바로 주제문을

만들 수 있는 경우도 많은데, 이런 경우에는 한층 구체적인 질문 답변 목록을 만들어 보고 적절한 분석 대상과 자료를 찾아 글의 내용을 구상하는 것이 중요하다.

주제의 구체화 과정은 ① 화제의 범위를 좁히기 ② 질문의 형태로 문제의식을 심화하기 ③ 주장의 형태로 자신의 생각을 정리하기 등의 단계를 거친다.

1. 질문 만들기와 내용 생성하기

주제 찾기의 마지막 단계에서는 '나의 질문이 왜 중요한 것인가', 그리고 '읽는 이를 설득할 수 있는가' 확인해야 한다. 글쓴이는 기본 질문과 심층 질문 목록을 정리하고 그 중 의미 있는 항목을 표시하여 답변을 정리하는 식으로 글의 내용을 구상해야 한다. 여기에서 더 나아가 읽는 이의 입장에서 "그 문제를 다루는 것이 왜 중요한가? 이 질문은 다른 어떤 질문과 관련되어 있는가?" 하는 식의 질문을 계속하며 검토하면 좀 더 나은 주제를 찾을 수 있다.

① **기본 질문 목록** : 누가, 언제, 어디서, 무엇을, 어떻게, 왜
　(화제와 관련한 내용으로 육하원칙에 입각한 질문을 만들어 본다.
　그 중에서도 특히 '무엇을', '어떻게', '왜' 의 요소가 중요하다.)
② **심층 질문 목록** : 원인, 결과, 비교/대조, 영향, 전망 등

글쓰기 구상 단계에서 읽기자료 질문 목록을 작성하여 문제의식을 심화시킬 수도 있다. 읽기자료를 가지고 '인터넷 기술의 발달과 정보 선택의 자유'에 대한 글을 쓴다고 할 때, 아래 예문을 바탕으로 질문 목록을 작성해 보자. 몇 가지 구상 단계를 통해 자신이 쓰려는 글의 내용을 생성하며 주제를 구체화할 수 있다.

● **읽기자료 질문 목록**
① 읽기자료에서 중요한 개념어와 그 내용은 무엇인가?
② 읽기자료를 이해하기 위해 더 필요한 지식은 무엇인가?
③ 읽기자료와 연관성을 가진 주제들은 무엇인가?
④ 읽기자료에서 심화된 내 주장은 어떤 이유와 근거 자료로 뒷받침될 수 있는가?

이런 단계를 밟아 다음 예문을 읽어 보자. 우선 정보의 자유, 파놉티콘, 탈중심화, 국가권력 등이 이 화제와 관련하여 어떤 관련성을 가지고 있는지 알아야 한다.

전자 파놉티콘이 아날로그적 감시와 구별되는 것은 중앙이 뚜렷하지 않은 탈중심화 현상이다. 모든 중심과 위계질서가 사라지는 포스트모던의 탈중심화 현상이 감시체제에도 적용되는 것일까. 경찰순찰차에 장착된 컴퓨터에서 즉석조회가 가능한 것은 중앙감시탑의 역할이 모든 순찰차로 분산되었다는 것을 의미한다. 중앙감시탑의 역할이 네트워크의 그물망으로 분산된 것이다.

중앙의 감시능력이 주변으로 분산됨에 따라 더 광범위한 감시가 이루어진다. 순찰차에 탄 경찰관은 자신이 시민을 감시하지만 동시에 자신도 감시된다. 순찰 도중 조회한 상황이 전부 기록으로 남기 때문이다. 직원들이 퇴근한 후 펀치카드에 카드를 찍으며 건물을 순찰하는 경비원도 절도를 감시하는 동시에 자신도 감시의 대상이 된다.

슬라보예 지젝이 푸코를 비판하는 것도 바로 이런 점에서이다. 감시하는 시선을 절대시하는 푸코와 달리 그는 감시자의 시선이 항상 전능할 수 없다고 말한다. 즉 감시자는 대상을 감시하지만 그 대상이 또한 자신을 감시하고 있다는 것을 알고 불안해한다. 감시하는 자의 이런 불안은 감시당하는 자의 불안을 능가할 수도 있다는 것이 그의 생각이다.

– 박정자, 『시선은 권력이다』, 기파랑, 2008.

 제레미 벤담(Jeremy Bentham)이 1791년 제안한 원형감옥 '파놉티콘(panopticon)'은 국가가 국민을 지배하고 관리히기 위한 '효괴적인 도구'였다. 2백 년 후 미셸 푸코(Michel Foucault)는 이 '파놉티콘'에서 현대 감시체제의 원형, '보는 자와 보이는 자'라는 시선의 비대칭성의 원형을 찾아낸다. 전자정보사회의 발달은 '전자 파놉티콘'의 탄생을 가져왔다고 보기도 한다.

이 글을 이해하기 위해서는 먼저 '파놉티콘'이라는 말의 의미가 무엇인지 찾아본다. 그리고 이와 관련된 다른 개념은 무엇인지도 찾아보면서 자신의 글을 쓰기 위한 아이디어를 구상한다. 예를 들어, 파리의 겹눈 구조를 뜻하는 홀롭틱(Holoptic)에서 따온 '홀롭티시즘'이라는 말은 평범한 일개 개인이라도 IT 발달로 수천, 수만 개의 겹눈을 지닌 사람이 되어 전체 상황을 훑어볼 수 있는 능력을 지니게 됐다는 것을 의미한다. 이렇게 새로운 개념을 익히면서 현실 속에서 적용 가능한 분석 대상(위키리크스, 트위터, 혹은 영화 속의 소재 등)을 찾는다면 오래된 낡은 질문을 새로운 관점에서 바라볼 수 있다. 인문학 글쓰기에서 새로운 관점은 대부분 새로운 개념과 함께 탄생하기 때문이다.

그 다음에는 인터넷의 발명과 함께 정보 유통과 관리체계가 어떻게 변화했는지 역사적 과정을 조사하기 위한 질문 목록을 만들어본다. 글쓴이가 '인터넷 통신 기술은 우리에게 더 많은 자유를 가져다 주었는가' 하는 질문을 중심으로 글쓰기를 구상한다면, 그 질문의 배경에는 역사적 맥락이 있음을 개략적으로나마 이해해야 위의 읽기자료를 제대로 활용할 수 있다. 그리고 사회적 이슈가 되는 사이버 실명제, 인터넷을 통한 국가의 정보수집 등은 위에서 본 '정보의 자유'와 관련돼 있고, 사이버민주주의, 현대사회의 마녀사냥이라는 화제와도 연관돼 있음을 고려해야 한다. 여러 화제와 주제 사이의 연관성을 충분히 고려해야 구체적인 주제문이 나올 수 있다.

또한 앞의 예문처럼 읽기자료가 주로 이론적 관점에 근거해 있다면, 분석대상을 찾는데 도움이 되는 자료로서 영화와 같은 대중매체를 살펴보는 것도 좋다. 각국의 텔레비전에서 인기리에 방영되는 리얼리티쇼, 경쟁적으로 인터넷에 올라오는 '셀카'와 '몰카'들 역시 감시자/피감시자의 경계 없는 현실 세계의 예화가 될 수 있다. 이외에도 대표적인 인터넷 커뮤니티의 활동사례를 분석대상으로 찾아본다면 주장을 뒷받침하는 풍부한 근거자료로 활용할 수 있을 것이다.

마지막 질문 단계에서 분석 대상을 선택할 때는, 분류·비교·대조하면서 자료를 선택하도록 한다. 관련 영화를 참고할 때 다양한 영화를 어떤 관점으로 검토할 것인지 혼란스러울 수 있다. 그럴 때는 장르별, 주제별, 소재별로 분류한 다음에 그 중 대표적인 몇 가지를 대조·비교하면서 분석을 진행하면 더 효과적인 분석을 할 수 있다.

〈읽기자료 질문 목록〉의 네 가지 질문 단계에 따라서 다음 예문을 읽어 보고 각자 답변을 정리해 보자. 정리한 내용을 조별로 나누어 보고, 어떤 주제문으로 글을 쓰면 좋을지 논의해 보자.

재일조선인 여학생 H가 침울한 표정으로 연구실을 찾아왔다. 그녀는 모 국립대학에 다니고 있다. 이른바 성적이 우수한 학생들이 다니는 유명 대학이다. 어쩐 일인지 묻자 H는 천천히 입을 열었다. 며칠 전 리버럴한 교풍으로 알려진 사립 고교 교사한테서 교육 현장 지도법에 대한 수업을 받았다고 한다. 해당 과목을 이수하고 있는 학생들은 교사 지망생들이다. 그 수업에서 강사(즉 현역 고교 교사)는 먼저 홀로코스트에 이르는 역사를 간략하게 강의했다.

바이마르공화국의 혼란 중에 나치의 반유대주의 선전이 서서히 고조되고, 마침내 나치당이 정권을 탈취한 뒤 일거에 반대 세력을 탄압하면서 뉘른베르크법 등 반유대주의 입법을 강행한다. 그 법에 따르면 유대인과 교우관계를 맺고 있는 '독일인(정확하게 말하면 나치가 '아리아 인종'이라고 규정한 독일인)'도 현저한 불이익을 받고 경우에 따라서 엄중한 처벌을 받게 됐다는 사실 등을 강사는 설명했다. 그러고 나서 강사는 학생들에게 물었다고 한다.

"자, 여러분이 그 시대 독일인이었고 유대인을 벗으로 사귀고 있었다면 그 벗과의 관계를 유지하겠습니까, 아니면 끊겠습니까?"

H로부터 그런 얘기를 들었을 때 나는 약간 당혹스러웠다. 이런 생각을 하고 있었기 때문이다. 성적이 우수한 학생들 다수는 물론 유대인과의 관계를 유지하겠다고 대답할 것이다. 그것이 그들이 학교 교육에서 배워 온 '교과서적인 정답'이기 때문이다. 따라서 나는 그런

선의의 실천이 실제로는 얼마나 험난한 일인지 얘기해줘야 한다. 인간이란 존재의 허약함과 어리석음 앞에서 '교과서적인 선의' 따위가 얼마나 무력한 것인가를.

하지만 동시에 내가 하는 얘기가 학생들에게 '선의에 대한 냉소'로 오해받지 않도록 주의해야 할 것이다. 엄청난 희생을 무릅쓰고 인종, 민족, 계급, 성 차별의 벽을 넘어 피억압자와의 연대를 실천한 사람들은 존재한다. 예컨대 소설가 카프카의 연인이었던 밀레나는 유대인이 아니라 체코인이었으나 체코를 점령한 나치가 유대인 탄압을 시작했을 때 그에 반대한다는 의사를 표시하려고 유대인에게 강제된 '유대인의 별'을 자신의 옷에 꿰매고 다녔다. 그녀는 수용소에서 죽었는데, 그 인생이 무의미했는지 불행했는지 함부로 말할 수는 없다. 우리는 그런 사람들에게 도저히 미치지 못하지만, 끊임없이 그런 행위를 실천할 수 있는 인간 존재에게 외경의 마음을 품고 거기에 한 발자국이라도 다가가려고 노력해야 하지 않을까. 아마 나라면 그런 식으로 대답할 것이라고 생각했다.

하지만 H가 얘기해준 학생들의 반응은 뜻밖이었다. 그 수업 이수 학생 서른한 명 가운데 열아홉 명이 "내가 당시 독일인이었다면 유대인과의 교우 관계를 끊었을 것"이라고 대답했다는 것이다. "교우 관계를 유지하겠다"고 대답한 사람은 H를 포함해 겨우 아홉 명에 지나지 않았다고 한다. 그뿐만 아니다. "교우 관계를 끊겠다"고 대답한 학생들 중 다섯 명이 차례로 일어나서 당당하게 그 이유를 밝혔다고 한다. 부끄럽지만 자신은 저항할 용기가 없어 그러겠노라는 얘기가 아니었다. 교우 관계를 끊는 것이 옳다고 주장했다. 그 '이론'이란 "그런 상황에서 굳이 교우 관계를 지속하는 것은 자신과 유대인 모두에게 득이 되지 않는다. 전쟁이 끝나고 평화가 찾아오면 그때 교우 관계를 다시 맺으면 된다"는 것이었다.

그런 의견에 정면으로 반론을 편 사람은 아무도 없었다. 참을 수 없어진 H가 일어나 "모두 그런 사고방식을 갖고 있었기에 나치의 대두와 유대인 학살을 막을 수 없었던 게 아닌가?"하고 반론을 폈다. 그러나 H를 지지하는 사람은 없었고 그녀는 마지막까지 고립당했다. 리버럴한 교육 실천법을 가르쳐야 할 강사도 얘기가 흘러가는 대로 내버려둔 채 개입하지 않았다고 한다.

H의 얘기를 듣고 나는 내 생각이 짧았다는 걸 깨달았다. 나는 '교과서적인 정의'가 얼마나 천박한 것인지 가르쳐야겠다고 생각했으나 실은 그 '교과서적인 정의'조차 이미 이 사회에서는 씨가 마른 모양이다. '메리트(실적, 능력 등의 유리한 점)'를 최고의 기준으로 삼아 행동할 것, 자기 보신을 최우선 가치로 여기고 살아갈 것, 이것이 '어쩔 수 없는 일'이 아니라 '옳은 일'이 된 것이다. 게다가 그 학생들은 앞으로 교사가 되려는 이들이다. '평화가 다시 찾아오면 교우 관계를 재개하면 된다'는 사고방식은 자신은 계속 살아남아야 한다는 전제를 한 번도 의심해본 적이 없다는 데 뿌리를 두고 있다. 죽임을 당하는 것은 유대인과 같은 마이너리티일 뿐 자신이 아닌 것이다. 사태가 그러한데 위험을 무릅쓸 '메리트'가 어디 있겠는가…….

H가 충격을 받은 것은 그녀 자신이 재일조선인이기 때문이다. 그녀는 이런 말도 했다. "저 사람들은 자신에게 메리트가 되지 않는다고 생각하면 언제라도 우리와 교우 관계를 끊겠다고 선언하고 있는 겁니다. 그것도 내 면전에서." 그녀의 눈에 눈물이 고였다. 현재 일본 사회에서 재일조선인으로 살아간다는 게 이런 것이다.

그 다음 날 나는 내 수업에서 학생들에게 같은 질문을 던져보았으나 역시 "관계를 끊겠다"는 대답이 많았다. 엘리트들과는 다소 다르게, 내가 가르치는 학생들의 반응은 "나 같은 무력한 존재가 권력에 저항해서 정의를 실천한다는 게 가당키나 하냐"는 것이었다. 어떤 의미에서는 정직한 대답이다.

　　신자유주의적 경쟁 원리가 지배하는 사회에서 좌절감과 무력감에 전 그들답다. 그런 일본 젊은이들도 패배자요 약자라며 변호하는 사람들도 적지 않다. 하지만 내가 보기엔 그런 옹호론은 죽임을 당할 마이너리티에겐 아무런 구원도 될 수 없다. 자기 변명을 하는 이들 개개인은 작고 약하고 때로는 사랑스런 존재이지만 집단으로서의 그들은 가공할 냉혹성과 폭력성을 휘두르고 있다.

– 서경식, 「보통 존재들의 폭력성」, 『디아스포라의 눈』, 한승동 옮김, 한겨레출판, 2012.

멀티플렉스 극장, 공연장, 테마파크, 백화점, 쇼핑센터, 공항, 고궁, 박물관, 인사동 거리 등 많은 사람들이 찾는 공간을 방문하여, 해당 공간을 텍스트로 삼아 열 가지 이상의 질문을 만들어 보자. 그리고 그 질문을 해결하기 위한 방법과 잠정적인 답변을 정리하고 자료 조사를 해서 조별 토론하고 주제문을 만들어 보자.

2. 설득력 있는 주장으로 수정하기

　　구상 단계의 질문–답변 목록에서 몇 가지를 골라서 자신의 견해를 정리하고, 그것이 의미 있는 논제인지, 또 주장과 이유의 관계가 타당한지, 근거 자료는 충분히 확보할 수 있을지 고려해 본다. 질문에 대한 답변으로서 주제문(핵심 주장)이 정해졌다면, 최종 작업으로 그 주장이 읽는 이의 관심을 끌 수 있을지, 글쓴이가 다룰 수 있는 범위의 것인지 등을 평가해야 한다.

● 주장을 검토할 때 고려할 것들

① 논쟁의 여지가 있는 주장인가? (자명한 사실, 일반적 견해를 제외한다)
② 현실성 있는 주장인가? (문제제기의 시의성, 해법의 실행가능성을 고려한다)
③ 글쓴이가 근거를 제시할 수 있는 주장인가? (주장 안에 있는 개념과 논리적 요소를 검토하고, 주장의 범위를 구체적으로 한정한다)

　　다음 예문을 읽어가면서 글쓴이의 주장을 찾아보고, 그 주장이 나오게 된 논쟁의 사회적 맥락과 전개 과정을 고려하면서, 주장의 설득력을 검토해 보자.

영어의 전파가 용이하게 된 이유 가운데 하나를 미국으로 대표되는 이 언어권의 통속성, 즉 반귀족성에서 찾는 사람도 있다. 한 언어가 퍼져나가는 데 경제적·정치적 요인 말고도 문화적 요인, 정확히는 이미지적 요인이 작용한다는 사실은 언뜻 보기보다 더 중요하다. 예컨대 18세기에 프랑스어는 라틴어를 대치해서 유럽의 '보편어' 노릇을 했다. 베를린 아카데미는 모든 기관지를 프랑스어로 출판했고, 프랑스어가 보편어가 된 이유에 대한 논문을 현상공모하기까지 했다. 19세기 말에 이르기까지 러시아의 궁중에서는 프랑스어가 쓰였다. 그러나 이런 것들이 프랑스의 경제적·정치적 힘 때문만은 아니었다. 그것은 프랑스 문화가 유럽인들에게 준 보편성의 이미지 때문이었다. 냉전 시기의 동유럽 국가들에서 러시아어가 각급 학교의 필수과목이었는데도 막상 그것을 배우는 사람들이 그 언어에 대해서 심리적으로 저항했다는 것은, 냉전이 끝나자마자 이 지역에서 러시아어가 물밀듯이 빠져나가 버렸다는 사실로 증명된다. 동유럽 사람들에게 러시아어는 짜르 시절 이래 러시아의 이미지와 맞붙어 있었던 것이다.

지금 단기적으로 영어에 대적할 만한 언어들의 고향인 유럽에서 영어의 패권이 확립되고 있는 이유 가운데 하나로 이 대륙에서 언어들의 전선이 본질적으로 영어와 프랑스어 사이에 형성돼 있다는 사실을 드는 사람들이 있다. 그 전선이 영어나 프랑스어와 독일어, 또는 영어와 프랑스어와 스페인어하는 식으로 여러 곳에 형성됐다면 영어의 패권확립이 더디게 진행됐을 텐데, 오직 프랑스어만이 영어라는 거인에 맞서 있어서 영어의 유럽 대륙 진출이 더 쉽다는 것이다.

그러면 과거에 커다란 언어였던 독일어나 스페인어는 왜 몰락해서 자신들의 국경 안에 갇혀 있게 됐는가? 그 이유 가운데 하나는 이 언어들이 정치적으로 '타락한' 국가와 문화의 언어라는 데에 있다. 한 언어가 민족주의, 인종주의, 전체주의 같은 이데올로기의 전달자가 될 때, 사람들은 그 언어에서 그 이데올로기의 흔적을 상상한다. 한 언어가 부당한 특권을 향유하는 민족이나 영토의 표현이 됐을 때, 또 그 언어가 인종적 순수성을 고취하는 도구로 사용됐을 때, 그 언어는 보편성을 주장할 근거를 잃어버린다. 그런데 1930년대와 40년대를 통해서 유럽에서 그런 역할을 한 것이 독일어와 스페인어였다. 스페인어의 경우엔 전쟁이 끝난 뒤에도 프랑코가 사망한 70년대 중반까지 그런 역할을 해왔다. 제2차 세계대전이 추축국의 패배로 끝났을 때, 독일어는 예전의 문화어로서의 권위를 완전히 잃어버렸다. 스페인의 카탈로니아 지방 사람들이 완강하게 자기들의 언어를 지켰던 것은 스페인어가 프랑코주의의 상징처럼 여겨졌던 탓도 있다. 이렇게 독일어와 스페인어가 비운 공간을 영어가 채웠다.

그러면 영어의 이미지는 어떤가? 어느 사회도 그렇듯 미국을 비롯한 영어권 사회에도 많은 그늘이 있고, 그래서 여러 반론이 있을 수 있겠지만, 영어의 이미지가 미국 사회의 다인종성, 다문화/다종교성, 개방성, 대중성, 진취성, 반권위주의, 세속주의, 자유주의, 개인주의 같은 것을 요소로 짜여지는 것도 사실이다. 제3세계를 비롯해 세계 여러 곳에서 형성된 미국의 제국주의적 이미지, '국제 헌병'의 이미지는 방금 거론한 그런 가벼움의 이미지들에 의해 상당부분 중화된다. 위에서도 잠깐 언급했듯이, 그것은 영어가 고전어들에 대해 내세울 수 있는 강점이다. 이 언어에는 이 언어를 새롭게 배우는 사람들에게 심리적 저항감을 불러일으킬 역사의 짐이 비교적 가볍게 지워져 있는 것이다.

그래서 본질적으로는 경제의 논리에 의해, 그리고 부수적으로는 정치적·문화적 요소들이 겹쳐져, 영어는 머지않은 미래에 세계 대다수 사람들을 이중언어 사용자로 만들 것이다. 설령 우리가 예상하는 것보다 더 빨리 미국이 제국의 중심부에서 탈락한다고 하더라도, 그때도 제국의 공용어는 여전히

　　앞의 글은 '영어공용화' 찬반 논쟁의 과정에서 나온 것으로서, 공용화 주장에 대한 가장 강력한 반론 중의 하나인 '미국의 세계적 지위가 약화되면 국제어로서 영어의 지위도 약화되지 않겠는가' 하는 질문을 염두에 두고 주장을 펴 나가고 있다. 어떤 언어가 국제어로 기능하기 위해서는 '언어의 이미지', 즉 그 언어를 모국어로 사용하는 나라의 문화가 '보편성의 이미지'를 가지는 것이 중요하다는 점을 유럽 여러 나라의 경우를 비교하면서 논증하고 있다. '미국의 지위가 약화된 뒤에도 영어는 제국의 공용어로 기능할 것이므로, 영어공용화는 필요하다'라는 이 글의 주장은 '영어의 긍정적 이미지'를 둘러싼 또 다른 반론을 낳을 수 있으며, 새로운 관점에 따른 또 다른 논의가 나올 수도 있다. 이렇게 논제의 맥락, 읽는 이의 반응, 특히 반론을 예상하면서 주제를 구체화시키면 더욱 설득력 있는 글을 쓸 수 있다. 그러므로 구체적이고 설득력 있는 주장을 만들기 위해서는 반드시 이유와 근거를 고려해야 한다.

Tip　화제를 좁혀가면서 주제를 찾는 과정

① 화제의 범위 안에서 경험에 기초하여 가능한 글의 방향을 구체화한다.

② 화제와의 연관성을 생각하며 읽기자료를 읽고 아이디어를 얻는다.

③ 읽기 자료를 바탕으로 질문과 답변 목록을 만들어 문제의식을 심화한다.

④ 주제의 의미와 설득 가능성에 대해 점검하고 수정한다.

학습활동 7　다음 예시를 참고하여, 주어진 주장들을 구체적이고 설득력 있는 주장으로 바꾸어 보고, 그렇게 바꾼 이유를 정리해 보자. 그리고 자신의 주장이 타당한지 조별로 논의해 보자.

예시

"인터넷 통신 기술의 발달은 긍정적 영향이 부정적 영향보다 크다"

⇒ (수정 1) "국가가 인터넷을 통해 정보를 수집하는 것은 허용돼야 한다. (왜냐하면 인터넷 기술은 국가권력에 대한 역감시를 가능하게 하는 방향으로 발달하고 있기 때문이다.)"

⇒ (수정 2) " 국가권력에 대한 역감시를 가능하게 하는 방안을 마련해야 한다."

(수정 이유) 원래의 주제문은 초점이 명확하지 않고 논의 범위가 넓다. 수정된 주제문은 논점이 분명해, 주장을 둘러싼 논쟁이 성립될 수 있다. 동시대적 문제 상황이므로 관련된 흥미로운 이슈와 분석 대상, 근거 자료를 용이하게 찾을 수 있다.

- 인터넷 통신 기술의 발달은 어린이와 청소년에게 악영향을 미친다.
- 문화 예술의 발전과 정치 경제의 발전은 서로 엇비슷하게 이루어진다.
- 가족 해체는 사회적 문제이다.

1 주제를 찾을 때는 다음의 예시와 같이 질문 목록을 만들고 또 각각의 질문에 대해 하위 목록을 작성하는 방식을 쓰면 좋다. 앞의 【학습활동 2】의 표를 토대로 각각 질문 목록을 만들어 동료와 바꿔보고 흥미로운 경험이나 선뜻 대답하기 어려운 질문에 (*) 표시를 한 다음, 가장 흥미로운 주제로 발전할 가능성이 있는 주제문을 골라 글쓰기를 해 보자.

- 2002년 월드컵 거리응원에 호응이 일어난 원인에 대해서는 어떤 견해들이 있는가?
- 거리응원 이후 그와 관련된 문화적 현상으로 거론할 수 있는 것은 무엇인가?
- 집단의 응원 열기를 경험한 기억은 그 집단 구성원들에게 무엇을 일깨워 주었는가?
- 거리응원 문화의 긍정적 측면은 무엇인가? 부정적 측면은 무엇인가?
- 월드컵 거리응원은 다른 응원문화(프로야구, 연고전 등)와 어떤 점에서 비교, 대조될 수 있는가?

2 스포츠에 관한 앞의 예문들과 학습활동에서 생성한 아이디어를 바탕으로, 다음 단어들 중 몇 가지를 선택 혹은 조합하여 새롭게 주제문을 만들고, 2000자 내외의 학술적 에세이를 완성해 보자.

경쟁, 놀이, 취향, 쇼비니즘, 차이, 문화, 종교, 예절, 구별 짓기,
몰입, 매니아, 인종, 성별, 근대성, 학교, 스포츠, 기업, 정치

3 '동화, 장난감, 성장'이라는 화제를 가지고 질문 답변 목록을 만들어 주제문을 5개 이상 만들어 보고, 그 중에서 가장 설득력 있는 주제를 정한 다음 관련 자료를 찾아 2000자 내외의 학술적 에세이를 써 보자.

5장

자료탐색과 글쓰기

자료란 연구나 조사의 바탕이 되는 재료로서 글쓰기에 활용되는 지식과 정보 일체를 가리킨다. 한 편의 글은 이러한 자료의 분석과 활용 속에서 완성되는 대화적 구성물이다. 따라서 타당한 논지와 창의적인 주장이 담긴 글을 쓰고 싶은 독자라면 다양하면서도 신뢰도 높은 자료를 찾아야 할 것이다. 글쓴이는 해당 자료가 자신이 쓰고자 하는 글의 논지와 맥락에 부합되는지의 여부를 합리적으로 판단하기 위해 다양한 자료의 성격 및 관점에 대한 비교 분석을 해야 한다.

일단 선택된 자료는 글의 흐름에 맞으면서도 읽는 이의 이해를 도울 수 있도록 적절하게 가공·배열되어야 한다. 이러한 과정을 통해 글쓴이는 자기 글의 논지와 자료를 효과적으로 통합시킬 수 있다. 이 장에서는 그 구체적인 방법에 대해 살펴보도록 한다.

1 자료탐색의 방법과 기준

학생들은 자신만의 고유하고 독창적인 견해를 제시한 글을 쓰기 위해 노력해야 한다. 학술적인 주제에 대해 독창성 있는 글을 쓰려면 먼저 기존의 논의에 대한 검토를 통해 충분한 지식을 쌓아야 한다. 이는 다양하고 풍부한 자료를 탐색함으로써 얻을 수 있다.

이렇게 선택된 자료는 글쓴이의 관점과 의견을 명확하게 해 주는 토대가 될 뿐만 아니라 글의 논지를 뒷받침하는 근거로 활용된다. 그러므로 학술적 주제에 대해 글을 쓰려는 학생들은 기본적으로 자료의 탐색, 선정, 분석, 종합, 평가에 이르는 전 과정을 자신이 전적으로 책임지고 수행할 수 있어야 한다.

정보 네트워크의 발달로 인해 우리는 이전에 비해 훨씬 방대한 분량의 자료를 접할 수 있게 되었다. 그러나 이 모두가 내 글의 자료가 될 수 있는 것은 아니다. 타당하면서도 창의적인 주장이 담긴 글을 쓰려면 수많은 자료 중에서 어떤 것이 가장 적합한지 일정한 기준에 의거해 판단해야 한다.

1. 자료탐색의 방법

자료에는 여러 가지 종류가 있지만 이들 중 모든 학술적 글쓰기의 기초가 되는 것은 문헌 자료이다. 문헌 자료는 사서(史書)·신문기사·작품 등 사실의 기록 혹은 연구 대상 그 자체로서의 성격을 지니는 자료 문헌(1차 자료)과, 특정한 논제에 대한 연구 결과를 담은 논문이나 저서 등의 연구 문헌(2차 자료)으로 나뉜다. 최근에는 문서 기록이 아닌 시청각 자료를 포함하여 그 동안 비학술적 문헌으로 간주되었던 대중문화콘텐츠 또한 학술적 글쓰기의 자료로 활용되고 있다.

전문가라면 모든 종류의 자료에 대한 복합적인 조사를 통해 집필을 해 나가겠지만, 학술적 글쓰기를 처음 시작하는 단계에 있는 대학생들은 자신의 문제의식이나 주제가 이전에 다루어지지는 않았는지 점검하기 위해서라도 기존의 연구 문헌에 대한 조사부터 시작하는 것이 바람직하다. 그 기본적인 방법은 다음과 같다.

▶ 학술정보제공 사이트를 이용한 자료 탐색 절차 ◀

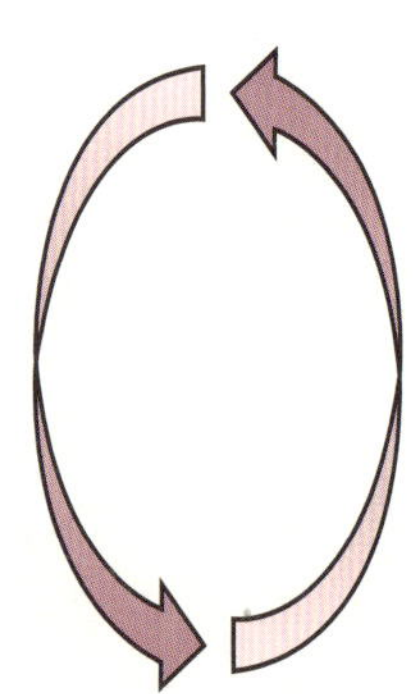

① 대학 및 공공 도서관 홈페이지,
　 RISS, KISS, DBPIA, NDSL 등 접속

② 주제어 입력을 통한 학술자료 검색

③ 자료 종류별 상세 검색하기
　 (1차 자료, 학위논문, 학술논문, 단행본 등)

④ 검색조건 특정하여 상세 검색하기
　 (정확도순, 연도순 등)

원하는 결과 얻을 때까지
검색 작업 반복

위의 표에서 알 수 있듯이 예전 같으면 도서관을 직접 방문해야만 접할 수 있었던 자료들을 이제는 거의 대부분 온라인을 이용해 곧바로 활용할 수 있게 되었다. 그 결과, 과거에 비해 훨씬 방대한 자료들을 신속하게 접할 수 있게 되었고, 이로 인해 이제는 자료의 검색·획득·수집 능력이 곧 글의 완성도를 좌우하는 결정적인 요인이 되고 있다.

하지만 일반적인 방법을 답습하는 것만으로는 독창적인 주제를 찾기 어렵다. 자료탐색은 스스로 문제를 발견함과 동시에, 자신만의 문제의식을 구체화시키겠다는 목표 의식 아래 전개되어야 한다. 이런 맥락에서 자료 탐색은 단순한 수집과 검색의 차원을 넘어 고도의 합리적 사고 능력을 토대로 하여 진행되는 일종의 전략적 활동이라고 규정할 수 있다. 다음의 예문 분석을 통해 주제 찾기를 위한 전략적 자료탐색의 방법에 대해 알아보도록 하자.

예문 1 청계천을 감고 돌아 종로에 이르렀다. 만민공동회의 시발지. 면화와 비단 상점이 즐비했을 거리. 부르주아지의 가능성들이 흘러 넘쳤을 이곳이 운동의 시작점이라는 것은 의미심장하다. 상인, 양인, 백정들이 연단에 올랐다. 성루 위가 아닌, 정전 앞마당이 아닌 상점의 다락에서 정치적 말들이 시가처럼 즐비해졌다. 예기치 않았던 격정들이 쏟아져 나왔다. 누구도 기대치 않았던 고조.

조정은 당황했다. 운동의 주체들도 놀랐다. 조정은 달래려다가 내리치고, 어르려다가 휘어잡았다. 생존이 걸렸다고 생각한 어느 순간에 전선이 형성되었다. 어떤 이들에겐 계산이 서지 않는 판이었다. 상황은 승패로 재단되었다. 불경한 말들이 횡행했다. 황제는 불안해졌다. 흐름을 좇으려 했지만 정작 제 눈앞에서 벌어진 일에는 늘 어두웠던 임금이었다. 번번이 도망치던 그는 이번에도 판단할 수 없었다. 유리와 불리에 대한 결론이 내려지지 않았다. 그러다가 불쑥 맞닥뜨리는 새롭고 위험한 말들. 입헌이니 공화주의니 그가 도모하려는 전제주의에는 부합하지 않는 언어들이 왕궁의 담을 넘어서 다다랐다. 그제야 그는 과감히 모든 말들을 물리쳤다. 가당치 않다. 황제의 친위대가 운동의 요동에 맞불을 놓았다. 수에 맞지 않으면 일소하라. 뒤를 받치는 황제의 명이 지엄했다. 그런데 민중의 움직임이 이전과는 달랐다. 누르면 누르는 대로 눌리지 않았다. 오히려 누르면 누르는 반대편이 두드러졌다. 과격한 보부상들이 몽둥이를 앞세워 대한문 앞으로 후려치면서 몰면 민중들은 육조거리로 쏟아졌다. 종로로 다시금 몰아치면 이번에는 뭉쳐서 연좌했다. 사태가 복잡해졌다. 명을 받은 이들, 명을 내린 이들 모두가 당황했다. 정동을 거닐던, 한가로운 이국의 전권대사들이 갑작스레 바쁘게 움직였다. 그들의 걸개엔 문명이라는 글자가 당당했다. 하지만 결론은 단순했다. 이권에 반하므로 당치 않다. 혁신은 우리의 소관이 아니다. 문명의 이름으로, 이는 불가하다. 먹으려는 외세, 먹히기 직전의 내치의 극적인 의견일치가 이루어졌다.

만민공동회가 시작된 보신각 서쪽 맞은 편 백목전 자리

　　만민공동회 운동은 결국 좌절했다. 엄밀하게 말해 외부적인 힘들에 의해 좌절되었다. 뚜렷한 조직을 갖추지 않고 민중의 자발성에 기댄 엄격한 순결주의는 오히려 독이 되었다. 위기가 닥치자 지도자를 자처하던 사람들은 은신했고 급격한 상황 변화에 대처하지 못했다. 열망이 넘치는데 도무지 누구도 빚어내질 못했다. 무력이 동원되고 겁박이 계속되자 격정은 일순간의 와해로 연결되었다. 그리고 이어지는 무기력한 선동들. 도심을 뒤덮었던 새로운 활기가 그 자리에서 그대로 굳어버렸다. 환희와 기대감들은 모조리 유보되었다. 침묵으로 이어져 더욱 애틋한 열기가 공중에서 흩어졌다. 번지지 못하고 맺혀버린 점들. 만민공동회 운동은 그렇게 실패했다. 어떠한 수사로도 감당치 못하게 완전하게 끝나버렸다.

–김영준, 「광장의 그늘」, 2011-1 연세 우수 보고서 및 학술적 에세이 공모전 최우수상 수상작

앞 예문의 화제는 대한제국기의 정치운동인 만민공동회 사건이다. 글쓴이는 만민공동회가 펼쳐졌던 현장을 답사하며 상상력을 보태어 당시의 상황을 재구성하였다. 에세이 형식이지만 이 글에는 한국근대사와 관련된 다양한 자료들이 참조되었음을 추정할 수 있다. 이 글을 읽으면 기본적으로 '만민공동회 운동이란 무엇인가?' 하는 질문을 제기할 수 있으며, 이와 연관하여 다음과 같은 추가적인 질문을 제기할 수 있을 것이다.

● **연관 질문 예시**
- 이 운동의 주도 세력은 누구이며, 주요 주장은 무엇이었는가?
- 이 운동에 대한 고종 황제 혹은 대한제국의 입장은 무엇이었는가?
- 이 운동에 대한 당시 제국주의 열강들의 입장은 무엇이었는가?
- 이 운동은 어떻게 전개되었고, 결국 실패한 원인은 무엇인가?
- 이 운동이 한국근대사에 미친 영향은 무엇인가?

이러한 질문에 답하기 위해 우선 읽는 이는 다음과 같은 방법을 활용해 자료들을 탐색함으로써 글의 내용에 대해 더 많은 정보와 이해를 얻을 수 있다.

● **기본적인 자료 탐색 방법**

① **포털 사이트를 이용한 검색**

기본 방법 : "만민공동회"를 검색어로 입력

→ 브리태니커, 위키피디아 등 온라인 백과사전 참조 가능

→ 하이퍼링크된 연관 어휘 검색을 통해 관련 정보 탐색 가능

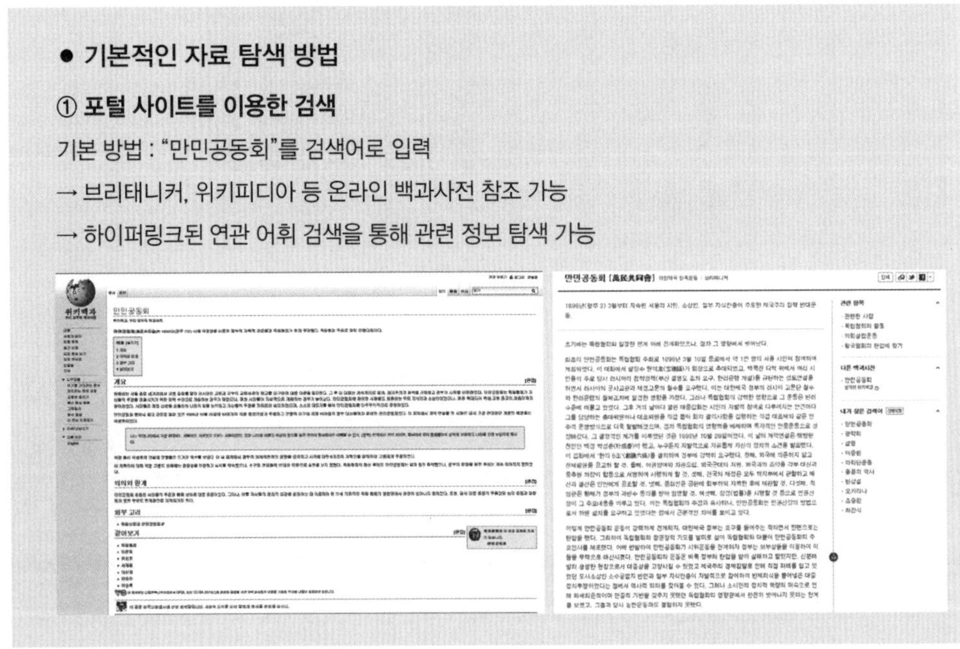

② 1차 자료(신문기록, 사진 등) 검색

기본 방법 : 언론기사통합검색 사이트 KINDS에서 "만민공동회"를 검색어로 입력

→ 『독립신문』, 『황성신문』, 『매일신문』 등에서 관련기사 원문파일 열람 가능

③ 학술정보제공 사이트를 이용한 2차 자료 검색

기본 방법 : RISS, KISS, DBPIA, NDSL 등을 통해
국내외 학술문헌(논문 및 단행본 등) 참조 가능
특히 논문의 경우는 거의 대부분 원문의 온라인 열람이 가능함.

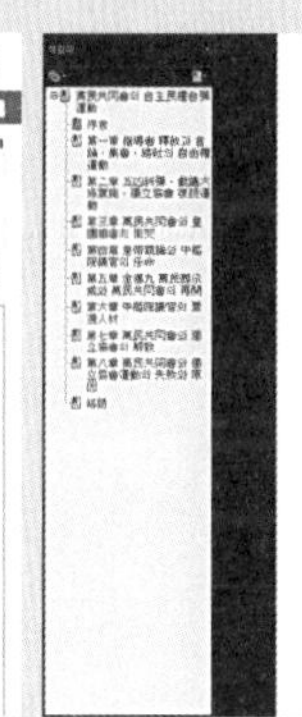

이와 같은 자료 탐색을 통해 읽는 이는 각각의 질문들에 대한 답을 얻을 수도 있고, 동시에 추가적인 질문을 할 수도 있다. 이러한 과정을 반복하여 도출된 핵심어는 다시 읽는 이의 관점에 따라 새로운 자료 탐색과 문제의식 형성을 위한 원천으로 활용될 수 있다. 예컨대 위의 연관 질문에 대한 자료 검색을 진행해 보면 대개 다음과 같은 핵심어를 얻을 수 있을 것이다.

- 독립협회, 민중, 외세침탈거부, 헌의 6조
- 전제 황권 강화, 외세 견제, 신민(臣民)의 여론 수렴, 회유와 탄압
- 이권(利權) 관철 기도, 대한제국 견제, 정정(政情) 불안 반대
- 1만여 명 참가, 백정 박성춘의 연설, 민중운동, 무력 진압, 정치적 역량 미숙
- 반외세운동, 대중정치운동, 민간 주도 정치개혁운동

그리고 위의 핵심어로부터 읽는 이는 다시 다음과 같은 다양한 심화–확장 질문을 제기할 수 있다.

- 애초에 독립협회의 주최로 시작되었던 만민공동회 운동이 전면적인 대중정치운동으로 확대될 수 있었던 원동력은 무엇인가?
- 초기에는 만민공동회의 요구를 경청하는 듯했던 대한제국정부가 결국 무력 진압을 선택한 이유는 무엇인가?
- 당시 인구 17만의 도시 서울에서 1만여 명이 집회에 참가했다는 사실, 그리고 여전히 신분 질서가 온존해 있었음에도 불구하고 천민인 박성춘이 대중들 앞에서 연설을 했다는 사실이 갖는 의미는 무엇인가?
- 만민공동회 운동과 유사한 성격을 갖는 역사적 사건에는 어떠한 것들이 있는가? 1987년 6월의 시민항쟁이나 2008년의 촛불집회 혹은 시위와 만민공동회 운동을 비교할 수 있는 측면이 존재하는가?
- 우리는 만민공동회 운동으로부터 어떠한 교훈을 얻을 수 있는가?

또한 위와 같은 심화–확장 질문으로부터 다음과 같은 논제를 도출해 낼 수 있다.

- 구한말 조선 민중의 사회 경제적 상황, 전근대적 봉건 체제의 모순
- 대한제국의 정치체제적 성격, 전제군주의 국가 및 대국민(對國民) 인식
- 근대초기 대중정치운동의 역사적 의의
- 저항적 시민운동의 발생 조건, 대중정치운동의 문제점과 한계
- 역사주의적 인식 및 고찰의 유용성, 민주주의의 진전과 성숙 조건

이러한 논제들은 【예문 1】이나 핵심어로 제시되었던 단어들과 비교해 볼 때 문제의식이 더욱 구체화되었음을 알 수 있다. 이와 같은 '질문 제시-핵심어 도출' 과정은 자신이 원하는 주제를 찾을 때까지 반복되어야 한다.

또한 집필을 위해 참고문헌목록을 작성할 때에는 원칙적으로 가장 최근까지 출판된 모든 단행본과 학술지를 조사해야 한다. 이때 가장 효과적인 방법 중의 하나는 자신이 정한 주제에 관한 최근의 논문, 그 중에서도 특히 박사학위 논문의 참고문헌란을 조사하는 것이다. 참고문헌란은 글쓴이가 어떤 논문이나 자료를 사용하여 연구를 진행하였는지 알려주는 기능을 함과 동시에, 해당 분야 및 주제와 관련된 논저를 보여 주는 것이기도 하다. 따라서 기존의 논의 및 연구에 대한 많은 정보를 얻을 수 있는 이점이 있다.

"국제 이주의 증가와 다문화사회의 도래"라는 화제에 대해 글을 쓰기 위해 다음의 박사학위 논문을 참조한다고 가정해 보자.
① 먼저 이 논문의 참고문헌란에 어떤 자료들이 제시되어 있는지 조사해 본 후, 자신에게 맞는 주제를 도출해내기 위해 '질문 제시-핵심어 도출' 작업을 진행시켜 보자.
② 이 과정을 거쳐 확정된 주제로 글을 쓰기 위해 나만의 참고문헌목록을 작성해 보자. 이 때 자신이 탐색했던 자료는 물론 아래 논문의 참고문헌란에 제시된 자료 등을 모두 살펴 보고 그 중에서 어떤 것을 활용하는 것이 좋을지 생각해 본다.

1980년대 후반에 이르러 국제결혼 또는 취업을 목적으로 한국에 오는 사람들이 점차 늘어나기 시작하였다. 한국의 경제발전이 특히 동남아시아 저개발국들에게 알려지면서 다양한 목적을 가지고 사람들이 이주하기 시작한 것이다. 2000년 49만 명(전체인구대비 약 1%)이던 국내 체류외국인은 지속적으로 증가하여 2011년 6월 30일 현재 139만 명에 이르고 있다. 이 가운데 결혼이주민이 14만 4천 명, 외국인노동자가 약 59만 명을 넘어서고 있다. 현재 체류외국인 수는 국내 주민등록 인구의 약 2.5%를 차지하는 비율이며, 이러한 수치는 2020년이면 인구의 약 5%인 250만 명을 초과할 것으로 예측되고 있다. 이른바 한국사회가 다문화사회(multi-cultural society)로 이동하고 있다는 것을 단적으로 나타내는 현상이다.

한국사회가 다문화사회라고 하여 서로 다른 문화와 가치를 가진 이주민들이 아무런 갈등 없이 조화로운 사회를 구성한다는 의미는 아니다. 다문화사회로 진입하면서 발생되는 또는 예상되는 문제를 해결하기 위하여 정부와 사회단체에서는 다각적인 노력을 기울이고 있다. 특히 정부에서는 급증하는 결혼이주민과 외국인노동자의 유입에 대응하여 법제도적인 측면에서 「재한외국인처우기본법」, 「다문화가족지원법」 등과 같은 법률을 제정하고 대상과 분야에 따라 다양한 정책을 수립하고 집행하기 시작하였다. 그러나 급작스럽게 진행된 다문화사회에 대한 대응으로 나타난 다문화정책이 전반적으로 효과를 거두지 못하고 많은 문제점이 나타나고 있다.

따라서 본 연구에서는 한국의 다문화정책의 현황을 고찰하고 문제점을 분석한 후에 이에 따른 개선방안을 모색하는 데 목적을 두었다. 다문화정책 가운데 특히 사회통합을 위한 정책이 어떠한 문제점을 갖고 있으며, 그 개선책은 무엇인지를 살펴보았다. 사회통합정책에 초점을 둔 이유는 한국에서 대부분의 다문화정책은 무엇보다도 결혼이주민을 비롯한 재한외국인의 한국사회 적응을 지원함으로써 한국사회에 통합하는 데 일차적인 목적을 두고 있기 때문이다. 아울러 본 연구에서는 정부에서 추진하고 있는 수많은 사회통합정책이 상호 중복되거나 분산되어 수행되기 때문에 현재의 정책추진체계로는 사회통합의 효과성을 달성하기 어려울 것이라는 점에서 추진체계의 문제점과 개선방안을 탐색하고자 하였다.

본 연구에서 살펴본 이주민 사회통합 추진체계의 문제점과 개선방안을 요약해 보면 다음과 같다.

한국의 사회통합정책에 있어서 문제점은 크게 두 가지 점에서 볼 수 있다. 하나는 다문화정책의 목표와 비전을 제시하는 법률체계가 다양한 법률에 분산적으로 규정되어 있기 때문에 다문화사회의 비전과 철학을 명시하지 못하였다는 점이다. 다른 하나는 사회통합의 관리체계에 있어서 다양한 중앙부처가 중복적인 사업을 수행하고 있기 때문에 예산의 낭비는 물론 통합의 효과를 실현하고 있지 못하다는 점이다.

사회통합정책의 추진체계를 개선하기 위해서는 다음과 같이 두 가지 방안을 강구할 수 있을 것이다. 법률체계에 있어서는 현재의 「재한외국인처우기본법」과 「다문화가족지원법」 등을 비롯하여 기타 법률에 규정되어 있는 다문화 관련 법규를 하나의 기본법으로 통합할 필요가 있다. 다음으로 현재 혼란스럽게 다양한 중앙부처에서 분산 수행하고 있는 중복적인 사회통합 프로그램을 일괄적으로 수행할 수 있는 독립기구, 즉 중앙부처를 설립할 필요가 있다.

결론적으로 본 연구의 조사결과에 따르면 법률적인 측면에서 기존 다문화관련 법령을 통합하여 다문화기본법을 제정할 필요가 있으며, 관리체계의 효율성을 높이기 위하여 중앙부처 수준에서 다문화와 이민정책을 전담할 독립기구의 신설을 통하여 사회통합정책의 일원적 관리가 필요한 것으로 나타났다.

– 노정옥, 「한국 다문화사회 통합정책의 추진체계에 관한 연구」, 동아대 박사학위 논문, 2012, 국문초록

학습활동 2 자신의 전공 분야 중 가장 관심 있는 주제를 대상으로 하여 도서관 홈페이지에서 키워드 검색을 해 보자.

ⅰ) 홈페이지에서 제공되는 관련 자료 목록 중 내가 쓰고자 하는 글과 관련 있을 것으로 판단되는 것을 골라 나만의 참고문헌목록을 작성해 보자.

ⅱ) 작성된 참고문헌목록을 토대로 모든 자료를 확보하여 자료의 적합성 여부를 검토해 보자.

2. 자료탐색과 선정의 기준

학술적인 주제를 다루는 글에서는 주장의 타당성을 논리적으로 입증할 수 있어야 한다. 이를 위해서는 글쓴이의 논지를 효과적으로 뒷받침할 수 있는 적절한 근거를 제시해야 한다. 근거는 다양한 종류의 자료들로부터 얻어질 수 있다. 그렇다면 거의 무한대에

가까울 정도로 방대한 분량의 자료들 중에서 어떤 것을 선택하는 것이 바람직하다고 할 수 있을까?

좋은 자료란 정확하고 객관적이며, 구체적이면서도 대표성을 지니고 있어 읽는 이가 충분히 신뢰할 만한 것이라고 할 수 있다. 학술적 글쓰기에서는 이러한 기준을 충족시킬 수 있어야 비로소 자료로서 활용 가치가 있다.

물론 포털 사이트를 통해서도 유용한 정보와 자료를 획득할 수 있지만, 학술적인 주제를 다루는 글을 쓰기 위한 방법으로서는 권장할 만한 것이 못 된다. 이른바 인터넷상을 "떠도는" 자료는 출처를 알기 어렵거나 검증된 사실인지의 여부가 불명확하기 때문이다. 모든 학술 논문이 참고문헌목록 및 각주를 작성하여 참고하거나 인용한 자료의 출처를 빠짐없이 제시하는 이유 또한 여기에 있다.

일반적으로 통용되는 자료탐색과 선정의 기준은 다음과 같다.

① 정확성

거짓이나 오류가 없고 사실임이 확실하게 검증된 자료를 선택해야 한다.

정확성은 사실 관계의 정확성과 출처의 정확성을 포괄하는 개념이다. 글쓴이는 자신이 참조한 자료가 정확한 사실을 담고 있는 것인지 반드시 확인해야 하고, 아울러 읽는 이로 하여금 글쓴이가 제시한 자료를 동일한 방법으로 확인할 수 있도록 출처를 정확하게 제시해야 한다.

② 객관성

왜곡·과장이 없어야 하며, 반대 입장을 가진 편에서도 인정할 수 있는 자료를 선택해야 한다.

객관성을 충족시키기 위해서는 자료의 작성 주체가 해당 주제와 관련하여 이해관계를 맺고 있는지의 여부를 살펴보아야 한다. 비록 전문적인 연구결과라 하더라도 그 주제에 대해 이해관계가 있는 집단 혹은 개인으로부터 비롯된 것이라면 자료의 '관점'과 '내용'에 대해 비판적으로 검토한 후 활용 여부를 판단해야 한다.

③ 구체성

통계 자료와 관련 사례 등이 상세하면서도 풍부하게 제시되어 있는 자료를 선택해야 한다.

구체성은 집필 목적에 따라 합당한 수준에서 구현될 필요가 있다. 물리학자들에게는 100만분의 일 초 동안 일어나는 입자의 변화가 관심사인 반면 고생물학자들에게는 50만 년 동안 일어난 종의 변화기록이 의미 있는 자료가 되듯이, 읽는 이의 이해를 돕는 데 적합한 수준을 고려하는 것이 가장 중요하다.

④ 대표성

가급적 많은 대상을 포함하고 있거나 대상의 특성을 가장 잘 드러내주는 자료를 선택해야 한다.

전체 대상 중 표본의 수가 많을수록, 대상의 본질적 속성을 더 많이 내포할수록 대표성이 높은 자료라고 할 수 있다. 개인의 기억이나 경험을 자료로 선택할 수도 있으나, 이는 언제나 다른 객관적 자료들과 함께 제시돼야 한다.

⑤ 신뢰성

출처가 확실하면서도 전문성과 정통한 권위를 가진 주체에 의해 작성된 자료를 선택해야 한다.

가급적 공인된 기관에서 제공된 것, 해당 분야의 전문가로서 권위를 인정받은 사람이 작성한 것을 우선적으로 참조하는 것이 바람직하다. 연구 논문을 자료로 활용할 경우에는 수많은 학술지 게재논문 혹은 학위논문 중에서도 어느 것이 더 신뢰할 만한 것인지 비교 검토한 후 신중히 선택해야 한다.

결국 모든 자료의 질을 결정짓는 근본적인 조건은 신뢰도라고 할 수 있다. 다시 말해 글쓴이는 '자료의 출처가 어디인가, 믿을 만한 곳에서 나왔는가?' 등과 같이 읽는 이가 제기하는 의문에 대해 책임 있는 답변을 제시할 의무가 있다. 이것이 읽는 이로 하여금 글쓴이의 의견을 경청하게 만드는 가장 기본적인 전제이기 때문이다.

학습활동 3 다음 화제들 중 하나를 골라 글을 쓰라는 과제를 받았다고 가정해 보자. 조별로 관련 자료들을 탐색해 본 후, 이들 중 어떤 것이 위의 기준들을 가장 잘 충족시키고 있다고 생각하는지 서로 의견을 나눠 보자.

① 복지 수요 증가와 재원 마련 방안
② 한·중·일 3국 네티즌의 민족주의 성향 비교
③ 국내 역대 흥행 1위 영화의 대중적 성공 요인

2 자료 분석 평가

학술적 에세이를 준비하는 사람은 기준에 맞춰 선택한 자료들을 분석하여 자기 의견으로 통합하거나 비판적으로 수용해야 한다. 자료를 분석하는 데에는 글쓴이의 의도나 관점을 파악하고 논리적 정합성을 판단하는 과정이 필요하다. 또한 선택된 자료가 자신의 아이디어나 근거를 확보하는 데 도움을 주는지 따져 봐야 한다. 여러 가지 기준으로 평가하고 해석하여 자기 글에 유용한 자료인지 결정해야 한다.

1. 분석의 기준과 쓰임새

글을 쓰는 사람은 선별한 자료의 쓰임새를 자신의 주제와 관련하여 판단해야 한다. 주제를 구체화하는 데 도움을 주는 자료일 수도 있고, 자신의 의견과 유사하거나 다른 입장을 표명한 자료일 수도 있다. 전혀 다른 대상에 대한 글일지라도 관점이나 논리 전개 방식의 유사성 때문에 면밀하게 검토해야 할 자료도 있다. 여러 자료들을 자신의 주제와 관련하여 분석하고 쓰임새를 결정하는 과정을 통해 주제를 구체화하고 근거를 확보하거나 논리적 결함을 발견할 수 있다. 자료의 가치를 판단하기 위해 다음과 같은 검토 기준이 유용할 수 있다.

- 글의 형식
- 글쓴이의 관점
- 주제의식의 차이
- 근거 제시 방법

물론 쓰고자 하는 글의 목표에 따라 또 다른 검토 기준을 설정할 수 있다. 자료의 성격을 파악하고 분석하는 검토의 기준은 선택된 자료에 따라 융통성 있게 설정할 수 있다.

– 이미지 출처: 이제석, 「For some, It's Mt. Everest」, 2007 클리오 어워드 동상 수상작.

나) 고등학교 1학년생 오동구는 육중하고 남성스러운 외모와는 달리 여성의 정체성을 가지고 있다. 동구는 언젠가는 완벽한 미모를 가진 자신의 우상 마돈나처럼 되어, 사랑하는 일어 선생님 앞에서 당당해지겠다는 꿈을 꾼다.

성전환 수술비 500만 원 마련을 위해 고민하던 동구는 어느 날, 인천시 배 고등부 씨름대회 선수 모집 공고를 접한다. 우승자 장학금이 500만 원이라는 사실에 동구는 고민 없이 씨름선수로 지원한다. 하지만 다른 남학생들과 웃통 벗고 부대껴야 하는 생활에 동구는 당황하기 시작한다. 좌충우돌 에피소드를 겪으며 동구의 성정체성에 대해 점차 가족들이 알게 되고 갈등 끝에 현실을 받아들인다. 비로소 동구는 감추지 않고 자신을 세상에 드러낼 수 있게 된다.

– 이해영 감독, 영화 「천하장사 마돈나」, 2006, 줄거리 요약

다) 소수자운동은 2000년대 중반 이후 새로운 양상으로 전개되고 있고 이제 사회의 새로운 영역에서의 변화를 추동하고 있다. 성매매금지를 축으로 하여 전개되어온 성매매여성운동은 성매매금지특별법(성특법)을 계기로 성노동자운동으로 전환되었다. 이주자운동에서는 이주자들이 지원조직들의 대상에서 벗어나 스스로 주체가 되어 노조운동을 벌여가게 되었다. 성소수자운동은 자신들의 삶의 방식을 실험할 뿐만 아니라 다양한 제도의 변화를 추구하는 미시정치를 수행해 나가고 있다. 장애인운동도 시설개선운동과 법제개선운동, 이동권 투쟁 등에서 이제는 점차 독립생활운동, 탈시설운동으로 나아가고 있다. 또한 병역거부운동은 강고한 '양심'에 근거한 거부에서 점차 평화를 지향하는 거부로 넘어가고 있다. 이러한 소수자운동의 새로운 전개는 사회 전체의 변화를 추동하는 주요한 동력이 되고 있으며 실질적인 민주주의를 확장하는 과정이라고 할 수 있다.

– 윤수종, 「소수자운동은 실질적 민주주의를 확장한다」, 「진보평론」 49호, 2011.

예문 가)·나)·다)는 모두 '소수자'라는 키워드로 선별한 자료들이다. 그러나 각 자료의 성격이나 주제의식은 같지 않다. 또한 독자나 관객에게 논리적 설득이나 공감 등 서로

다른 효과를 가진다는 점도 주목할 필요가 있다.

먼저 칼럼, 영상, 논문 등 자료가 실린 매체나 글의 양식을 구별해야 한다. 자료의 양식은 자료의 성격을 이해하는 데 필요한 기본적인 틀을 제공한다. 영상은 글쓴이의 문자적 메시지가 아니라 구체적 이미지로 제공되기 때문에 적극적 이해의 전략이 필요하다. 신문 자료는 발행일자나 신문의 논조, 기사의 성격 등을 따로 정리하는 것이 도움이 된다. 논문 자료라면 논문을 작성할 때 참조한 텍스트에 대해 주의 깊게 검토해야 한다.

기준을 가지고 각 자료에 대해 분석했다면, 그 자료를 구체적으로 어떤 글쓰기 단계에서 쓸 것인지, 어떤 방식으로 활용할 것인지 쓰임새를 판단해야 한다. 아이디어 구성, 뒷받침 근거, 반론 자료, 예외적 사례 등의 쓰임새를 판단하여 간단하게 메모해 놓아야 자료를 적절하게 활용할 수 있다.

'소수자'에 대한 구체적 주제문을 마련하여 【예문2】의 가)·나)·다) 자료를 어떤 방법으로 참고할 수 있을지 조원들과 토론해 보자.

2. 자료 분석 평가 방법

자료의 쓰임새를 판단했다면 각 자료의 관점이나 서술방식, 근거의 타당성에 대해서 면밀하게 분석하여 자료에 대해 평가해야 한다. 분석 평가를 위해서는 먼저 자신이 가지고 있는 개념 기준을 분명히 인식해야 한다. 때로는 자신의 가치 기준이 명확하지 않기 때문에 자료를 분석 평가하면서 가치를 구성하기도 한다. 그 과정을 연습하기 위해 가장 설득력 있다고 판단되는 자료의 관점을 기준으로 세워 다른 자료들을 분석 평가하는 방법을 연습해 보자.

> **예문 3**
>
> 가) 아비투스(habitus): 이 말은 아리스토텔레스의 'hexis'(토마스 아퀴나스에 의해 'habitus'로 번역됨) 개념에서 발전된 것으로, 원래는 '교육 같은 것에 의해 영향받을 수 있는 심리적 성향'을 가리키는 것이었으나 부르디외는 사회구조(즉 장)와 개인의 행위(즉 실천)사이의 인식론적 단절을 극복하는 매개적 메커니즘으로 개념화한다. 즉 아비투스는 일정 방식의 행동과 인지(認知), 감지(感知)와 판단의 성향체계로서 개인의 역사 속에서 개인들에 의해 내면화(구조화)되고 육화(肉化)되며 또한 일상적 실천들을 구조화하는 양면적 메커니즘이라고 할 수 있다. 우리말로 굳이 번역하자면 '실천감각' 정도로 할 수 있으나 '습관'이나 '습성'과는 구별된다. 부르디외에 따르면, '습관'은 반복적이며, 기계적이고, 자동적이며, (생산적이기보다는) 재생산적인 데 반하여, 아비투스는 고도로 '생성적

(générateur)'이어서 스스로 변동을 겪으면서 조건화의 객관적 논리를 생산하는 경향이 있다. 아비투스는 역사에 의해 생산되는 창안(invention)의 원칙이면서도 역사로부터 (상대적으로) 벗어난다.

 – 삐에르 부르디외, 『구별짓기–문화와 취향의 사회학 上』, 최종철 옮김, 새물결, 2006.

나) 차가 없는 남자애는 피곤했다. 우선 폼이 안 났다. 대학교 3학년이나 된 이 나이에 아직도 강남역 뉴욕제과 앞, 앞구정 맥도널드 앞 같은 곳을 약속 장소로 정한다는 건 쪽팔리는 일이었다. 게다가 데이트를 끝내고 집에 갈 때는 또 어떤가? 지하철과 마을버스를 갈아타고 여자애 집 앞까지 데려다주는 연애, 동네 사람들 눈을 피해 놀이터 벤치에서 몰래 뽀뽀하는 연애는 고딩 때나 하는 것이다. 제 아무리 의대생이라 해도 차가 없다는 건 심각한 감점 포인트에 해당했다. 여기서 그만두기엔 아까운걸. 창밖으로 오렌지색 불빛을 밝힌 차들이 휙휙 빠르게 지나갔다. 정녕 완벽한 남자애란 존재하지 않는다고 생각하니 좀 우울해졌다. 나는 꺼놓았던 핸드폰의 전원을 켰다. 바로, 삐빅! 문자 메시지 수신음이 울렸다. '뭐 해? 1004.' 민석이었다. 지방 캠퍼스에 다니는 데다 키스 하나 제대로 못 하는 어리어리한 민석이를 몇 달째 만나는 이유도 따지고 보면 그 애의 스포츠카 때문이었다. 차창을 열고 아파트 단지가 붕붕 울리도록 커다란 음악을 틀어놓은 채 나를 기다리는 은색 차! 아파트 입구를 나와, 내가 타주기만을 바라고 있는 자동차까지 가능한 한 천천히 걸어가 도어를 당길 때의 기분은 말로 표현할 수 없었다. 경호원을 가볍게 따돌리고 궁전을 빠져나와 나이트클럽에 가는 천방지축 막내 공주가 된 것 같다고 할까. 어쨌든 이렇게 우울할 때, 선루프를 활짝 열어 젖히고 여름 밤바람에 머리칼을 휘날리며 올림픽대로를 질주할 수 있다면. 샌들 속의 발가락들이 일제히 꼼지락댔다. 나는 저장되어 있던 문자를 불러내어 민석이에게 송신했다. 집 앞으로 와줘. 지금.

 – 정이현, 「낭만적 사랑과 사회」, 『문학과 사회』 57호, 문학과지성사, 2002.

앞의 두 예문으로 가)와 같이 자신이 찾은 자료 가운데 이론적 기준을 제공해 줄 수 있는 자료를 기준점으로 하여 나)와 같은 다른 자료의 가치를 평가하는 방법을 연습해 보자. 기준이 되는 자료에서 특정 개념을 추출하여 정리하고 다른 자료를 그 기준에 따라 분석한다.

개념을 기준으로 한 자료 분석 글은 개념에 대한 자신의 이해를 바탕으로 하여 자료를 요약하고, 자료의 활용 계획을 정리하는 순서로 구성된다. 다음의 학생 글은 가)의 아비투스 개념을 기준으로 하여 나)의 소설 자료를 분석한 것이다.

▶ 분석글 예시 ◀

우리가 느끼는 감정과 평소의 행동은 모두 자신에게서 비롯되는 것이라고 생각한다. 하지만 주지하다시피 우리는 주어진 문화를 학습하며 감정을 배우고, 주변 환경의 영향을 받으며 살아간다. 부르디외의 아비투스 개념은 자본주의가 동떨어진 지식이 아니라 개인의 생각과 감정, 행동에까지 스며

들어 있음을 잘 보여줄 수 있다.

　제시된 두 번째 자료 정이현의 「낭만적 사랑과 사회」의 일부분에서 대학교 3학년인 여성은 차가 있는 데이트를 원한다. 의대생이라고 하더라도 차가 없다면 원하는 그림이 나오지 않는다고 생각하는 것이다. 마음을 주고받는 사랑의 감정을 원하는 것이 아니라 사랑의 이미지를 원하는 것으로 보인다. 자신이 주인공인 이미지가 이 시대를 대변하는 사랑의 실체이다. 이는 부르디외의 아비투스 개념으로 설명하기에 적절한 사례이다. 자본주의는 '스포츠카'라는 구체적 대상과 '선루프를 활짝 열어젖히고 여름 밤바람에 머리칼을 휘날리며 올림픽대로를 질주'하는 구체적 이미지를 '사랑'이라고 규정한다. 자본주의 사회에서 구체화되어 나타난 사랑의 아비투스이다. 대상이 지닌 고유성을 발견하고 욕망하는 사랑이 아니라, 대상이 소유한 것을 욕망하고 소비하는 자신과 물화된 자신의 이미지를 상상하는 그런 사랑이다. 나르시시즘이지만 그 나르시시즘이 향하는 자신 역시 시각적 이미지로 소비되는 타자가 되고 말았다. 이 자료는 아비투스에 대한 문학적 형상화의 사례로서 활용할 수 있을 것이다.

– 학생 글

이와 같은 방식으로 두 자료를 연결하여 분석한 글은 이 자료들을 바탕으로 글을 쓸 수 있는 활용 가능한 상태의 다른 자료가 된다.

학습활동 5　수강하는 과목 교재 중에서 특정 개념(페미니즘, 대중문화 이론, 희생양 이론, 유리 천장 이론, 기능주의 등)에 따라 자료를 분석한 부분을 조사해 보자. '자료 분석' 기준으로서 '이론'의 유용성에 대해 자신의 생각을 덧붙여 발표해 보자.

3　자료 활용과 재맥락화

1. 자료 활용 방법

　자료 분석 결과를 자기 글의 맥락에서 재해석하는 것은 기존 논의와 대화를 나누면서 자기 의견을 구성하는 과정이기도 하다. 자료 재해석은 다른 논의와 대화하여 개념 범주를 결정하고, 다루는 현상에 대한 원인을 규명하여 논리적 흐름을 갖추는 일이다. 또한 주요 개념을 다시 정의하고, 인과관계를 설정하면서 기존 논의의 맥락과는 다른 맥락을 만드는 작업을 포함한다.

　학술적 글쓰기에서는 인용이나 주석의 방법으로 기존 자료를 언급한다. 글쓴이가 자료를 재해석한 결과는 기존 자료를 자기 글에 배치하고 활용하는 것으로 표현된다.

 근대 과학기술 문명은 자연에 대한 위협을 사회화한다. 근대 기계주의의 정신을 구현한 철도는 자연적 공간을 살해하면서 물자와 인구의 이동을 촉진한다. 철도는 산업기계를 모든 지역에 전파하면서 공장을 세우고 도시를 건설하면서 인간의 삶을 위태롭게 한다. 문명의 축복은 기계의 재앙에 의해 상쇄되고 만다. 루이스 멈포드는 기계문명의 위험한 질주에 대해 다음과 같이 경고하고 있다.

> 한 시간에 100마일이라는 속도로 어둠 속을 질주하는 술취한 기관사처럼, 우리는 우리의 기계 설비로부터 분출되는 빠른 속도, 오로지 위험을 가중시키며 충돌을 더욱 치명적인 것으로 만들 뿐인 그 속도를 인식하지 못한 채 위험 신호들을 휙휙 지나쳐왔다.[1]

철도는 그 이면에서 대형재난을 제도화한다. 전 산업사회의 참사가 자연적인 것이었다면, 산업사회의 그것은 기계적인 것이었다. 기차의 운행이 문명화될수록 인간의 재앙은 더욱 파괴적인 양상을 띠게 된다. 쉬벨부쉬는 "열차사고는 19세기의 가장 떠들썩한 사건들에 속한다"[2]고 지적한다. 철도사고는 크게 두 가지 원인에서 일어난다. 금속재료의 피로와 문명의 속도에 대한 인간의 부적응이 그것이다. (중략)

개화기 시대의 조선인들은 크고 작은 교통사고를 경험하면서 문명의 질서를 학습해갔다. 유장한 시간의 흐름에 익숙해 있던 그들에게 기차가 구현한 문명의 속도는 현기증을 불러 일으켰다. 기차는 자연의 시간을 버리고 기계의 질서를 습득할 것을 요구했지만, 그것을 내면화하는 데는 오랜 시간이 걸렸다. 전차와 기차 도입 초창기에 일어난 무수한 사고들은 이런 문화적 지체현상을 단적으로 보여주는 사례다. (중략)

전차 선로는 조선인들에게 목침 대용으로 인기가 높았다. 그들은 한여름 밤에 벌레가 들끓는 방보다는 밖에 나와 선로를 베개 삼아 잠자기를 즐겼다. 기계문명은 이런 조선인의 생활습관을 고려하지 않고 달렸다. 구한말에 의료 선교사로 조선에 온 의사 홀은 이런 관습이 불러온 비극을 다음과 같이 회상하고 있다.

> 조선의 우기는 더위와 습도가 심하다. 더운 여름밤이면 사람들은 답답하고 공기가 통하지 않는 방에서 나와 흔히 길바닥에 자리를 깔고 잠을 자곤 했다. 부드러운 새털 베개를 좋아하는 서양인들과는 달리 조선인들은 딱딱한 나무로 만든 목침을 베고 자기를 좋아한다 길에서 자는 사람들은 전차의 철로가 목침 대용으로 안성맞춤이라는 것을 곧 알게 되었다.
>
> 1899년 안개가 자욱한 어느 날 아침에 일어났던 사고를 나는 생생하게 기억하고 있다. 그때 어머니는 선교사 모임에 참석해야 했고 나는 치과에 가기로 약속이 되어 있어서 평양에서 서울로 올라왔다. 그날의 첫 전차가 드디어 운행을 시작했다. 유난히 이른 아침의 짙은 안개가 자욱하게 차창을 덮고 있었다. 차장은 앞을 볼 수가 없었다. 전차는 철로를 베개 삼아 잠자고 있던 많은 사람들의 머리 위로 지나갔다. 그들의 목은 순간에 잘려졌다. 안개가 걷히고 해가 떠오르자 참혹한 광경이 드러났다. 대단한 혼란이 일어났다. 광포해진 노동자들은 운이 나빴던 차장을 공격했으며 전차를 전복시킨 후 불을 질렀다.[3]

　　이처럼 선로를 베고 자다 치어 죽은 사건은 일제시대까지 지속되었다. 『조선일보』 1929년 10월 23일자에는 "19일 오전 9시 30분경에 서빙고를 떠나 왕십리로 향하던 경의선의 제580호 임시열차가 두모리 교차점에 다다랐을 즈음에 술이 폭취하여 선로를 베개 삼고 잠을 자고 있던 고양군 한지면 수철리 94번지 김철식(42)을 역살하여 현장에서 선혈이 임리(淋漓)한 처참한 광경을 이루었다더라"고 보도하기도 했다. (중략)

　　『조선일보』 1935년 2월 15일자는 문명의 진보와 인간의 비극이 정비례하고 있다는 사실을 정확히 읽고 있었다. 이 신문은 "조선철도의 대동맥이 되는 경부선이 놓인 지 삼십일 년, 그동안 철도가 실어다준 신문명, 신문화의 발전은 실로 눈부신 바가 있으나 그 반면에는 기계문명이 가져온 비극과 참극 또한 많아서 철도사고로 말미암아 비명에 스러진 가여운 넋이 오천 명에 가깝다"고 전하고 있다.

– 박천홍, 『매혹의 질주, 근대의 횡단–철도로 돌아본 근대의 풍경』, 산처럼, 2003.

1) 루이스 멈포드, 『예술과 기술』, 김문환 옮김, 민음사, 1999, 19쪽.
2) 볼프강 쉬벨부쉬, 『철도여행의 역사』, 박진희 옮김, 궁리, 1999, 162쪽.
3) 셔우드 홀, 『닥터 홀의 조선 회상』, 김동열 옮김, 동아일보사, 1984, 192쪽.

　　위의 예문은 세 개의 참고 도서가 활용되었고, 신문 기사가 인용되었다. 각각 성격이 다른 자료들은 조선의 근대 제도와 그에 수반하는 재난에 대해 서술하는 맥락으로 재배치되었다. 근대에 대한 경험 자료로서, 기술의 속성에 대한 논거로서, 재난의 실제 사례 자료로서 활용되었다.

　　이와 같이 학술적 글쓰기에 활용되는 자료들은 다음과 같이 글쓰기의 각 단계에서 적절하게 활용된다.

① 주제–아이디어 생성을 위한 참고 자료
② 기존 이론 점검
③ 이론에 근거한 자료 분석
④ 자기 의견을 뒷받침하는 근거 자료

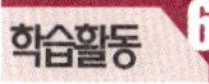

학습활동 6 전공 관련 논문 한 편을 찾아서 참고 문헌의 자료들이 본문에 어떻게 활용되었는지 점검해 보자.

2. 재맥락화 양상과 방법

학술적 글쓰기는 자료의 쓰임새를 결정하고 재해석하여 새로운 의미 맥락을 구성하는 과정을 포함한다. 이를 '재맥락화(recontextualization)'라고 하는데, 원래의 맥락에서 의미나 기호를 추출하여 다른 맥락에 놓는 과정을 의미한다. 텍스트에서 의미는 맥락에 의존하기 때문에 재맥락화는 의미의 변화 나아가 소통 목적의 변화를 가져온다.

글쓴이가 학술적 글쓰기를 준비할 때, 자료를 선택하고 비판적·창의적으로 해석하는 과정이 꼭 필요하다. 글쓴이가 새롭게 해석한 자료는 쓰고자 하는 글의 의미 맥락에 적절하게 배치되어야 한다.

'영어공용화 논쟁'이 전개되는 방식을 통해 재맥락화가 이루어지는 양상과 그 방법에 대해 살펴보자.

예문 5

가) 복거일의 '영어 공용어론'은 기본적으로 '영어의 모국어화'를 전제로 한 '영어 공용어론'이다. 그는 궁극적으로 세계어인 영어를 우리의 유일한 공용어로 삼기를 원하지만 우리 사회의 거센 민족주의적 감정이 그것을 용납하지 않을 것이므로 잠정적으로 영어를 우리말과 함께 공용어로 삼자고 제안한다. 그가 말하듯이 궁극적으로 영어가 우리의 유일한 공용어가 된다면, 이는 우리의 민족어인 한국어의 소멸을 의미하는 것이다. 세계어인 영어를 모국어로 삼기 위해 민족어인 한국어를 포기해도 좋다는 복거일의 주장은 영어 공용어론이 민족어 포기론을 의미하는 것으로 인식되면서, 이 논쟁이 민족어 포기론대 민족어 고수론, 나아가 세계주의(즉 탈민족주의) 대 민족주의 논쟁으로 번지는 결과를 초래했다.

나) 영어 공용어론을 옹호하는 사람들은 그것이 평등주의에 부합하는 것이라는 논리를 전개한다. 예를 들어 고종석은 영어 공용어화를 반대한다는 것은 지식과 정보를 특정 집단이 독점하는 것을 허락하겠다는 뜻이라고 단정하면서, '영어 공용어화 반대의 계급적 함의'를 역설한다. 그는 "영어가 공용어가 되든 안 되든, 우리 사회의 지배계층은 자기 자식들에게 영어를 열심히 가르칠 것이며, 영어에 익숙해진 그들의 자식들은 영어에 익숙하지 못해 지식과 정보에서 소외된 일반 대중의 자식들 위에 다시 군림할 것"이라면서 영어 공용어화가 시행되면 계층 간의 불평등 문제가 해소되리라고 주장한다. (중략) 박강문과 정시호는 영어 공용어화가 오히려 국민을 갈라놓아 사회 통합을 저해하고 사회적 갈등을 촉발할 것으로 보고 있다. 예를 들어 박강문은 영어가 공용어로 사용되는 인도와 필리핀의 경우 영어를 잘하는 계층과 그렇지 못한 계층 간의 위화감이 실제로 존재한다고 주장한다.

다) 영어 공용어 논쟁 과정에서 부수적으로 등장하는 것이 외래어 수용과 관련한 태도이다. 복거일은 우리 일상생활에서 쓰이는 일본말 가운데 좋은 말들이 많다고 하면서 '쓰리', '네다바이', '와이로', '히야카시', '사라' 같은 것을 예로 들고 있다. 그는 이런 일본말들이 우리 언어에서 나름대로의 역할을 하고 있는, 쓸모가 충분히 증명된 말이라고 하면서, 이들을 우리말의 일부로 간주하는 것이 온당하다는 논리를 펴고 있다.

논쟁의 과정에서 영어 공용어화를 지지하거나 반대하는 두 입장이 다른 방식으로 재맥락화되고 있음을 볼 수 있다. 가)에서는 세계주의 대 민족주의의 문제로, 나)에서는 평등주의 대 계급주의의 문제로, 다)에서는 외래어 수용주의 대 민족어 순결주의의 문제로 논쟁이 다른 맥락에 놓여 논의되었다. 각기 다른 맥락을 갖게 된다는 것은 논쟁이 다시 재규정됨을 의미한다. 영어 공용어화는 가), 나), 다)에서 각기 다른 이유로 지지되거나 반대되는 문제로 다시 의미화되었다.

● 영어 공용어화 논쟁의 재맥락화 과정

- 세계주의 대 민족주의
- 평등주의 대 계급주의
- 외래어 수용주의 대 민족어 순결주의

이와 같이 재맥락화는 각기 다른 맥락에 놓이면서 설득과 공감의 논리를 확보하고 다시 논쟁의 의미를 재규정하는 순환적 과정을 의미한다.

학습활동 7 자신의 전공분야 중 가장 관심 있는 주제의 학위논문을 찾아 자료의 재맥락화 양상을 분석하고 조별로 비교 검토해 보자.

1 다음은 '구럼비'를 키워드로 찾은 신문 기사 자료들을 비교 분석하여 표를 만든 것이다. "구럼비 바위에 대한 논쟁은 정치적 입장의 차이 때문에 생겨난 것이다"라는 주제를 가지고 각 자료들을 평가하여 쓰임새를 결정하고, 비교 분석글을 써 보자.

① 『동아일보』 : 2012.3.13. 「구럼비 바위의 진실」
② 『조선일보』 : 2012.3.13. 「"구럼비 지키겠다"는 사람들이 바위에 페인트칠」
③ 『한겨레』 : 2012.3.14. 「내 이름은 구럼비, 구럼비/문규현」
④ 『경향신문』 : 2012.3.21. 「구럼비 폭파와 심판론의 실종」

	기사 종류	사실, 의견	주제문	근거	쓰임새
동아 일보	칼럼	구럼비 폭파 중단 요구가 있다. 그러나 구럼비는 일반 지형이다.	구럼비 바위의 가치는 국가안보의 이익에 비할 바가 아니다.	구럼비 해안은 생물권 보전 지역이 아니다.	
조선 일보	기사	구럼비 바위에 누군가 낙서를 했다. 시위 참가자의 낙서로 보인다.	구럼비 바위에 낙서가 있고, 'no 해군기지' 깃발도 있다.	사진으로 볼 때 해군기지 건설 반대 시위 참가자가 쓴 낙서로 보인다.	
한겨레 신문	칼럼	영국 평화운동가 앤지 젤터는 주민들과 함께 폭압에 대항하고 있다.	구럼비는 평화, 민주주의, 소수지역, 권리 존엄 등의 의로운 가치를 상징한다.	제주에 일제와 미군정 등 폭압 기억을 치유해 주지 못하고 다시 분쟁 지역을 만들고 있다.	
경향 신문	사설	강정 주민들의 기지 반대 운동은 제주도민들로서도 뜻밖이다.	제주 해군기지 문제의 본질은 안보를 둘러싼 이념 대결이기에 앞서 절차적 민주주의의 훼손이다.	공청회나 법적 절차를 무시하고 이념 논쟁으로 몰고 가는 것은 절차적 민주주의의 심각한 훼손이다.	

2 다음 화제 중 하나를 선택하여 자신의 주제문을 설정하고, 제시된 형식의 자료를 찾아 글을 써 보자. 자신의 주제나 설정한 글의 목표 등을 고려하여 각 자료들의 쓰임새를 정리해서 앞의 표와 같은 형식으로 만들어 보자.

• 화제: 다문화, 동성애, 탈북자, 청소년
• 자료 형식: 공익광고, 칼럼, 통계자료, 영화, 사건 기사

3 다음 예문 가)에 나타난 '키치(kitsch)' 개념에 대하여 조원들과 논의해 보자. 그 논의 결과를 기준으로 나)의 자료를 분석 평가하는 글을 1000자 정도 써 보자.

가) 그린버그 씨의 안경

상업 미술, 원색 화보가 있는 문학지, 삽화, 만화, 옐로 페이퍼, 유행가, 탭댄스, 할리우드 영화 등을 지칭하는 키치는, 1939년 《파티전리뷰》에 실린 클레멘트 그린버그의 「아방가르드와 키치」에서부터 주로 현대 미술 분야에서 키워져 온 용어였다. 미국의 대공황 이후 자본주의 내부에 드러난 위기, 스탈린주의에 부식된 사회주의적 이상에 시달리고 있는 듯이 보이는 저자의 시각은, 그의 달변에도 불구하고, 아방가르드와 키치라는 제목이 암시하듯 지금 보면 너무도 간편하고 믿어지지 않을 정도로 단호한 이분법에 의존하고 있다. (중략)

키치. 〈진정한 문화의 타락하고 진부한 모조품을 원료〉로 하여 일정한 공식에 따라 기계적으로 제작되는 대리 경험, 꾸며진 감각, 〈변하지만 똑 같은 모습으로 남는〉 양식으로서 오직 고객에게 돈만을 요구하는, 요컨대 상품. 그래, 나는 그 키치들을 학교 뒷문의 불량 식품들을 먹듯 보고 자랐다. 할리우드 배우들을 아이콘처럼 바라보고 만화를 성경처럼 보았다. 조야한 근대화의 동원령 아래 온갖 삶이 키치일 수밖에 없는 시절에 겨울 난롯가에서 에세이를 읽고, 원색 화보 일기장에다가 밤새워 꾸며진 가짜 시를 쓰고, 보세 수출품 트랜지스터로 경음악을 듣고, 그것들로써 내 대리 교양을 쌓았다.

그린버그에 의하면 〈진정한〉 문화와 키치 사이에 호환되고 삼투하는 작용이란 생각할 수도 없으며, 〈침전〉 혹은 전이되는 현상에 대해 전혀 고려할 수 없다. (중략)

70년대부터 우리 사회에 대중문화가 하나의 문화적 블록으로 나타나기 시작했다고 볼 수 있는데 그 양상은 단순하지가 않았다. 근대화 기획으로부터 짜여져 나온 대중들의 여가 혹은 그들의 문화적 욕구를 노리고 유통되었던 대중문화 그물에는 단순히 소비재적인 문화 상품이 아닌 다른 어떤 것이 함께 돌고 있었다. 김민기, 송창식, 조동진, 양희은 등 새로운 세대의 포크 계열 가수들이 주도한 이른바 청년 문화는 탄압받는 동시대를 음울하고 저항적인 저음으로, 혹은 껄껄거리는 해학으로, 낭랑한 투명성으로 상징하고 메아리치게 했다. 여기에는 유럽의 68 학생 운동, 미국의 반전 운동과 관련된 〈화난〉 세대의 전세계적인 대항 문화와 공명하는 측면이 있지만 이들의 노래는 대중음악 속에 있으면서 결코 키치가 아니다. 그 진지함과 진정성은 어느 〈진지하고 진정한〉 문화를 능가했다. 이들보다 한 세대 앞선 신중현의 음악적 독창성은 괄목할 만하다. 그의 노래에는 내가 김승옥의 소설에서 느꼈던 것과 같은 근대의 감성적인 실체가 들린다. 그의 노래는 그냥 대중음악이지만 결코 키치가 아니다. 결코 공식에 따라 기계적으로 만들어지지 않았으며, 꾸민 감각이 아니다. 형식적 독특함, 새로움, 질감에 대한 의지가 있으며 아방가르드적이다. 그의 음악은 대중음악을 침전시켰다.

– 황지우, 「격류 위의 나뭇잎」, 김우창 외, 『경계를 넘어 글쓰기』, 민음사, 2003.

나)

앤디 워홀, 「마릴린 먼로」, 1967.　　　　　걸그룹 오렌지캬라멜의 만화 코스프레 의상

4 '인권'에 대한 다음 글에서 인권 문제를 어떻게 재맥락화하고 있는지 1000자 정도로 설명하는 글을 써 보자.

　생명공학 시대의 윤리와 인권은 전통적인 인권에 대한 논의와 몇 가지 차이점을 지닌다. 우선 생명 윤리는 생명과학자의 높은 연구 윤리를 필요로 한다. 특히 인간복제나 인공생명체와 같은 연구 주제는 그 위험을 예측해서 과학자 사회가 이러한 연구를 지속할 것인가를 결정하고 개별 과학자는 그 결정을 준수해야 한다. 또 심각한 윤리적 문제를 낳는 연구가 동시에 의학적 수혜를 가져올 수 있다는 문제도 있다. 따라서 생명공학과 관련된 윤리 문제는 상충되는 사회집단 사이의 오랜 기간에 걸친 사회적 합의를 필요로 하는데, 이러한 경우에 사회적 합의 과정은 국제적 경쟁력 차원에서 연구를 빨리 진행시켜야 한다는 절박함과 마찰을 일으킨다. 게다가 황우석 사태에서 보았듯이 생명과학이 인권에 대해 던지는 도전은 정치 권력과 기술을 상업화하려는 자본의 연합으로부터 나오며, 이 연합에는 종종 난치병 환자들과 그들의 가족과 같은 일반 시민들도 가세한다. 따라서 윤리를 둘러싼 논쟁은 국가 대 시민 사회의 대립으로는 이해되기 힘들다. 그리고 연구가 세계화되면서 윤리 문제도 범지구적인 것으로 되는데, 이 경우에 인간복제처럼 전 세계적으로 금지 규약을 만들 수 있는 것도 있지만, 배아 연구처럼 국가별로 상이한 정책이 채택되는 경우도 많다. 생명공학 연구를 법적으로 규제하는 법률이 필수적이지만, 매우 빠른 연구 속도와 관련해서 볼 때 이러한 법이 유연성을 가져야 한다는 문제도 있다. 이를 종합해 보면, 생명과학의 경우에는 인권을 침해하는 권력자와 그 피해자의 구분이 유동적이고, 논쟁이 국제적이면서 동시에 국지적이며, 인권의 보호가 과학자 집단을 비롯한 사회 구성원의 숙의에 기초하며, 법률이 유용하지만 동시에 한계를 지닌다는 특징이 있다.

　인권 개념이 생명공학의 복잡한 윤리 문제를 모두 해결해 줄 수는 없지만 최소한의 가이드라인을 설정하는 데에는 도움을 줄 수 있다. 인간복제는 인간의 존엄성이라는 인권의 각본을 위협하는데, 이런 경우에 인권이라는 가이드라인은 기술이 아닌 유전적으로 동일한 인간을 복제하려는 의도를 금지함으로써 과학 발전의 가능성을 열어 두면서 인권을 보호할 수 있다. 생명과학과 인권의 문제를 지속적으로 제기해 온 유네스코는 현대 생명과학의 발전이 난치병 치료와 불치병 퇴치 같은 혜택을 가져다줄 수 있지만, 배아의 파괴에서 보듯이 인간존엄, 인권, 프라이버시 침해 등의 윤리적 문제를 제기한다는 점을 주목하고, 일찍이 1993년에 이 문제를 논하기 위한 국제생명윤리위원회(IBC)를 창설했다. (중략)

인간의 몸은 그 자체가 문화적, 역사적, 사회적 산물로서, 결코 디지털화된 유전정보로 환원될 수 없는 인간의 총체이다. 따라서 사기업의 이윤이나 국가의 경쟁력 강화를 추구하기 위해서 무분별하게 인간의 몸을 연구 도구로 삼는 것을 경계해야 한다. 이와 더불어 생명특허의 남발에 대해서는 국제적인 논의와 협약이 필요하다. 선진국에서 특허가 가능하면 자기 나라에서 특허가 금지되었더라도 선진국의 특허를 신청하면 되기 때문이다. 두 번째로 유전정보의 남용과 이를 매개로 차별을 조장하는 것을 방지해야 한다. 교육, 취업과 승진, 보험이나 연금 등에 유전정보가 사용되거나 이를 토대로 불평등한 대우가 조장되어서는 안 되며, 유전적 질환에 대한 사회적 차별은 우생학의 비극을 반복할 가능성이 있으므로 특히 경계해야 한다. 셋째로 생명공학이 열어주는 개인적 선택의 확대를 인정하지만 이러한 개인적 선택이 얼마나 자발적인 것인가도 주의 깊게 살펴보아야 한다. 예를 들어 생식 보조기술의 발전으로 인해 여성들은 출산 전에 태아의 유전병을 진단해서 태아가 유전병이 있을 경우에 낙태를 선택할 수도 있게 되었다. 그렇지만 이러한 선택들이 유전자 결정론에 의거해서 확대되는 것은 방지해야 하며, 사회가 담당해야 할 사회의료 부분을 개인이 미리 조치하도록 권장하기만 하는 것도 바람직하지 못하다.

이렇게 복잡하게 얽혀 있는 문제를 풀어나가는 데 인권은 매우 중요한 가이드라인이 된다. 인간복제를 금하는 것도 그것이 인간의 존엄성을 침해하기 때문이며, 치료 목적의 유전자치료가 자손의 형질을 향상시키는 데 적용된다면 그 결과가 차별을 조장하기 때문에 이 역시 인권을 침해하는 문제가 된다. 그렇지만 실제로 문제를 해결하는 과정에서는 인권에 근거한 판단만으로는 문제를 해결하기 힘들고, 여기에 법률적 접근과 전문가 윤리라는 측면에서의 접근이 함께 수반되어야 한다. 또 구체적인 해결 과정에서는 생명과학이 야기하는 실제적, 잠재적 위험에 대한 장단기적 분석이 축적되어야 하고, 대중과 전문가를 포괄하는 시민 사회의 토론이 활성화되어야 하며, 규제 사항을 감독할 수 있는 효과적인 감독기관도 필요하다. 이렇게 다양한 접근 방법과 제도적 장치를 통해 우리는 '감시가 불가능하다'고 일반적으로 간주되는 생명과학의 발전을 어느 정도 통제할 수 있을 것이다.

– 홍성욱, 「과학과 인권」, 『인간의 얼굴을 한 과학』, 서울대학교 출판부, 2008.

6장

글의 목적과 쓰기의 전략

학술적 글쓰기는 어떤 문제에 대해 질문을 던지고 근거 자료를 찾아가며 자신의 주장을 정립하는 글쓰기이다. 문제의 성격, 글쓴이의 의도, 글이 실리는 매체와 독자층에 따라 쓰기의 방법과 구체적 전략은 달라진다.

이 장에서는 글의 목적이 무엇이냐에 따라 이해와 설명, 해석과 비평, 제안과 반론의 세 가지로 나누어 쓰기의 방법과 전략을 살펴본다. 한 편의 글은 그 목적에 따라 요약과 논평 보고서처럼 설명 중심에 글쓴이의 견해를 덧붙이는 데서 끝나기도 하고, 대상에 대한 분석과 해석, 비평 글이 되기도 하며, 여러 사회문화 현상에 대해 문제 제기와 구체적 대안을 제시하는 글이 될 수도 있으므로, 그에 맞는 글쓰기 방법을 익히도록 한다.

1 이해와 설명

  설명을 목적으로 하는 글은 읽는 이에게 대상에 대한 정보와 지식을 주고 이해를 돕는 글이다. 설명이란 어떤 일의 내용이나 이유를 상세히 밝혀 진술하는 것으로서, 해석의 기본 단계라는 의미를 가진다. 학술적 글쓰기에서는 일반적 설명문과 같이 설명 그 자체만을 목적으로 하기보다는 주장과 의견을 제시하기 위한 논증의 한 과정으로서 설명을 하는 경우가 더 많다는 것을 유의해야 한다.

1. 설명과 판단

  설명에는 '~이란 무엇인가?'에 대한 답이 들어 있다. 의미 규정이나 사건의 인과관계 설명과 같이, 논리적 글쓰기에서 설명은 단순한 정보와 지식의 전달이라기보다는 대상에 대한 이해의 폭을 넓히고 논증의 기초를 세우기 위한 경우가 대부분이다. 인문사회과학 분야에서 역사와 이론, 개념 등을 포괄적으로 기술하는 다양한 개설서나 개론서를 보면, 객관적으로 보이는 단순한 설명에도 글쓴이의 관점과 판단, 가치 평가가 개입돼 있는 경우가 많다.

  글쓰기 과정에서 글쓴이의 의도가 설명과 판단 어느 쪽에 있는지 뚜렷이 구분하는 것이 쉽지 않은 경우도 있다. 특히 원인과 결과 사이의 관계를 밝히고 개인적·사회적 책임을 규명하는 문제라면 어려움은 더욱 커진다. 하지만 논리적 글쓰기에서 설명의 궁극적 목적은 해당 대상을 최대한 객관적으로 풀이함으로써 자기주장을 펼 수 있는 바탕을 마련하는 것이다. 설명을 통해 일정한 방향으로 관점을 제시하거나 다양한 의견이 나올 수 있도록 읽는 이의 관심을 유발해야 한다.

다음 예문을 보면서 설명과 판단의 관계를 살펴보자.

가) 현생인류의 마음이 형성된 과정을 추적하기 위해 고고학에 심리학을 융합하는 새로운 접근방법은 인지고고학(cognitive archaeology)이라 불린다.

고고학은 유사 이전의 유물을 대상으로 인류의 역사를 밝혀내는 학문이다. 고대의 유물을 통해 그것을 만든 인류의 마음을 들여다볼 수 있다. 인류의 조상이 만든 도구가 발달한 과정을 연구하면 인류의 마음이 진화되는 단계를 파악할 수 있다. 이와 같이 고고학에 심리학을 적용하여 현생인류가 고도의 지능을 갖게 된 경위를 연구하는 학문이 인지고고학이다.

인지고고학의 선구자는 캐나다의 심리학자인 멀린 도널드(1939~)이다. 그는 1991년 인지고고학을 최초로 포괄적으로 소개한 『현대 마음의 기원(Origin of the Modern Mind)』을 펴냈다. 이 책의 출간을 계기로 인지고고학이 탄생한 것이다. 이어서 1996년 영국의 스티븐 미센은 『유사 이전의 마음(The Prehistory of the Mind)』을 펴냈다. 두 사람은 서로 다른 접근방법으로 인지고고학을 주도하고 있다.

— 이인식, 『지식의 대융합』, 고즈윈, 2008.

나) 인쇄술 발명의 초창기에 누구보다도 먼저 그 신기술을 환영한 집단이 면죄부 판매로 수익을 올리던 교회 관계자였다는 점에 우선 주목할 필요가 있다. 필사본이라는 수공업을 통해서는 수요를 충족시킬 수 없을 만큼 더디게 제작되던 면죄부는 인쇄술이라는 근대적 테크놀로지와 만남으로써 폭발적인 상업적 성공과 부패 성직자의 넉넉한 수입을 보장했던 것이다. 또한 근대 인쇄출판업의 성장이 종교 서적 출간과 판매에 힘입은 바 크다는 사실도 인쇄술의 보수적이며 반동적인 활용의 한 사례이다. 1600년과 1650년 사이 파리에서의 종교 서적 출간은 이전의 30퍼센트에서 50퍼센트로 증가했고, 17세기 책 판매상의 재고 서적 중 반 이상을 종교 서적이 차지했다.

— 육영수, 『책과 독서의 문화사』, 책세상, 2010.

가)는 인지고고학이란 학문을 설명하는 글로서, 우선 고고학의 개념을 정의하고 이를 인지고고학과 '비교'한 다음, 학자 중심의 예시를 들어 학문의 역사를 서술하는 방법을 취하고 있다. 이러한 설명을 바탕으로 '인지고고학이 나아갈 길', '마음이란 조작 가능한가?' 등과 같은 논쟁적 주제에 대해 논의할 토대를 마련하고 있긴 하지만, 위의 예문 속에는 글쓴이의 주관적 판단이나 논쟁적 요소가 거의 개입돼 있지 않다.

나)는 '인쇄술 발명과 발전이 인간 역사에 미친 영향'을 진보의 관점에서 보는 것에 대한 반대 입장에서, 발명 초창기의 종교 서적 출간과 인쇄술의 관계를 설명하고 있는 부분이다. 이 글에서 인과 관계나 영향에 관한 설명은 글쓴이의 주장을 뒷받침하는 논증의 일부로 기능하게 된다.

그러므로 글을 쓸 때는 주된 목적이 개념이나 인과관계를 설명하는 데 있는지, 그에 대한 자신의 견해를 밝히거나 대상을 분석·해석하는 데 있는지, 더 나아가 그 책임을 판단·규명하는 데 있는지 글쓴이의 목적을 분명히 해야 한다.

 '고전이란 무엇인가'라는 질문에 대한 여러 정의를 찾아보자. 그 중에서 사실과 의견, 설명과 판단에 해당되는 문장들을 구별해 보고, 몇 개의 주제문을 만들어 서로의 주장을 비교 검토해 보자.

2. 설명의 방법

설명 대상이 무엇이냐에 따라서 구체적인 서술 방법도 달라진다. '~은 무엇인가?'라는 물음의 대상이 추상적 개념인가, 구체적 사건인가, 사건의 원인인가, 복잡한 구조를 가진 사물인가 등등을 고려하여, 효과적인 서술방식을 선택하고 결합해야 한다. 대상을 효과적으로 설명하기 위해서는 주로 다음과 같은 방법들이 사용된다.

- 정의: 어떤 말이나 사물의 뜻을 명백히 밝혀 규정하는 방법
- 예시: 어떤 대상에 대해 구체적인 예를 들어 이해하기 쉽게 설명하는 방법
- (설명적) 서사: 사건이나 행동을 시간의 흐름에 따라 기술하는 방법
- (설명적) 묘사: 구체적 대상의 모습을 그림 그리듯이 기술하는 방법
- 비교·대조: 둘 이상의 대상을 공통점과 차이점을 중심으로 설명하는 방법
- 분류: 여러 대상을 일정한 기준에 따라 종류별로 나누어 설명하는 방법
- 분석: 복잡한 대상을 구성 요소와 부분들로 나누어 설명하는 방법
- 유비: 생소하고 복잡한 대상을 친숙한 대상으로 바꾸어 설명하는 방법

또한 효과적인 설명을 위해서는 글쓴이의 의도나 독자의 지식 정도, 글이 실릴 매체의 성격도 고려해야 한다. 대중적 독자를 대상으로 하는 칼럼이 예시와 비교·대조 등 몇 가지 제한된 방법을 주로 사용하는 데 비해 학술적 글쓰기(보고서, 학술적 에세이, 학술논문 등)에서는 대상에 따라 더욱 다양하고 복잡한 서술방법을 사용한다. 대표적 설명 방법에 대한 이해를 위해 다음 예문을 살펴보자.

가) 태어날 때부터 주어지는 차이, 예를 들어 몸과 생식기, 염색체, 호르몬 등의 차이를 '생물학적 성(性)'이라고 하며 영어로 'sex(섹스)'라고 쓴다. 타고난 것이 아니라 사회 속에서 성장하면서 얻게 되는 성적 차이는 '사회문화적 성'으로 규정하고 영어로 'gender(젠더)'라고 표현한다. 젠더는 또한 여러 가지 차원으로 나누어지는데, 각 사회는 성별에 따라 성격, 태도, 하는 일(직업) 등을 다르게 규정하고 현실의 여성과 남성에게 이러한 규범을 따르도록 기대한다. 대부분의 사회에는 '여성다움'과 '남성다움'이라는 성격특성에 대한 기대가 있는데, 이를 '성별 고정관념(gender stereotype)'이라고 부른다. 나아가 여성과 남성에게 상이한 지위와 역할 등을 부여하는 것을 '성역할(gender role)'이라 한다.

— 비판사회학회 엮음, 『사회학, 비판적 사회읽기』, 한울, 2012.

나) 이를테면 명확하게 정의될 수 있는 순수한 기술적 용어나 전문용어들은 개념이 아니다. 반면 각 시대의 구체적인 상황 속에서 진행되는 공적 논쟁에 동원되는 용어들은 개념이 된다. 이 용어들은 각 정파나 사회집단 및 개인의 경험과 기대, 그리고 이해관계에 따라 각자의 관점에서, 때로는 의도적으로 현실을 왜곡시키면서 다양하게 정의되고 사용된다. 따라서 그 용어들은 항상 다의적이며, 더 나아가 그 안에 상호 모순과 충돌을 일으키는 논쟁적인 의미들을 쌓고 있기 마련이다. 이처럼 개념은 정치·사회적 갈등과 투쟁 장소의 역할을 수행하면서 논쟁을 불러일으키며, 사용되면 될수록 일련의 다양한 의미들이 추가되어 더욱 모호해진다. 그런 의미에서 개념은 해석의 대상이 될 수밖에 없다.

이런 구분에 의하면, 예컨대 '민주주의'는 단어가 아니라 개념이다. 혹은 범위를 한정시켜 박정희 독재가 내세웠던 '한국적 민주주의'라는 용어도 개념이다. 조금 더 부연설명을 해보자. 국어사전을 보면 '민족'이란 단어는 "일정한 지역에서 오랜 세월 동안 공동생활을 하면서 언어와 풍습, 종교 등 문화상의 공통성에 기초하여 역사적으로 형성된 사회집단"이라고 정의되어 있다. 백과사전은 이 정의에 덧붙여 부족, 종족, 국민 등과 부분적으로 중복된다는 설명을 달고 있다. 이처럼 단어로서의 민족은 비교적 명확한 정의에 기초하고 있다. 그러나 '민족이란 무엇인가?'라고 묻고, 그것은 "매일 매일의 국민투표"라고 규정한 에르네스트 르낭(Ernest Renan)의 정의를 보는 순간, 민족의 명료한 의미는 사라지고 만다. 이 지점에서 '민족'은 개념이 된다. 르낭의 정의는 학술적 정의가 아니라 정치적 언어 행위이다. 우리는 르낭의 언어 행위를 통해 '민족' 개념은 정의할 수 있는 그 무엇이 아니라는 것, 오히려 '민족' 개념은 시대적 이슈로 작용하면서 매우 다의적이고 논쟁적인 의미들의 집합체로 이루어진 모호한 현상이었음을 확인할 수 있다.

— 나인호, 『개념사란 무엇인가』, 역사비평사, 2011.

다) 분석의 대상이 되는 사물(하나의 객체, 기계적 구조, 사상 등)은 그 부분들이 긴밀한 조직체를 이루고 있어서 그 상호 기능을 통해 그 구조물의 성질을 결정한다. 그러니까 분석의 대상은, 그 부분 중의 어떤 것이라도 빠지면 그 대상 자체가 존속을 할 수 없는 구조물이다. 예를 들어, 벽돌 건물은 벽돌로 구성된 구조물이고, 인체는 신체 각 부위로 구성된 구조물이다. 거기에서 벽돌을 빼거나 신체의 한 부위가 잘라지면, 집은 무너지고 인체는 불구가 된다. 마찬가지로 연극에서 한 막을 뺀다거나 논증에서 논리적 단계 하나를 빼버리면 그 연극이나 논증은 전체가 성립되지 않는다.

그러니까 분석이란 그러한 구성 부분을 쪼개서 고찰하거나 기술하는 방식이다. 그리고 부분을 가지고 있는 것이면 무엇이든 분석의 대상이 될 수 있다. 개나 집이나 나무처럼 실체가 있는 것은 물론, 성격이나 사상이나 미덕 같은 실체가 없는 추상적 실재물도 분석할 수 있다. 또, 어떤 과정이나 사건 같은 시간적 진행도 분석할 수 있다.

– 최상규, 『글 어떻게 쓸 것인가』, 예림기획, 1999.

라) 13세기경에는 아동기에 대한 근대적 의식에 좀더 가까워 보이는 몇몇 유형의 아이들이 발견된다. (중략)

세 번째 유형의 아이는 중세 고딕 시기에 나타타는 벌거벗은 아이이다. 아기 예수가 벌거벗고 있는 모습은 거의 찾아볼 수 없다. 아기 예수는 이 나이의 다른 아기들처럼 단정하게 포대기에 싸여 있거나 헐렁한 유아복을 걸치고 있다. 아기 예수는 중세 말까지 옷을 걸치고 있었다. 몇몇 교화성서 속의 세밀화에는 헤롯왕이 학살을 명령했을 때의 죄 없는 아기들, 혹은 솔로몬 왕의 심판 속에 나오는 죽은 아기만 제외하고 모든 아기들이 옷을 걸치고 있다. 벌거벗은 아이의 이미지는 죽음과 영혼의 알레고리를 묘사할 때만 표현 양식으로 도입되었다.

– 필립 아리에스, 『아동의 탄생』, 문지영 옮김, 새물결, 2003.

가)는 성 차별의 원인을 분석하기에 앞서 우선 성 정체성에 관한 여러 개념들을 의미 규정하고 있다. '정의'는 사물이나 개념의 속성을 범주화하여 우리가 일상생활에서 상식적으로 쓰는 단어의 뜻을 설명하는 것으로서, 글을 쓸 때 가장 기본이 되는 설명 방법이다. 일반직으로 말하는 사전적 정의·형식적 정의는 '피정의항=종(種) 차이+유(類) 개념'(예: '침대=사람이 누워 잘 수 있게 만든+가구')의 형태로 만들어진다. 학술적 글쓰기에서는 여기에서 더 나아가 여러 개념을 비교·대조 설명하면서 의미를 규정하고 주장의 바탕을 마련하게 된다.

나)는 '개념이란 무엇인가'를 설명하는 글로서, 개론적 성격을 지닌 가)의 예문보다 더 상세한 설명 방식을 보여준다. '단어'와 '개념'의 차이를 설명하고 '민족' 개념의 예시를 통해 이를 부연 설명한다. 이 글을 통해 읽는 이는 '정의'의 용례가 사전적 정의, 학술적 정의, 정치적 언어행위 등 여러 차원이 있음을 알게 되고, 논증의 한 과정, 의미 규정으로서 사전적 정의와 구분되는 해석의 의미를 이해하게 된다.

다)는 여러 가지 설명 방식 중에서 '분석'과 '분류'의 대상이 어떻게 다른 성질을 가지고 있는지를 예를 들어 설명한 다음, 분석의 정의를 보여주고 있으며, 라)는 서양 중세 풍속화에 나타난 아동의 이미지를 분류, 유형화한 다음에 각각을 묘사하는 방식으로 부연 설명하고 있다.

이와 같이 효과적인 설명을 위해서는 자주 활용되는 방법들을 익히고 설명 대상에 적절한 방법을 찾아야 하며, 꾸준한 연습이 필요하다.

다음 화제를 설명하기 위해서 예시로 들 수 있는 효과적인 대상(미술, 드라마, 다큐멘터리 등)을 찾아 목록을 정리해 보고, 그 중 몇 가지를 선택해 조별로 발표해 보자.

- 예술(藝術)과 외설(猥褻)
- 피그말리온 효과(Pygmalion effect)
- e스포츠

2 해석과 비평

해석과 비평을 목적으로 하는 글에서는 대상에 대한 설명의 차원에서 한 걸음 더 나아가 글쓴이의 관점과 가치관이 뚜렷이 부각된다. 설명이 소개와 의견 표명의 성격을 지닌다면, 비평은 글쓴이의 주장을 드러내는 가치 평가의 성격을 지닌다. 한 편의 책, 영화에서부터 어떤 인물, 복잡한 사회문화 현상에 이르기까지 다양한 대상이 비평 글의 글감이 될 수 있다.

해석과 비평 글을 쓸 때 유의할 점은 '개인적 취향'과 '비평적 진술'을 구분하는 것이다. "야구는 싫어, 축구가 더 좋아"라고 하는 것은 개인의 취향이다. 취향은 사람마다 다르기에 이런 진술은 논리적으로 정당화될 필요가 없다. 하지만 "야구보다 축구가 더 훌륭한 스포츠라고 생각해"라고 한다면, 이는 일정 기준에 의한 가치평가가 들어간 진술이기 때문에 논리적 정당화를 요구하는 문맥 속에 놓이게 된다. 이처럼 비평을 하기 위해서는 '준거 기준'을 밝히고, 자신의 주장에 대한 이유와 근거를 논리적으로 제시해서 읽는 이가 그 타당성을 판단하도록 해야 한다.

1. 분석과 해석

분석이란 복잡한 대상 즉 텍스트를 하나의 전체로 보고 그 구성 요소와 요인을 이루는 부분들의 내적 관계를 보여주는 것이다. 분석 활동은 결국 해석으로 이어진다. 해석은 대상에 대한 글쓴이의 관점, 중요하게 생각하는 의미, 대상 텍스트가 존재하는 사회적 맥락을 드러내는 행위이다.

동일한 대상이라 해도 받아들이는 사람마다 해석이 다를 수 있기 때문에 수없이 다양한 해석이 나올 수 있지만, 이러한 해석들이 모두 같은 수준의 타당성을 가지는 것은 아니다. 그러므로 해석과 비평 글을 쓸 때 글쓴이는 자신의 해석을 다른 이들도 이해하고 판단할 수 있도록 설득력 있는 근거를 제시해서 타당성을 높여야 하며, 자신의 관점과 평가 기준을 분명히 밝혀야 한다.

예문 3

북관(北關)에 계집은 튼튼하다
북관에 계집은 아름답다
아름답고 튼실한 계집은 있어서
흰 저고리에 붉은 길동을 달어
검정치마에 받쳐입은 것은
나의 꼭 하나 즐거운 꿈이였드니
어늬 아침 계집은
머리에 무거운 동이를 이고
손에 어린것의 손을 끌고
가파러운 언덕길을
숨이 차서 올라갔다
나는 한종일 서러웠다

— 백석, 「절망(絕望)」 전문(全文)

다소 거창한 표제를 가진 이 작품은 몇 번 길가에서 마주쳤을 뿐인 젊은 여성에 대한 막연한 동경이나 기대감이 깨어졌을 때의 심정을 다룬 서정시편이다. 흰 저고리 붉은 깃동에 검정 치마를 입은 아름답고 튼튼한 여성을 생각하는 것만으로도 화자는 즐거운 기분이 된다. 어느 아침에 보니 그러나 그녀는 벌써 어린애가 딸린 임자 있는 몸이다. 꿈이 깨어진 화자는 하루 종일 서러운 기분이 들었고 이를 얼마쯤 과장해서 절망이라 부르고 그렇게 표제를 붙여본 것이다. 그리고 여기서의 북관은 마천령 이북인 함경북도를 가리킨다. 이 정도에서 이 작품에 대한 기초 독해는 끝나는 셈인데 아무리 꼼꼼한 정독이라 하더라도 이 기초적 파악을 배제하고서는 온전한 것이 될 수가 없을 것이다. 사랑을 그리워하는 것, 즉 로맨스에 대한 동경은 사람에 따라 사춘기의 전공이 되기도 하고 부업이 되기도 하지만 그것이 평생 계속되는 심정적이고 낭만적인 돈 후안(Don Juan)들도 있다. (중략)

여행 도중에 풍물시를 많이 쓰고 대구국을 끓여 먹는 남의 아내를 먼 발치로 사랑하며 소주를 마시면서 나타샤 오기를 기다리는 시편을 남긴 백석은 정착을 못 하고 여기저기 떠돈 이력을 보여주고 있다. 시의 화자와 시인의 사회적 자아가 동일하다고 생각되는 시인 백석이 금지된 낭만적 사랑이나 정신적 돈 후안 판타지의 상습적 탐닉자였을지도 모른다는 추정도 가능할 것이다. 그렇지만 분명한 개인사적 사실의 확인도 이루어지지 않은 처지에서 추측을 일삼는 것은 적정한 일이 아니며 설혹 추정이 근거 있는 것이라 하더라도 어디까지나 부대상황의 지적에 지나지 않는다. (중략)

이 시의 역설은 표제의 거창함과 대조를 이루고 있는 담담한 어조와 예사롭고 평명한 서술에 있다.

글쓴이는 백석의 시 〈절망〉을 분석하면서 시 해석이란 무엇인가를 보여주고 있다. 시의 배경, 어조, 제목 등 여러 가지 기본적 구성 요소에 대한 설명적 분석에 이어서, 중요한 구절을 어떻게 해석할 것인지 보여주고 '과도한 읽어 넣기'를 경계해야 한다는 주장을 편다. 이 글의 주장이 설득력 있게 읽히는 이유는 타당한 근거를 제시하고 있기 때문이다. 위의 분석과 해석을 통해서 우리는 글쓴이가 백석의 시 〈절망〉에 대해 긍정적으로 평가하는 기준들을 볼 수 있으며, 또 시를 제대로 이해하기 위해서는 시어의 온전한 의미와 서정성을 살려서 읽어야 한다는 의견에 수긍하게 된다.

위의 예문에서처럼, 분석과 해석의 대상이 무엇이냐에 따라서 분석 도구가 되는 개념과 방법은 달라질 수 있다. 또한 해석의 타당성에는 절대적 기준이 있는 것이 아니며, 언제, 어디에서, 누구에게 어떤 의미를 가지느냐에 따라 달라질 수 있다는 점도 기억해야 한다.

학습활동 3 다음 글에서 이러한 상황이 발생하게 된 원인과 결과를 '분석'하고, 두 사람의 행위를 '평가'하는 입장에서 상황의 '의미'와 우리에게 주는 '가치와 교훈'을 토론해 보자.

대기업에 다니는 A 부장(42)이 최근 겪은 사소한 교통사고 이야기입니다. 내용은 간단합니다. A 부장이 운전하던 차가 신호등 앞에 정차해 있었습니다. 다른 차량이 와서 A 부장 차의 뒤 범퍼 옆 부분을 긁었습니다. 단순한 접촉 사고였고 가해자는 피해자에게 도색비 몇만 원만 보험처리 해주거나 물어주면 그만일 일이었습니다. 그런데…….

가해 운전자가 차에서 내리더니 엉뚱한 얘기를 하더랍니다. "서로 주행하다 생긴 일이니 쌍방 과실 아니냐. 내 차도 옆이 많이 긁혔다. 각자 과실 비율에 따라 보험처리 하자." 이 장면에서 A 부장은 속으로 비웃었답니다. 그의 차에는 블랙박스가 설치돼 있었고 사고 장면의 상황이 고스란히 녹화됐기 때문입니다. '목소리 큰 놈'이 이길 상황이 아니었던 것이죠.

그럼에도 불구하고 A 부장은 짐짓 아닌 체하며 "나도 애 키우는 사람이고 회사 다니는 직장인으로서 거짓말 안한다. 내 차는 분명히 서 있었고, 당신 차가 일방적으로 와서 긁은 게 맞다"라고 얘기했답니다. 그러자 상대방 운전자는 화를 내며 "당신 차가 움직이고 있지 않았더라면 이 같은 사고가 나지 않았을 것"이라고 고함을 질렀습니다. A 부장은 그쯤에서 얘기를 끝내기로 마음먹었습니다. "내 차에는 블랙박스가 장착돼 있다. 자꾸 이러면 블랙박스 영상을 증거로 경찰에 신고할 수도 있다." 가해자는 그제야 "수리비를 100% 부담하겠다"며 한 발 물러섰다고 합니다.

그런데 문제는 그 다음, 사고 다음 날 가해자 쪽 보험사 직원이 전화를 걸어와 "고객에게 얘기를 들었다. 쌍방 과실이기 때문에 수리비를 모두 물어줄 수는 없다"고 했습니다. 당황한 A 부장은 지인에게 "이럴 경우 어떻게 해야 하느냐"며 조언을 구했답니다. 자동차 분야에 전문 지식이 있는 지인은 다음과 같이 답변을 했습니다. "일단 블랙박스 증거를 제시하지 마라. 우선 보험사에 연락해 사고 접수를 한 뒤 범퍼를 새것으로 갈고 도색도 새로 해라. 수리 기간에 같은 급(3200cc)의 차량도 렌트해라. 병원에 가서 진단서도 끊어라. 보험사에는 과실 비율에 따라 비용을 부담하겠다고 말해라. 그리고 모든 비용이 발생한 뒤 마지막 순간에 블랙박스 영상을 제출해라."

결국 진실을 덮으려던 가해자와 가해자의 보험사는 카센터에서 부분 도색비용 7만 원 정도로 덮을 수 있었던 일에 새 범퍼 교체, 도색, 렌트카 비용, 합의금까지 더해 약 200만 원을 내야 했습니다. 진실을 덮으려 했던 가해자와 '괘씸죄'를 덮어 씌워 7만 원이면 해결될 일을 200만 원까지 부풀린 A 부장. 과연 누가 정의로운 사람일까요?

– 「7만원으로 끝낼 일을 200만원으로 키운 접촉사고」, 『동아일보』, 2011. 9. 3.

2. 감상과 비평

해석과 가치평가를 목적으로 하는 글을 비평문이라고 하는데, 비평문은 비평 대상에 따라 서평, 영화평, 문화평, 시사평 등으로 나뉜다. 구체적 서술 방식은 비평 대상이 무엇이냐에 따라 차이가 있지만, 대상을 소개하고 읽는 이에게 필요한 배경 지식을 설명한 다음, 해석과 평가를 보여주는 방식이 일반적이다. 비평문에서는 대상을 평가하는 글쓴이의 가치 기준을 밝힌 다음에 대상이 그 기준에 얼마나 부합하는지를 분석, 해석하고 평가해야 한다.

감상문이 대상에 대한 주관적 생각과 느낌을 주로 쓰는 글이라면, 비평문은 대상의 사회적 의미와 맥락을 탐구한다는 의미가 있다. 감상문과 비평문의 차이점을 일반화하면 다음과 같다.

감상문	개인적으로 인상 깊거나 의미 있는 부분을 정리함	개인적 맥락
비평문	일정한 기준에 의해 분석과 해석, 평가를 보여줌	사회적 맥락

　비평문의 대표적 유형인 서평은 책의 내용을 바탕으로 핵심 주제를 찾아서 분석하고 그 의미를 해석해 보여주는 글이다. 그 내용으로는 책과 저자에 대한 간략한 소개, 주요 개념과 논지에 대한 분석과 평가, 핵심 내용 요약과 논평 등이 포함된다.

예문 4 가)

제임스 엘킨스, 『그림과 눈물』, 정지인 옮김, 아트북스, 2007

　① 제목만 보고서는 가치를 알 수 없는 책이 있다. '그림 앞에서 울어본 행복한 사람들 이야기'라는 부제를 달고 있는 『그림과 눈물』이 그런 경우다. 매달 쏟아져 나오는 다종다양한 미술 관계 서적 가운데 고작 '눈물'로 미술 애호가나 독자의 눈길을 끌어보겠다? 그런데 그렇지 않다. 역시 책은 읽어봐야 안다. 이 책 참 재미있다.

　대학에서 미술사를 가르치는 저자는 자신의 학생 가운데 한 명이 19세기 초반 독일의 낭만주의 화가 카스파르 다비트 프리드리히의 전시회에서 그림을 보고 울었다는 이야기를 듣고 이 책을 구상했다. 저자는 그림을 보고 눈물을 흘렸다는 이야기를 듣고 이 책을 구상했다. 저자는 그림을 보고 눈물을 흘렸다는 제자의 낯선 경험을 듣고 나서, 현대 회화와 현대인들이 미술을 대하는 태도의 어딘가에 흥미로운 문제가 있다고 생각했다. 그리고 그때부터 그림을 보고 울었던 경험담을 찾기 위해 미술사학자들에게 설문을 보내고 일반인들에게 경험담을 보내 달라는 광고를 신문과 잡지에 내는 한편, 눈물 반응을 중심으로 서양의 그림 감상 역사를 추적했다. 미국에서 2001년에 출간된 이 책은 탐문과 연구의 결과물이다. (중략)

　② 미술계에서 일하는 여러 종류의 전문가들은, 방금 〈모나리자〉 앞에서 울었던 사람이 평생 그 그림을 연구한 미술사학자에게 아무 말도 할 게 없다고 확신한다. 반대의 경우만 가능한 것이다. 즉 눈물을 흘린 사람이 미술사학자의 강연을 들으러 가고, 결국 잘 우는 사람이 냉철한 사람에게 뭔가를 배워야 한다는 것이다. 그러나 저자는 달리 생각한다. 잘 '아는' 것과 잘 '느끼는' 것 사이에는 분명 간극이 있다는 것을 인정해야 하며, 그림을 보는 데 있어 전자의 능력만 내세우는 것이 능사가 아니라는 것이다. 그럼에도 불구하고 우리는 개개인의 '느끼는' 능력을 홀대하고 학문적으로 인준 받은 '아는' 사람 앞에서 주눅이 든다.

　기독교가 뿌리를 내린 4~6세기에 눈물은 다반사였고, 중세 말과 르네상스 초기 회화에는 예배자들을 회개로 이끄는 눈물이 흔했다. 그러나 그림이 독립된 예술작품의 지위를 얻기 시작하는 이탈리아 르네상스가 열리면서부터 종교적 용도를 지녔던 르네상스 회화와 눈물은 함께 휘발됐다. 서양 회화에서 잠시 사라졌던 눈물이 귀환한 것은 의외지만 계몽주의가 득세한 시기다. 17~18세기의 합리주

의는 개인의 정서를 무척 중시하면서, 예술작품에 대한 감정적 반응을 부활시켰다. 뒤이어 따라온 19
세기의 낭만주의는 고통스런 신의 부재를 곧잘 형상화했는데 바로 그것이 현대인 내부에 도사린 고
독과 불안, 허기를 건드린다. 저자의 제자는 그 때문에 울었다.

③ 20세기는 서양 회화사에서 눈물을 소거했다. 모더니즘 이전의 회화는 형상과 내러티브를 가졌
으나, 바둑판 같은 몬드리안의 그림이나 팝 스타를 복사한 앤디 워홀의 그림 앞에서 누가 울먹이겠는
가? 특히 포스트모던은 모든 것을 지적 게임으로 만들고 아이러니를 습득시킴으로써 감정의 불꽃을
완전히 꺼뜨렸다. 그런데도 소설, 영화, 오케스트라 음악을 감상하며 우는 현대인들은 많다. 까닭은
20세기 미술작품에 비해 위의 장르들은 아직도 낭만주의의 영향을 받고 있기 때문이다.

– 장정일, 『빌린 책, 산 책, 버린 책–장정일의 독서일기』, 마티, 2010.

나)

마이클 샌델, 『정의란 무엇인가』, 이창신 옮김, 김영사, 2010

주로 벤담과 밀의 공리주의, 그리고 칸트와 롤스의 자유주의를 대화의 상대이자 비판의 대상으로
삼은 그가 보기에 "정의로운 사회는 단순히 공리를 극대화하거나 선택의 자유를 확보하는 것만으로
는 만들 수 없다. 좋은 삶의 의미를 함께 고민하고, 으레 생기기 마련인 이견을 기꺼이 받아들이는 문
화를 가꾸어야 한다."(『정의』, 361쪽) 그러기 위해선 물론 공동선을 추구하는 정치의 기반인 시민의 삶
과 미덕이 보호되고 강화돼야 한다. 시장의 도덕적 한계를 문제 삼는 것은 시장의 전면화가 시민의 삶
을 갉아먹기 때문이고, 소득과 부의 불평등한 분배를 문제 삼는 것은 그런 사회적 불평등이 시민의 연
대의식을 약화시키기 때문이다. 이러한 문제의식의 확산과 공론화기, 혹은 샌델이 말하는 도덕직 사
고의 훈련이 한국사회에 절실히 필요하며 또한 요구되는 것은 아닌지.

– 이현우, 「도덕적 사고의 변증법과 한국사회」, 『무엇이 정의인가? – 한국 사회, 〈정의란 무엇인가〉에 답하다』, 마티, 2011.

예문 가)는 감상문과 비평문의 공통적인 특징을 잘 보여준다. 글쓴이는 ①에서 책에
대한 기본 정보를 제공하고, ②에서 책의 내용을 요약 설명한 후, ③에서 이 책의 논의
가 가지는 의미를 정리했다. "이 책 참 재미있다"는 개인적 감상으로 비평 기준이 뚜렷
이 나타나 있지는 않지만, 자신의 의견을 제시하는 데 논리적 근거를 찾아 뒷받침함으로
써 책의 가치를 긍정적으로 평가하는 글의 성격을 보여주고 있다.

반면 예문 나)는 한국사회에서 큰 반향을 일으킨 책의 사회적 의미를 점검하기 위해
기획된 서평 모음집의 일부로서, 대상 책을 둘러싼 공감과 비판의 열띤 논의를 담고 있
으며, 글쓴이들마다 비평의 관점과 기준의 상이함을 뚜렷이 볼 수 있다.

그러므로 감상문과 비평문의 차이를 이해하되 그 경계에 얽매이지 말고, 일단 대상에
대한 깊이 있는 이해와 함께 자신의 관점, 평가 기준을 분명히 하고 견해를 밝혀 쓰려고
노력하는 것이 바람직하다.

다음 글은 중국 대표 고전을 비판적으로 독해한 책의 서문을 발췌 요약한 것이다. 이 글에서 비평의 준거 기준과 주장이 무엇인지 찾아보고, 글쓴이의 주장을 뒷받침할 수 있는 근거들을 추론, 정리해서 조별로 논의해 보자.

가) 문학비평은 심미적인 판단이다. 그 출발점은 예술적 감각이지, 개념이 아니다. 중요한 것은 문장 자체에 표현된 심미적 세계로, 그 속에 들어 있는 정신과 심미적 특징을 찾아내는 것이다. 반면 문화비판은 작품 가운데 담겨 있는 윤리적 내용을 끄집어내 그것을 관찰의 대상으로 삼는다. 비평의 출발점은 예술적 감각이 아니고, 인류 사회를 지탱해주는 공통적인 가치 규범, 즉 가장 넓은 의미에서 문명에도 합당하고 인간성에도 합당한 '선(善)'인 것이다.

나) 『수호전』과 『삼국지』라는 이 두 소설에 대해 문학비평의 관점에서 말하자면, 마땅히 이들은 매우 걸출하고 아주 재미있는 문학작품이라는 점을 인정하지 않을 수 없다. 『수호전』은 108명의 인물을 묘사하면서 108명의 모습을 잘 그려냈다. 『삼국지』 역시 매우 뛰어난 장편소설 중 하나다. 소설이 나오고 수백 년이 지났는데도 이러한 이미지는 시간이 흐름에 따라 약해지지 않고, 여전히 수많은 독자의 눈앞에 생생히 살아 있으니 대단히 놀랍다. 경전의 반열에 오른 소설은 그 거대한 예술성으로 오랫동안 매력이 시들지 않는다. 그렇기 때문에 독자들은 습관적으로 그것을 전수하고, 묵묵히 수용하며, 즐겁게 감상하는 동안 의문을 갖는 일을 잊어버린다. 그리고 무의식중에 경전 속의 가치 취향이나 정신적인 독소를 완전히 받아들인다. 이러한 독소가 끼치는 영향력은 보통의 다른 작품들과는 비교가 되지 않는다. 가치관의 측면에서 지적하자면 이 두 걸작은 '대재난의 책'이다. 한편으로는 폭력을 숭배하고, 또 한편으로는 권모술수를 숭배하는 두 책은 500여 년간 중국 사회에서 사람들의 마음에 가장 크게, 그리고 가장 광범위하게 해악을 끼쳤다. 정말 두려운 것은 이들 작품들이 과거뿐만 아니라 현재까지도 여전히 영향을 미쳐 사람들의 마음을 파괴하며 잠재의식을 변화시킨다는 점이다.

— 류짜이푸, 『쌍전—삼국지와 수호전은 어떻게 동양을 지배했는가』, 임태홍·한순자 옮김, 글항아리, 2010.

3 제안과 반론

제안이나 반론을 목적으로 하는 글은 자신의 의견을 강하게 드러내면서 해당 문제의 해결책을 모색하는 글로서, 설명 글이나 비평 글에 비해 더욱 뚜렷한 쟁점을 가지고 전개된다.

자기주장을 바탕으로 문제를 제기하고 상대를 설득하며 구체적 대안을 제시하는 글쓰기는 그 주장의 내용에 따라 크게 셋으로 나눠 볼 수 있다. 해당 사안에 대해 의미 있는 문제 제기를 하는 글, 문제 해결을 위한 구체적 대안을 제시하는 글, 논쟁이 된 문제에 대해 찬·반으로 자기 입장을 밝히는 글 등이다. 먼저 문제를 제기하고 대안을 제시하는 글을 살펴본 후, 반론과 토론을 위한 글을 살펴볼 것이다.

1. 문제 제기와 대안 제시

① 문제 제기

우리 주변에 있는 사안에 대해 자기 나름의 문제의식으로 문제를 제기하는 것은 그 자체로 의미 있는 주장이 된다. 기존에는 미처 생각지 못했던 점을 환기시키면서 해당 사안을 해결할 수 있는 방향을 제시해 주기 때문이다. '문제 제기'를 목적으로 하는 글에서는 새로운 시각으로 문제를 찾고 분석하여 발상의 전환을 보여주는 것이 중요하다.

예문 5 미국인이든, 한국인이든 일본에서 경악하는 것이 고속도로 통행료다. 길바닥에 대리석을 깐 것도 아닌데 서울~부산 정도의 거리를 달리면 8만 원이 넘는 돈을 뜯긴다. 2년 전 사정 모르고 도쿄에서 홋카이도까지 차를 몰고 갔다가 100만 원이 넘는 통행료를 지불한 것이 아직 후회로 남아 있다. 비행기를 타고 홋카이도에 간 뒤 렌터카로 돌아다니는 것이 차라리 경제적이었다.

일본 고속도로 통행료가 터무니없이 비싼 것은 익히 알고 있던 사실이지만, 왜 비싼지는 잘 몰랐다. 그저 '도로를 건설하는 데 필요한 땅값이 비싸서 그런가 보다' 하고 생각했다.

하지만 얼마 전 일본도로공단(2005년 민영화)이 2002년 공개한 자료를 찾아 읽다가 새로운 사실을 알았다. 일본에서 한국 경부고속도로처럼 '산업 혈맥' 역할을 하는 것은 도쿄~나고야를 잇는 도메이 [東名] 고속도로다. 오사카로 통하는 최단 거리이기 때문에 도쿄 거주자들이 자주 이용하는 고속도로 인데, 공단 자료에 따르면 이미 오래전에 이용자들이 통행료로 도로 건설비를 다 갚았다는 것이다.

일본은 고속도로를 세금이 아니라 빚으로 만든다. 이 빚을 통행료로 전액 갚아 나가는 방식이다. 따라서 세금이 투입되는 한국에 비해 통행료가 비싸지만, 다 갚으면 이용자를 위해 공짜로 개방하는 것을 기본 원칙으로 하고 있다.

원칙대로라면 도메이 고속도로는 일찌감치 무료 개방되거나 통행료가 한국만큼 내려갔어야 옳다. 통행료 수입이 누적 건설비의 3배를 넘어섰기 때문이다. 그럼에도 계속 비싼 통행료를 징수한다. 원금의 3배 이상을 뜯어가고도 상환을 요구하는 '고리대금업자'와 다를 바 없다.

통행료를 계속 징수하는 명분은 낙후된 지역의 고속도로 건설을 위한 재원으로 쓴다는 것이다. 도쿄 거주자들이 홋카이도나 규슈의 고속도로 건설 비용을 지불하고 있는 셈인데, 1972년 만들어진 '요금 풀(pool)제'라는 제도가 뒷받침하고 있다.

물론 도로가 태부족일 때는 먼저 혜택을 본 도시의 이용자들이 지방 고속도로 건설을 위한 재원을 보조해 주는 것은 있을 수 있는 일이다. 하지만 도로가 과잉이라면 얘기가 다르다.

고속도로를 포함한 일본의 도로 밀도(국토 면적 대비 도로 길이)는 3.16으로 네덜란드(3.72)에 이어

세계 2위다. 고속도로도 다른 선진국에 뒤지지 않는다. "일본 도로엔 구루마(자동차)보다 구마(곰)가 더 자주 목격된다"는 비판도 있다. 얼마 전 강진(强震)으로 산악 도로가 엿가락처럼 끊어졌지만 인명 피해가 적었던 것은 원래 사람이 안 다니는 곳에 쓸데없는 도로를 건설했다는 것을 말해준다.

그럼에도 고속도로가 계속 건설되는 것은 왜일까. "국민 편의가 아니라 건설업자들의 생존을 위해서"라고 말할 수 있다. 일본은 지금까지 고속도로 건설에 360조 원 이상의 빚을 투입했다. 자금이 크면 축적된 이익 공동체도 거대한 법이다. 이들의 생존을 위해 도로가 증식(增殖)하고, 도로 증식을 위해 국민이 비싼 통행료를 지불하는 것이다.

고도성장 시대가 끝난 뒤에는 이처럼 주객(主客)이 뒤바뀌는 분야가 선명하게 드러난다. 임직원 철밥통을 유지하기 위해 존속하는 공기업, 공무원을 늘리기 위해 늘어나는 관료 조직, 토목업자 이권을 보장해주기 위한 공공사업, 소비자의 머리 위에 군림하는 노동조합. 1980년대 중반 국철(國鐵) 노조 무력화 이후, 일본의 개혁은 뒤바뀐 주객을 차례차례 돌려놓는 과정이었다. 일본은 도로가 마지막이다. 한국은 지금이 시작인 듯하다.

– 선우 정, 「주객(主客)이 뒤바뀐 사회」, 『조선일보』, 2008.6.30.

글쓴이는 많은 이들이 잘 알지 못하는 일본의 사례를 지적하여 문제를 제기함으로써 자기주장을 펼치고 있다. 고속도로 통행료 징수가 공공의 목적을 위한 일이 아닐 수도 있다는 점을 지적하며 이를 고도성장이 끝난 사회의 일반적 문제와 연관시키고 있다.

이 글은 공공 부문이 어떻게 바뀌어야 한다는 구체적인 대안까지 제시하고 있지는 않지만 해당 문제를 환기시키는 역할을 하고 있다. 문제 제기를 통해 궁극적으로는 문제 해결과 구체적 대안 모색을 촉구하고 있는 것이다.

학습활동 5 다음 사안 중에서 한 가지를 택해 다양한 관점에서 해당 사안의 문제점을 논의해 보자. 나아가 해당 사안과 결부되어 우리 사회의 이슈가 된 사건들이 무엇인지 조사해 논점을 정리하고 주제문을 만들어 토론해 보자.

- 청년 실업과 비정규직
- 학연과 지연 중심의 사회문화
- 세계화와 민족주의
- 동물윤리

② 대안 제시

해당 사안에 대해 문제를 제기하고 때로는 찬반으로 첨예하게 나뉘어 논쟁하는 것은 궁극적으로 현실적이고 구체적인 대안을 모색하기 위해서이다. 그래서 문제 해결책과 대안을 제시하는 글에서 보통 주제문은 '우리는 ～을 해야 한다'는, 현실적 실천을 요구하는 형식이 된다.

대안을 제시하는 글은 다음과 같은 구성 요소들로 이루어진다.

① 문제 확인
② 문제의 범위 구체화
③ 문제 분석
④ 해결책 제안
⑤ 한계 명시
⑥ 대안의 가치와 현실적 가능성 강조

유기농 식품에 대한 일반적인 견해와는 다른 방향에서 문제를 구체화하고 근거를 세워 해결 방안을 제시하는 한 예문을 가지고 위에서 제시한 방법으로 분석해 보면 다음과 같다. (주일우의 〈유기농 유감〉(『문학과사회』 83호, 2008.8.)을 찾아 전체 글을 읽어 보자.)

● **문제 확인**
− 식재료가 원거리 이동을 하는 이유는 가격 문제이다.
− 이동 과정이 길면 부패를 막기 위해 약품 처리를 하게 되니 사람들에게 해로울 확률이 크다.
− 자연적 생산량 이상을 만들어 가격을 낮추기 위해 유전자 조작, 인공 사료, 항생제가 동원된다.
− 유기농은 '정치적 올바름'으로 간주되지만 그에 대해서는 검토가 필요하다.

● **문제의 논의 범위 구체화**
− 생산자와 소비자가 근거리에 있다면 문제가 줄어들겠지만 비용 문제가 걸림돌이다. 이 해법은 일을 많이 하고 가난한 사람들을 소외시킬 수 있다.
− 안락함을 선사하는 도구들을 다 집어던지고 거친 자연으로 다시 돌아갈 용기가 있는가? 그럴 당위성이 있는가?
− 유기농 식품이 다른 상품보다 훨씬 깨끗하게 포장이 되어 있지만 매겨진 값어치만큼 좋은 것일까?

● **문제 분석**
− 화학은 인류에게 먹는 것, 입는 것, 사는 곳까지 편리한 현대 생활을 제공하였다. 화학이 없는 세상은 위험하다. 동물 배설물 자연 비료는 치명적 세균을 가지고 있는데 그 위험에서 구제해 준 것이 합성화학비료이고 살충제, 제초제이다.
− 녹색 혁명은 화학비료와 살충제에 힘입은 바 있으며 이를 통해 삶의 질이 획기적으로 높아졌다. 사람들을 배고픔에서 구원한 것이다.

– 전염병에서 사람들을 구한 것도 화학적 약품이다. 사망률을 줄이고 평균수명을 늘려 사람들에게 안락한 삶을 제공하였다.

– 유기농 식품은 자연 독소와 알레르기 유발 물질을 많이 함유하고 있다. 또한 식물이 만들어내는 천연 살충제도 사람에게 해롭기는 마찬가지다.

● 해결책 제안

– 원산지 표시보다 식품과 관련된 정보를 보여주는 더 중요한 정보가 많다. 차라리 이 식물을 키울 때 뿌렸던 농약, 저 가축을 기를 때 먹였던 사료 성분, 그리고 안전을 위해서 그 이후 취한 조치 같은 것들을 이력으로 밝혀주는 것이 훨씬 필요한 덕목들이다.

● 한계 명시

– 우리가 걸어가야 할 길이 생태적인 방식을 닮은 것일 수는 있지만 그것이 현재까지 이룬 것을 버리고 과거로 돌아가는 길은 아니다.

● 대안의 가치와 현실적 가능성 강조

– 우리가 앞으로 나아갈 길은 물리학과 생물학의 모든 지식을 총동원해서 사람들이 더 안전하고 풍요롭게 살 수 있는 길이다.

– 정확한 이력이 밝혀진 재료로 만든 음식을 먹고 싶다.

문제의 해결책을 제안하는 글쓰기에는 구체적 대안이 제시되어야 하며, 그 대안과 해결책이 현실적이고 합리적일수록 주장의 타당성이 높아지고 설득력을 지니게 된다.

학습활동 6 다음 예시를 참고로 하여, 사업 계획서·제안서 형태의 글을 쓰고 이를 피피티(PPT)로 만들어 발표해 보자. 제안의 현실성과 타당성 여부에 대해 검토해 보자.

예시 1: 액티비즘(activism) 이벤트 제안서
 1) 용어 정의 2) 사업배경과 문제의식 3) 진행계획 4) 예산 확보 방안

예시 2: 독거노인 유기견 분양 프로젝트
 1) 독거노인 실태 2) 유기견 현황 3) 사업 목표 4) 지원대상 선정
 5) 지속 방식

2. 반론과 토론

주장하는 글에서는 자기주장에 대한 반론을 충분히 고려하는 것이 중요하다. 반론은 다른 사람의 입장에서 자신을 바라보게 하는 효과가 있으며, 타인의 시선과 반론을 고려하지 않는 주장은 읽는 이의 신뢰를 얻기 힘들다. 간단한 주장이라도 자기 의견에 대한 반론을 떠올리며 그에 반응하는 방식으로 글을 쓰는 습관을 들이는 것은 설득력을 높이는 지름길이다.

반론을 제기하는 궁극적 이유는 상대의 주장을 꺾기 위해서가 아니라, 서로 토론하는 과정에서 더 나은 결론에 이르기 위해서다. 즉, 합리적 결론이나 문제해결을 위해 서로 질문과 대답을 하는 방식으로 의견에 대한 반론이 제기되는 것이다. 그러므로 반론은 상대방이 미처 깨닫지 못하고 알지 못했던 새로운 사실을 밝히는 방향으로 진지하게 이루어져야만 한다. 자기주장만 옳다고 우기거나 감정적 소모적 논쟁이 되지 않도록 유의해야 한다. 또한 세상에는 '찬성/반대'라는 두 가지 해법만 있는 것이 아니라 그 사이에 무수한 해법이 있음을 전제하고 토론해야 한다.

반론을 펼 때는 상대편 주장보다 자신의 주장이 더 합당한 이유와 근거를 논리적으로 보여주어야 한다. 그러기 위해서 더 많은 근거 자료를 찾아야 하고 상대방의 주장도 고려하여 그 타당성을 충분히 인식한 다음에 반박해야 한다.

반론 제기는 보통 다음의 4단계 보형을 따른다.

① 그들의 말로는, ~하다고 주장하고 있다.
② 하지만, 그 주장은 타당하지 않다(문제가 있다).
③ 왜냐하면, ~한 이유 때문이다.
④ 그러므로, ~하다고 나는 주장한다.

다음 예문을 통해 반론을 제기하는 글의 구성방식을 확인해 보자.

예문 6 최근에 '음원종량제'가 실시될 수도 있다는 기사를 접해보신 분들이 있을 것입니다. 우리 사회 구성원 모두가 관심을 갖는 이슈는 아니지만, 적어도 음악을 만들거나, 유통하거나 혹은 자신이 인터넷상에서 돈을 지불하고 노래를 다운로드 받아본 경험이 있는 사람이라면 관심을 갖게 되는 이야기입니다. 저 역시 음반 제작자로서, 노래를 부르는 가수로서, 노래를 만드는 음악 저작권자로서 많은 관심을 가지고 있는 이슈입니다.

하지만 '음원종량제'와 관련한 기사들을 검색해보면 대개 '음원 1곡당 600원?', '높아지는 음원가격, 최대 10배까지도…' 등의 제목으로 되어 있어서 음악을 사랑하고 소비하는 리스너들에게는 '음원종량제'라는 것이 부정적으로만 비추어진다는 생각이 들었습니다.

그래서 저는 제 글에서만큼은 누구나 이해하기 쉽게 설명해드리고자 합니다. 현재 우리나라의 온라인 음악 사이트에는 '정액제'라는 것이 있습니다. 예를 들어서 한 달에 9000원을 내면 150곡을 다운로드 받을 수가 있습니다. 곡당 가격이 60원이 되는 것입니다. 참고로 해외의 경우를 살펴보면 미국은 곡당 가격이 평균 99센트이고, 일본은 200엔 입니다. 그런데 이 60원이라는 돈은 음악을 만들거나 노래를 부른 사람한테 100% 전달되는 것이 아닙니다.

구분	총 음원수익
저작권(작사, 작곡)	9%
실연권(가수)	5%
저작인접권(제작자)	40%
유통사(멜론, 벅스 등 플랫폼 사업자)	46%
합계	100%

(위 표에 나온 숫자는 평균적인 값이므로, 플랫폼에 따라 유동적일 수 있습니다.)

제가 문제제기를 하고 싶은 첫 번째는 바로 음원의 정액제 또는 종량제를 따지기 전에 근본적으로 음악 사이트를 운영하고 있는 플랫폼 사업자들이 음원 유통의 대가로 너무 많은 수익을 가져간다는 점입니다.

저작인접권을 가지고 있는 음반 제작자들은 총 음원수익의 40% 중 20% 정도를 수수료로 유통대행사에 지불하고 있습니다. 방송이나 그 외의 홍보활동을 전혀 안 한다고 해도, 온라인상에서 작은 이벤트라도 해서 홍보를 할 경우 이벤트에 필요한 경품구입이나 비용은 100% 본인 부담이지요. 음원 수익이 제작자 혹은 가수들에게 제대로 회수가 돼야 다음 음반에 대한 재투자로 이어질 수가 있는데, 이는 현실적으로 불가능한 상황인 것입니다.

해외의 음원시장을 장악하고 있는 아이튠즈가 30%의 수수료만 가져가고 나머지 수익은 모두 다 음악의 제작자 내지는 저작권자에게 돌려준다는 점은 비교해 볼 만합니다. 우리의 현실과 비교해 봤을 때, 곡당 가격을 미국이나 일본에 맞추자는 주장이 아니라, 플랫폼 사업자들이 가져가는 수익구조만 조정해도 음악을 만들거나 한다는 사람들은 훨씬 더 좋은 조건에서 음악을 할 수 있습니다.

두 번째로 요즘 이슈가 되고 있는 '음원종량제'에 대한 이야기를 풀자면, 기존의 정액제와 다르게 정확히 소비자가 구매한 음원상품에 대해서 수익배분을 하자는 것이 핵심입니다. 다시 말해 현재 정액제가 대부분인 온라인 음악시장에서는 자신의 곡이 몇 곡이 팔렸는가보다는 전체 음원시장에서 자신의 노래가 몇 위를 하고 있는지가 수익배분 구조에 있어서 핵심입니다.

소비자 입장에서 풀이하자면 이런 것이죠. 나는 PD블루 노래가 좋아서 구입했는데, PD블루 노래는 마니아층에게만 인기가 있지 음원차트 순위에 들지 못한다면, PD블루를 구입하는 데 들어간 비용조차도 음원사이트 1위를 차지하고 있는 노래에 몰아줘야 하는 것입니다. 이런 구조이다 보니 만일 제가 돈이 많아 제 돈 주고라도 제 노래를 많이 구입해서 순위를 올려서 음원배분 점유율을 높인다면, 음원수익에 있어서도 큰 도움이 될 것입니다.

종합적으로 말씀드리자면, 제가 생각하는 국내 음원시장은 궁극적으로는 정액제를 폐지하고 종량제로 가야 방송에서 잘 나가는 연예인이 아니더라도 음악만 잘 만들 수 있다면 먹고 살 수 있는 구조가 될 것이며, 종량제로 가기에 앞서 음원수익의 배분구조부터 재조정해야 한다고 생각합니다. 또한 음원종량제가 되면 불법 다운로드가 성행할 것이라는 예상도 있는데, 적어도 우리나라가 선진국이고 인터넷 강국이라면 문화 콘텐츠는 당연히 돈을 지불해야 한다는 인식과 함께 문화에 대한 소비형태도 우리가 식당에서 밥을 사 먹는 것처럼 자연스럽게 변화가 돼야 할 시점이 아닌가 생각합니다.

– 이주환, 「불법 다운로드 무서워 음원종량제 못한다고?」, 『PD저널』, 2012. 4. 16.

이 글을 앞에서 본 반론의 모형에 따라 정리하면 다음과 같다.

① 음원종량제 반대론자들은 음원 가격이 비싸진다는 이유로 이 정책에 반대한다
② 하지만 그 주장은 타당하지 않다.
③ 첫째, 음원유통의 수익구조 자체에 문제가 있으므로 가격을 올리지 않고도 문제의 해결책을 찾을 수 있으며, 둘째, 소비자 입장에서도 종량제가 자신의 권리를 실현하는 데 더 타당한 정책이기 때문이다.
④ 그러므로 음원시장은 궁극적으로 정액제를 폐지하고 종량제로 가야 하며, 음원수익 배분구조를 재조정해야 한다.

반론은 상대편 주장의 약점을 부각시키고 상대적으로 자신의 주장이 가지는 강점을 강조하는 두 가지 측면이 있으며, 이는 결국 구체적 대안을 제시하기 위한 토론으로 이어지게 된다.

학습활동 7 앞의 예문과 관련된 저작권 논쟁의 사례를 찾아 정리하고, 현재의 쟁점을 중심으로 찬반 토론을 벌여 보자.

ⅰ) 소프트웨어 저작권 보호, 영화 '굿 다운로드' 제도 등 여러 문화 산업 분야의 저작권 관련 제도를 정리해 토론해 보자.
ⅱ) 최근 이슈가 된 정책에 대한 찬반 논쟁 중에서 관심 있는 화제를 찾아 입장을 정리하고 조별 찬반 토론을 벌여 보자.
 • 조별로 찬반 토론이 가능한 주제를 찾아서 발표 계획서를 제출한다.
 • 발표와 토론은 사회자 발제, 대표 토론자의 토론, 수업 중 전체 토론, 인터넷 토론으로 진행한다.
 • 대표 토론은 찬성 측 기조 주장–반대 측 논박–방어 주장 등으로 구성된다.

1 다음 예시 항목과 같이 전공과 관련된 개념 중 하나를 선택하여 그 항목을 설명하고 있는 몇 권의 책을 찾아 해당 항목 설명 부분을 비교 대조하여 정리해 보고, 이를 바탕으로 1500자 내외의 설명하는 글을 써 보자.

> 오리엔탈리즘, 포스트모더니즘, 불확정성의 원리, 아우라의 상실,
> 파레토 법칙, 감정노동, 시뮬라크르

2 앞의 [학습활동 4]의 예문을 참고로 하여, 우리 사회의 '고전'들을 모아놓은 '필독도서목록' 중에 한 권을 선택하여 비판적 읽기를 해 보자. 자신의 비평 기준을 정리하고, 그에 의거하여 2000자 내외의 비평문을 써 보자.

3 다음에 예시된 화제를 참고하여, 대중문화 현상 중 하나를 택해 그런 현상이 발생하게 된 원인을 분석하고 그 의미를 해석하는 문화 비평문을 써 보자.

> • 한류와 K-Pop의 가능성과 한계
> • 스포츠 마케팅과 국가경쟁력
> • 독신 여성과 비혼모 증가

4 '저출산 문제의 해결책 제안'에 관한 글을 쓰기 위해 한 학생이 다음과 같은 주제문을 구상했다. 이 주장의 타당성을 검토하고 수정한 다음, 앞서 제시한 글쓰기 단계에 따라 학술적 에세이를 써 보자.

> • 주제문 예시: "현대 여성에게 필요한 출산 장려 지원 정책은 '자녀 비용'을 지원하는 것보다 '기회 비용'을 잃지 않게 해주는 방향으로 가야 한다."

5 다음 문제에 대해 조별로 문제의식을 찾아 토론하고, 입장을 정해 각각의 주장과 근거를 정리한 다음, 해당 문제에 대한 발전적 해결책을 담은 글을 써 보자.

> • 보편적 복지 제도와 노인 문제(노약자 지정좌석제, 노령연금 등)
> • 양심적 병역 거부권과 대체복무 입법
> • 대학생 관련 정책(입학제도, 장학금, 주거지원 정책 등)

3부

읽기와 쓰기의 실제

7장

삶과 이야기

우리의 삶은 이야기를 통해 재현된다. 누구나 처음 만난 친구나 주위 사람들에게 자신이 지금까지 살아오며 겪은 일들을 선택하여 자기소개를 한 경험이 있을 것이다. 개인의 차원에서뿐만 아니라, 사회 집단·민족·국가 등의 단위에서도 이야기는 정체성을 구성하는 기준이 된다. 이처럼 이야기는 이야기 주체가 자기 관념을 형성하고 공동체 의식을 갖게 하며 판단의 기준을 제공한다. 또한 이야기는 일상생활에서 기본적인 의사소통의 재료이며, 재미있는 읽을거리나 볼거리를 구성하는 자원이다.

이 장에서는 앞에서 공부한 다양한 읽기와 쓰기의 방법을 '삶과 이야기'라는 주제를 가지고 연습할 것이다. 특히 개념을 이해하고 설명하는 방법이나 현상을 해석하고 비평하는 방법을 주로 활용할 것이다.

1   '나'와 이야기

사람은 태어나면서부터 이야기의 틀 안에서 자신을 자각하고, 자신을 만들어간다. 우리는 자신이 겪은 많은 일들을 이야기의 형태로 기억하며, 또 이야기를 통해 자신의 경험을 의미 있게 인식한다. 더 나아가 사람들은 이야기를 통해 자기 정체성(identity)을 구성하고 변형시킨다. '나'의 경험을 이야기 형태로 기억하고 구성한다는 것이 무엇인지 생각해 보자.

1. '나'의 경험과 기억

나의 경험은 기억을 구성하는 재료이지만 우리는 경험을 그대로 기억하지 않는다. 자신의 다양한 경험이 이야기 형태로 갈무리된 것이 기억이다. 신화, 전설, 위인전, 만화 등 주인공이 있는 이야기들은 나에게 이야기의 틀을 제공하고, 주변 사람들이 목격한 '나'에 대한 기억의 조각들은 이야기를 구성하는 재료가 된다. 그리고 '나'의 기질과 현재 내가 처한 상황은 과거 경험들 중 특정 사건을 선택하는 데 영향을 미친다.

이와 같이 경험은 그대로 기억되는 것이 아니라 여러 가지 요소들과 관련을 맺으며 구성되고, 특별한 계기가 있으면 변화하거나 변형되기도 한다. 자신에 대해 쓴 옛글 한 편을 읽어보고 이야기 구성에 작용한 힘들을 살펴보자.

경원(經畹)선생은 조선의 미친 선비다.

천성이 글 읽기를 좋아하여 흰 머리가 되도록 옹알옹알 그치지 않았으나, 끝내 또한 스스로 잊어버려, 다른 사람이 물어보면 멍하니 대답할 수가 없었다. 때로는 억지로 기억해서, 도도하게 일만 글자 분량을 외워, 육경을 전부 외울 수가 있었다. 어려서부터 글짓기를 좋아하여 심지어 먹고 자는 것도 그만두었으나 그리 훌륭한 글을 짓지는 못했다. 하지만 왕왕 기세가 높고 뛰어나 옛 작자의 풍모가 있었다.

집이 가난하여 변변찮은 음식조차도 실컷 먹지 못했는데, 열흘이나 한 달씩 산수 간으로 나가 노닐며 아내와 자식을 돌보지 않았다. 본디 술을 마시지 못했으나, 일찍이 사신을 따라 요동벌을 지나 명발(溟渤: 큰 바다)에 이르고 연대(燕臺: 황금대, 북경)로 들어가 개를 도살하는 저자거리에서 노닐었던 때에는, 커다란 술잔을 쳐들어 하룻저녁에 서너 말을 죄다 들이켰다. 기력이 가냘프고 연약해져 옷을 이기지 못했으나, 고금의 성공과 실패, 의리와 이익의 분별을 논함에 이르러서는, 문득 머리카락이 치솟고 눈을 크게 떠서 기세가 오른 것이 용사와 같았다. 남과 사귀기를 좋아해서, 귀한 이, 천한 이, 현명한 이, 어리석은 이를 따지지 않고 모두 그 환심을 얻었으나 끝내 그들에게 받아들여지지는 못했다. 해학을 잘하고 비속한 말을 많이 말했으나, 궁극적으로는 상경(常經: 올바른 법도)을 등지지 않았으며, 그 때문에 공자의 도를 추구하지 않는 사람은 끼어들어 비난할 수 없었다.

늙어 병이 많고 또 게을러지자, 문을 닫고 찾아오는 손님을 물리치고 종일토록 머리가 지끈거려 자는 듯 누워 있었다. 손님이 오면 모두 사절하고 만나보지 않았으나 유독 몇몇 사람과는 교유하였으니, 곧 깊이 알아주는 사람이기 때문이었다. 탄식하며, "나에게 십년이라는 기간이 더 주어져 만일 문장에 진력한다면 역시 성대(聖代)를 위해 〈격양가〉를 짓기에 충분했을 것이다"라고 했다. 소진(蘇秦)이 했던 말에 대해 일찍이 회한을 느껴, "대장부로서 몇 이랑의 밭을 도모함이 가당키나 하겠는가? 나는 마땅히 구경(九經)을 좋은 밭으로 삼을 것이다"라고 말했다. 이 때문에 스스로의 아호를 '경원선생(經畹先生)'라 했다.

찬贊은 이렇다.

외면이 유화하되 내면이 강건한 자는 미치지 않고도 미친 것이 아닌가?

일신은 폐기되어도 도에서 흥기한 자는 무능함을 디디고 능한 것이 아닌가?

미치지 않았음에도 남들은 알지 못하고, 능히 할 수 있는데도 사람들은 모르니, 천명인가 시운인가?

이것은 옛사람이 '갈아도 닳지 않고 물들여도 검어지지 않는다'고 한 태도를 흠모하는 것이로다.

— 조수삼, 「경원선생자전(經畹先生自傳)」, 심경호, 『나는 어떤 사람인가』, 이가서, 2010.

이 예문은 조수삼이 쓴 자기 자신에 대한 전기(傳記)이다. 글쓴이 조수삼은 자전(自傳)을 구성하면서 자신의 수많은 경험 중에서 특별히 청나라에 갔던 경험을 선택했고, 자신의 여러 측면 중에서 유학자로서의 면모만을 강조했다. 기본적으로 시간 순서대로 썼지만 일생의 여러 경험 중 군자로서 '나'를 드러내는 데 적합한 요소들을 주로 선택한 것이다. 이렇게 글쓴이는 '나의 이야기'를 서술하면서 자신이 드러내고 싶은 가치와 인상 깊었던 장면을 중심으로 삶의 경험들을 선택하여 이야기로 구성했다. 그것이 자신의 정체성에 부합한다고 판단했기 때문이다.

　이와 같이 타인들에게 혹은 자기 자신에게 인정받고 싶은 '나'의 모습이 '나의 이야기'를 구성하는 데 중요한 요건이다. 물론 '나의 이야기'는 이야기를 하는 시기나 이야기를 요구하는 상황, 감추거나 드러내고 싶은 심리적 요인 등 안팎의 요구에 따라 달라질 수 있다. 그래서 '나의 이야기'는 매번 새롭게 써진다.

> **학습활동 1** 앞의 예문처럼 몇 가지 일화를 묶어 '나'를 설명해 보자. 이를 위해서 예시·서사·유비의 방법을 사용해 보자. 돌아가며 조원들 앞에서 발표해 보고, 조원들은 잘 듣고 '나'를 가장 잘 설명한 글을 뽑아보자.

2. 정체성과 욕망

　우리는 성장하면서 자신에 대한 사회의 기대가 달라지는 것을 느낀다. 이에 따라 우리는 때때로 자신의 정체성을 확장하거나 변화시켜야 할 필요성을 느낀다. 외부의 자극은 정체성 변화의 계기가 되며, 그에 못지않게 자신의 의지와 결정 또한 성장과 변화를 이끄는 중요한 힘이 된다.

　이때 이야기를 읽고 쓰는 과정은 자신을 성찰하고 미래의 자기 모습을 그려보는 중요한 계기가 된다. 자신이 읽은 많은 이야기들은 비판적·창의적인 읽기 텍스트가 되어 '나'의 경험을 의미 있게 구성하는 데 영향을 미치고, '나의 이야기'를 쓰는 길잡이가 되어 준다. 그렇기 때문에 부모, 학교, 동료, 관습 등과 부딪치는 '나'의 이야기는 어디선가 들어본 누군가의 이야기 같기도 하다. '나'는 나의 욕망을 구체적으로 실현시키는 방법을 세상의 이야기에서 얻기도 하고, 그 이야기를 쇄신하여 새로운 이야기로 만들기도 한다.

> **예문 2** 가) 우리는 이제 혼자 모험의 위험을 감수하지 않아도 되게 되어 있다.
> 시대의 영웅들이 우리를 앞서 이 여행을 다녀왔기 때문이다.
> 그래서 미궁은 이제 더 이상 우리에게 낯설지 않다.
> 우리는 이제 영웅이 길에다 깔아 놓은 실을 붙들고
> 따라가기만 하면 된다.
> 그러면, 알게 된다.
> 무서운 괴물이 있어야 하는 곳에서는 신을 만나게 되고,

남을 죽여야 하는 곳에서는 저 자신을 죽이게 되며,

외계로 나가야 하는 곳에서는 우리 존재의 중심으로

되돌아오게 되고,

외로워야 할 곳에서는 온 세상과 함께 하게 될 것임을…….

– 조셉 캠벨·빌 모이어스, 『신화의 힘』, 이윤기 옮김, 이끌리오, 2007.

나) 그녀가 여덟 번째 생일날을 맞은 지 얼마 되지 않아 오빠가 백혈병으로 죽자 부모님의 슬픔은, 학교에서는 둔하고 집에서는 무뚝뚝한 딸에 대한 분노로 표출되었다. 사랑스러운 아들 대신 미운 딸이 목숨을 부지한다고 생각했던 것이다. 클로는 오빠의 죽음에 대한 비난을 고스란히 받고 죄의식에 시달리며 자랐다. 어머니는 그녀의 죄의식을 어루만져 준 적이 거의 없었다. 어머니는 다른 사람들의 약점을 들쑤시는 것을 즐기는 타입으로 그냥 놔두는 법이 없었다. 그래서 클로는, 죽은 오빠와 비교해 보면 학교에서는 얼마나 형편없고 버릇도 없으며, 사귄 친구들은 또 얼마나 형편없느냐고 야단맞은 것을 되풀이 기억했다. 클로는 사랑을 얻기 위해 아버지에게 다가갔다. 아버지는 법률적 지식에는 열려 있었지만 감정에는 닫혀 있었다. 아버지는 법률적 지식을–대용품으로서–클로와 현학적으로 나누고 싶어했다. 하지만 사춘기에 접어들자 아버지에 대한 클로의 좌절감은 분노로 변했다. 클로는 아버지와 아버지가 상징하는 모든 것에 공개적으로 맞서기 시작했다.

– 알랭 드 보통, 『로맨스』, 김화영 옮김, 한뜻, 1995.

살아가면서 읽는 많은 이야기들은 가)에서 말하듯 삶의 문제 상황에서 해결하는 방법을 가르쳐 준다. 우리의 삶 속에서 이야기는 개개인마다 다르게 읽히고 창조적으로 해석되기도 한다. 많은 이야기는 용기, 정직, 성실 등의 가치를 환기하고 우리는 이를 받아들여 힘을 얻기도 하지만, 때로는 이야기가 지시하고 있는 삶의 방향에 반발하여 새로운 삶의 태도를 추구하기도 한다.

'나의 이야기'는 다른 이야기의 수용과 변용, 창조의 경계에서 형성되어가는 현재 진행형 글쓰기이다. 나)는 한 사람의 이야기가 가족 관계 내에서 그려지는 한 사례를 보여 준다. 한 가족이 겪은 공동 경험과 그에 대한 가족 구성원들의 반응 및 태도가 '나'의 행동과 성격을 구성하는 데 미치는 영향은 적지 않다. 같은 환경에 놓인 사람들 모두 같은 선택을 하지는 않는다는 점이 바로 저마다 쓰는 이야기가 달라지는 이유이다.

학습활동 2 두 명씩 짝을 지어 둘 중 한 사람의 문제에 대해 논의하고, 대안을 제시하는 글을 다음 단계에 따라 공동으로 작성해 보자.

① 문제 확인
② 문제 범위 구체화

③ 문제 분석
④ 해결책 제안
⑤ 한계 명시
⑥ 대안의 가치와 현실적 가능성 강조

2 역사와 이야기

역사가 사료(史料)를 바탕으로 한 사실의 기록이라는 생각은 이제 상당히 위협받고 있다. 역사가의 관점에 따라 다른 이야기가 나타난다는 생각에서부터 현실을 정확하게 인식한다는 것이 가능한가에 대한 논의까지 역사에 대한 의견은 다양하다. 생각해 보면, 역사를 이야기가 아닌 과학이라고 인식하게 된 것은 그리 오래 전 일이 아니다. 과연 '역사가 과학인가?' 다시 물음을 던지면서 역사와 이야기의 관계를 논의하는 일은 지금까지 귀기울이지 않았던 다양한 목소리를 경청하려는 의지의 발현이라고 할 수 있다.

1. 큰 이야기와 작은 이야기

역사와 이야기는 반대 개념이 아니다. 초기 역사는 신화와 설화의 형태로 집단의 사람들 사이에 공유되었다. 사람들은 이제 더 이상 역사가 사실 그대로의 기록이라고 생각하지 않지만, 그럼에도 역사가 이야기라는 의견은 잘못된 주장이라고 생각하기도 한다. 다음 예문은 역사와 이야기의 관계를 다시 설정하는 데 도움을 준다.

> **예문 3** 역사의 '사료' 또한 과거의 '객관적인 사실' 그 자체가 아니다. 그곳에는 이미 '해석'의 정으로 새겨진 무늬가 존재한다. 그렇다면 역사서술은 '해석의 해석'이라는 행위가 되지 않을 수 없을 것이다. 그런 관점에서 본다면 역사서술은 '기술'이라기보다 오히려 '제작(Poiesis)'과 비슷하다. 역사가 폴 베인느의 말을 빌리자면 "소설과 동일하게 역사는 오래된 것들을 단순화하고 조합한다. 한 세기를 한 장으로 만들어버린다"라고 할 수 있다.
>
> 위와 같은 논의를 통해 '역사적 사건(Geschichte)'과 '역사서술(Historie)'의 고전적인 이분법이 그대로 유지되기 힘들다는 점은 분명해졌을 것이다. 과거와 상기가 불가분의 관계에 있는 것처럼, 역사

적 사건 또한 역사서술로부터 독립된 개념으로는 논할 수 없다. 역사적 사건은 이야기행위에 의해 이 야기됨으로써 비로소 역사적 사실이라는 지위를 획득할 수 있는 것이다. 이야기행위는 상기된 여러 사건을 시간계열을 따라 배열하고, 나아가 그것들을 일정한 '이야기' 문맥 속에 재배치함으로써 역 사적 사건을 구성한다. 그 이외의 장소에, 즉 이야기행위에 의해 이야기된 것들의 외부에 '객관적 사 실'이나 '역사적 필연성'이 존재하고 있는 것은 아니다. 영어 단어 'history'와 'story'가 모두 그리스어 'historia'에서 파생된 단어라는 점에서 알 수 있듯, '역사'와 '이야기'는 '사실'과 '허구'처럼 대립하는 개념이 아니다. 오히려 역사서술의 원형인 '구비전승'이나 '전승'의 모습을 생각하면 알 수 있듯, 둘은 종이의 양면과도 같은 것이다. 그러므로 이야기행위야말로 우리의 역사의식을 구성하는 가장 원초적 인 언어활동이라고 말하지 않을 수 없다. 우리는 여기서 첫 부분의 비트겐슈타인을 흉내낸 명제로 되 돌아가 다시 한번 "이야기할(narrate) 수 없는 것에 대해서는 침묵하지 않으면 안 된다"라고 말할 수 있다.

— 노에 게이치, 『이야기의 철학』, 김영주 옮김, 한국출판마케팅연구소, 2009.

역사의 사료는 객관적 서술 자체가 아니다. 사료에는 이미 해석 행위가 포함되어 있기 때문이다. 그래서 역사서술이란 그 시대의 해석에 대한 현대의 재해석이라고 할 수 있다. 이야기는 말하는 자의 시선으로 다양한 현실의 사건을 선택하거나 배제하면서 만들어진다. 이야기의 원형은 문화적으로 제공되지만 개인에 따라, 집단에 따라 변주되면서 새롭게 써진다. 만일 정형화된 틀에서 벗어나지 못하는 반복적이며 강박적인 이야기가 있다면 그것은 이야기하는 개인이나 집단의 병리 현상의 결과일 수도 있다. 반복행위를 중지시키고 과거를 재발견할 때 미래를 확보할 수 있다는 설명은 이야기에 대한 비판과 다시쓰기의 중요성을 되새기게 해 준다.

앞의 예문을 바탕으로 '역사'를 다시 정의해 보자. 예를 들어, '역사는 한 민족의 과거를 연대순으로 서술한 것이다.' '역사는 사료를 실증하여 축적한 사실의 기록이다.' '역사는 승자의 기록이다.' '역사는 현재와 과거의 대화이다.' 등과 같은 다양한 정의를 생각할 수 있다. 위의 예문에서 추출할 수 있는 정의는 무엇인가? 여러 개념을 비교 대조하여 설명하는 방법으로 정의를 내려 보자. 조별로 정의내리는 과정과 합의된 정의를 발표해 보자.

역사가 일종의 이야기일 수 있다는 관점은 지금까지의 역사 개념에 대한 비판적 재검토를 가능하게 한다. 다음과 같은 '만들어진 전통'에 대한 의견은 큰 이야기로서의 역사에 대해 재점검이 필요하다는 점을 시사한다.

독일제국에서 전통의 발명은 무엇보다 빌헬름 2세의 재위기(1888~1918)와 관련된다. 목표는 다음 두 가지였다. 하나는 독일 제2제정과 제1제정 사이의 연속성을 확립하는 것, 좀더 일반화하자면 새로운 제국을 독일 국민들의 세속적인 민족적 영감이 구현된 것으로 여기도록 만드는 일이고, 다른 하나는 1871년 새로운 제국의 건설을 주도한 프로이센과 나머지 독일을 연결하는 특정한 역사적 경험들을 강조하는 것이었다. 이 두 가지는 곧 프로이센의 역사와 독일의 역사를 통합할 필요로 이어졌는데, 애국적인 제국 역사가들(주로 트라이치케Treitschke)이 한동안 그런 필요에 충실히 복무했다. 그런 목표들을 달성하는 방식에 으레 따르게 마련인 주된 곤란이란, 첫째로 독일 민족의 신성로마제국의 역사(독일 1제정)를 19세기식 민족주의적 틀에 끼워맞추기 어려웠다는 점과, 둘째로 그것의 역사를 통해 1871년의 대단원의 통일이 역사적으로 불가피한 것이었다거나 적어도 불가피해 보이는 것이었음을 입증할 수 없었다는 점이다. 그것은 오직 다음 두 가지 고안물을 통해서만 근대 민족주의에 연결될 수 있었다. 하나는 민족의 주적 개념인데, 독일인들은 바로 그런 적들에 맞서 자신들의 정체성을 규정해 왔고 하나의 국가로서 통일성을 확보하기 위해 투쟁해 왔다는 것이다. 다른 하나는 정복 개념 혹은 문화적·정치적·군사적 우월성의 개념인데, 다른 여러 국가들의 영역, 그러니까 주로 중부 및 동부 유럽에 흩어져 있던 독일 민족이 바로 이 개념을 통해 단일한 대독일 국가 안에서 하나로 통일될 권리를 갖는다고 주장할 수 있었다.

— 에릭 홉스봄, 『만들어진 전통』, 박지향·장문석 옮김, 휴머니스트, 2004.

위의 예문에서는 독일의 역사가들이 독일의 통일을 위해 근대 민족주의를 구성하였고 주적 개념과 국가의 통일성 확보를 위한 투쟁, 그리고 민족의 우월성 개념을 고안해 냈다고 주장한다. 민족에 관한 많은 이야기들이 필요에 따라 만들어질 수 있다는 관점은 역사이야기에 대한 비판적 검토가 필요하다는 점을 말해주고 있다.

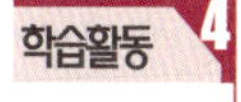

역사에 대한 특정 정의를 뒷받침하는 자료를 수집해 보자. 자신이 동의하는 정의 개념을 따라 수집한 자료를 분석하고 평가해 보자.

2. 작은 이야기의 복원

큰 이야기가 선택과 배제를 통해 권력 의지에 포섭되는 문제를 가지고 있다면 작은 이야기가 그에 대한 대안으로 제시될 수 있을 것이다. 통사(通史)가 아니라 작은 영역의 역사, 영웅의 역사가 아니라 보통 사람의 역사, 남성 위주의 역사가 아니라 소외된 성의 관점에서 서술된 역사 등 대안적 역사 쓰기에 대한 논의가 그것이다. 또한 공식적 기록이 아닌 사문서(私文書), 그림, 음악 등 다양한 자료를 통해 작은 이야기를 복원하려는 시도에 대해서도 생각해 보자.

가) 개개인의 구술사는 개인의 역사를 넘어 민중사 또는 전체 역사에서 일부를 차지한다. 그 자체가 소중한 역사의 기록인 것이다. 필부필부(匹夫匹婦)의 경험과 기억을 역사 자료로 환원하는 구술사는 문서와 기록물에 대부분 의존하는 거대 역사 서술과는 다르거나, 또는 그러한 역사 서술의 틈새를 비집고 들어가서, 민중의 일상적 역사를 촘촘하게 복원한다. 이렇듯 구술사를 통한 역사 연구는 미시적으로 역사의 이면을 들여다보는 노력인 동시에 아래로부터의 역사를 복원하려는 노력이라 말할 수 있겠다.

나) (면담자: 그럼 부산에서 경기여중 좀 다니셨잖아요.)

네. 난 잠깐 다녔어. 한 한두 달. 그리고 바로 식구가 다 올라오니까 언니도 못 찾고 고모네가 올라왔다니까 우리 다 올라왔어요. 그래서 서부훈육소라는 데가 있었어. 동부에 하나, 서부에 하나. 우리 서부훈육소는 경기여고 자리였는데. 그니까 남녀가 다 거기를 다니는데 어느 학교 학생이든지 다 다니는 거예요. 그쪽에 있는 학교 학생들은. 그러니까 종합학교지. 대구중학(교)같이. 대구에서 대구연합학교가 있었거든. 부산서는 그런 게 없었지만 대구만 해도 피난민이 많으니까는…그때 서부훈육소 다녔을 때 친구들도 각 학교에서 왔으니까는. 2학년 때까지는 거기서 다녔어.

– 한국구술사학회 엮음, 『구술사로 읽는 한국전쟁』, 휴머니스트, 2011.

가)에서 말하듯 대단한 사람들의 이야기나 공식적 기록에 의거한 것만이 역사라고 할 수는 없다. 보통 사람들의 이야기는 공식 역사에서 누락된 삶의 기록들을 제공한다. 나)와 같은 개인의 이야기는 공식적 역사와 연결점을 가지면서 개인의 기억이면서 역사가 된다. 기질, 젠더, 지역, 재력, 나이 등 몇 가지 기준으로 분류할 수는 있겠지만 법칙에 포함되거나 일반화되기 어려운, 누구와도 똑같지 않은 개인의 이야기인 것이다. 이와 같이 개인의 역사는 집단의 역사에서 주목하지 않았던 삶의 개별성과 경험의 가치를 일깨워 준다.

소외되었던 사람들의 이야기는 기존의 '사료'와는 다른 형태로 존재한다. 그러므로 작은 이야기를 복원하기 위해서는 그림이나 편지, 주문서, 낙서, 파지 등 다양한 형태로 존재하는 자료에서 이야기를 읽어낼 수 있는 안목이 필요하다.

 다음 그림을 제대로 읽기 위해 인물의 복색, 역사적 배경, 신분 등에 대해 조사해 보자. 충분히 자료 조사가 끝난 후, 이 그림과 조사한 자료들을 바탕으로 그림에 대해 해석한 글을 2000자 정도로 써서, 서로 발표해 보자.

— 신윤복, 〈월야밀회(月夜密會)〉, 18세기, 간송미술관 소장.

1 어린이 대상 위인전 몇 권을 검토하고, 어떤 가치와 교훈을 주고자 했는지 분석하여 비판적 입장의 비평 글을 2000자 정도로 써 보자.

2 '나의 미래 이야기'를 써 보고, 다시 그것을 실현하는 데 필요한 전제가 되는 것을 1000자 정도로 정리해 보자.

3 자신이 받은 역사 교육 경험을 바탕으로 〈역사와 이야기〉 관련 학술 논문 아이디어를 구상해 보자. 주제의 필요성·선행 연구 정리를 포함해 2000자 정도의 제안서[proposal]를 써 보자.

4 자신의 가족사 이야기를 정리하고 해석해 보자.

1) 자신의 조부모님이나 부모님을 인터뷰하여 가족의 역사—가족사의 이야기—를 채록하고 다음의 형식으로 정리해 보자.

> • 가족사 이야기 채록의 필요성
> • 가족사 이야기 관련 이론 정리
> • 채록과 분석 방법
> • 채록한 내용 정리

2) 앞의 내용을 분석 자료로 하여 해석의 관점과 평가기준을 제시한 후 2000자 정도의 해석 글을 써 보자.

인터뷰

인물이야기는 대상 인물의 특정 경험이나 삶 전반을 이야기로 엮어내는 글 구성 방식이다. 자서전·인터뷰·평전(評傳) 등이 이에 해당하는데, 인물이야기를 쓸 때에는 대상에 대한 충실한 자료 수집이 선행되어야 한다. 자기 자신에 대해 이야기할 때에는 일기나 메모, 사진, 타인의 증언 등 기억을 보조할 수 있는 기록에 대한 점검과 자기 연표를 만드는 과정이 필요하다.

인터뷰 글을 쓸 때에는 대상 인물에 대한 정보를 미리 조사하고 질문항목을 작성하여 필요한 대답을 이끌어 내거나 대상 인물의 자기 진술을 최대한 충실하게 옮기는 방법이 있을 수 있다. 생존하지 않은 사람의 이야기를 쓸 때에는 그에 대한 자료들을 최대한 수집하여 분석하고 해석하는 연구 작업이 필요하다. 평전 쓰기가 그에 해당하는데, 대상 인물에 대한 평가적 기준을 가지고 인물이야기를 서술하는 글 양식이다.

이 장에서는 특정 대상을 인터뷰하여 한 편의 인물이야기를 쓰는 방식을 보여줄 것이다. 대상에 대해 사전 조사를 진행하고 질문지를 작성하여 인터뷰를 한다. 인터뷰 내용을 분석하여 삶의 주제를 이끌어내어 진솔한 삶의 이야기 한 편을 완성해 보자.

1. 계획하기

■ 목적과 대상 선정

인터뷰로 쓰는 인물이야기는 누가 글의 독자가 되는가에 따라 인터뷰 대상을 달리 선정해야 한다. 신문사나 잡지사에서 독자들을 염두에 두고 화제의 인물을 선정하여 인터뷰할 수 있고, 자신의 이야기를 남기고 싶은 노인들을 위한 자서전 봉사 활동으로 인터뷰를 할 수도 있다. 또한 자기 직업이나 꿈을 탐색하기 위해 롤 모델을 찾아 인터뷰를 청할 수도 있을 것이다.

■ 주제 선정과 내용 생성

인터뷰 목적에 따라 주제 선정과 내용 생성 방법이 달라진다. 대상 인물에게 특정 질문들로 구성된 항목을 제시하고 인터뷰어가 자신의 기획에 따라 내용을 취재하는 방법과 대상 인물이 진술하는 이야기에서 주제를 포착하는 방법이 있다. 전자의 경우에는 미리 질문지를 구성하여 적절한 질문을 던지고 답을 구하는 방식이 필요하다. 후자의 경우에는 인터뷰 대상 인물의 이야기를 최대한 끊지 않고 듣고 정리하는 방식이 적절하다. 녹음을 할 경우에는 미리 양해를 구해야 한다. 어떤 쪽이든 인물이야기에는 인터뷰 대상 인물과 인터뷰어의 소통이 전제되어 있다는 점에는 차이가 없다.

■ 기본 정보 점검과 질문지 작성

기획된 글을 쓰기 위한 것이든 인터뷰 대상자의 요청에 의한 것이든 인터뷰어는 인터뷰 대상에 대한 기본 정보를 점검해야 한다. 인터뷰어가 적극적으로 질문하든 주로 듣는 역할을 하든 예상하는 바가 있어야 인터뷰 대상자와 이야기된 텍스트에 대해서 대화를 나눌 수 있기 때문이다. 다음은 기본 정보와 질문지가 갖춰야 할 조건이다.

> **[기본정보]**　　1. 기본적 신상 파악
> 　　　　　　　　2. 매체 자료 검토
> 　　　　　　　　3. 주변인 조사
> 　　　　　　　　4. 개인 연표 작성

> **[질문지]**　　1. 기본 정보를 통해 추론하여 그의 삶에 대한 가설을 마련한다.
> 　　　　　　　2. 마련된 가설을 바탕으로 질문 항목들을 구성한다.
> 　　　　　　　3. 가능성 있는 다른 가설을 고려하여 예비 질문 항목들을 마련한다.

■ 인터뷰하기

인터뷰할 때에는 인터뷰어가 듣고 싶은 삶의 경험을 물을 수는 있지만 특정 대답을 유도하기 위한 질문을 던져서는 안 된다. 대상 인물의 삶에서 한국전쟁 경험이 중요했을 것이라는 자신의 가설을 바탕으로 전쟁을 어떻게 겪었는지 물을 수는 있지만, 인터뷰어가 가지고 있는 한국전쟁에 대한 가치를 확인하는 질문을 던지는 것은 타당하지 않다. 인터뷰 대상자의 이야기를 이끌어 낼 수 있도록 공감하고 적절한 반응을 하도록 해야 한다. 인터뷰 목적과 대상자의 특징에 따라 인터뷰어는 자신의 역할에 대해 미리 생각해 두어야 한다.

2. 초고쓰기

인터뷰 내용을 정리하는 것에서부터 인물이야기는 시작된다. 인터뷰 대상자의 이야기를 최대한 개입 없이 서술하기 위해 구술형태를 그대로 정리할 수 있다. 또한 인터뷰어가 독자의 가독성과 관심사를 고려하여 인터뷰 내용을 재배열하기도 한다. 인터뷰한 자료에 대해서 인터뷰어는 철저한 관찰자의 입장에 서 있을 수도 있지만 적극적 해석자의 역할을 할 수도 있다. 자신의 역할을 결정해야 본격적 인물이야기 쓰기를 진행할 수 있다. 인터뷰 대상자의 입장을 좀 더 반영하는가, 인터뷰어의 입장을 좀 더 반영하는가에 따라 다음과 같이 몇 가지 정리 방식을 제시할 수 있다.

■ 구술 형태를 그대로 정리하기

인터뷰 대상자의 말투와 이야기 내용을 그대로 전하는 방식이다. 여기에서 인터뷰어의 입장은 가능하면 드러나지 않도록 한다. 물론 인터뷰어가 대상을 선택하고 취재했다는 것 자체가 인터뷰어의 입장이 된다. 그러나 이 방식의 인물이야기에서 인터뷰어의 목소리는 적극적으로 드러내지 않는다.

■ 생애주기에 따라 정리하기

어린시절-청년기-장년기-중년기 등 생애를 나이에 따라 정리하거나, 학업-취업-퇴직 등 삶의 외적 지표들을 하위 항목으로 하여 배열할 수 있다. 그와는 달리 인터뷰 대상자의 심리 주기에 따라 어린 시절의 역경-고통스러운 수련-중요한 인연-성공과 좌절 등의 항목을 마련해 정리할 수도 있다. 이 방식에는 인터뷰 내용을 인터뷰어가 마련한 기준에 따라 정리한다는 점에서 앞서의 정리방식보다 인터뷰어의 의견이 좀 더 드러난다.

인터뷰어가 인터뷰 대상의 삶에 대해 해석을 첨가하면서 적극적으로 자기 의견을 드러내는 방식이다. 다음과 같은 인터뷰 이야기는 인터뷰 과정에서도 정리 결과에서도 인터뷰어의 개성이 드러난다.

레오나르도 다 빈치가 그 시대에 많은 사람들로부터 사랑을 받았을까? 평생을 고독하게 팔리지도 않는 그림을 그리는 화가로 살았던 세잔은? 20세기에 와서 레오나르도 다 빈치가 스타가 되고 세잔도 스타가 된 게 아닐까? 그 시대에는 겨우 그 동네 사람들이나 알고 지내다가 죽는 게 인생이었겠지. 요즘처럼 지구 전체를 즐기고 걱정하고 증오하는 생활은 아니었겠지. 그러니 사이버 연인이라는 말은 아마도 우리가 처음으로 체험하는 세대일지도 모른다.

"실제로 산울림이 활동한 기간은 2년 반뿐이었어요." 김창완이 말했다. "1978년부터 라디오 DJ를 했어요. 지금까지 쉬지 않고 그걸로 먹고 산 셈이지요." 우리 아들은 드라마에서 김창완만 나오면 무조건 그 드라마를 보는데, 나보다 더 김창완을 배우로서 좋아한다. "1985년부터 연기도 하고 CF도 하고." "그렇지, CF! 라면! 약! 로또! 아파트!" 내가 아니라 사진기자와 진행기자까지 합세해서 김창완이 나온 CF를 외친다. 김창완이 말한다. "신사복하고 남성 화장품하고만 못 해 보고 다 해 봤어요."

"아직도 못 놓은 게 있어요." 그가 말했다. "아직?" "네. 첫째, 돈!" "우와! 돈? 그 많은 광고 출연은? 그리고 그 많은 히트곡은?" 내가 소리쳤다. 침착하게 그가 말했다. "히트곡이 많아도 85년까지 한푼도 수입이 없었어요."

믿을 수 없다. 아니 믿을 수 있어진다. 인기나 명성과 돈은 일치하지 않는다. 숱하게 보아온 바다. 인기와 명성과 돈이 함께 가는 경우가 오히려 드물다. 그런 건 행운이다. "라디오 DJ 하면서 입에 풀칠하고 광고에 출연하면서 돈을 만졌지요. 그래도 남는 게 없었어요."

– 김점선, 『김점선 스타일 1』, 마음산책, 2006.

3. 고쳐쓰기

■ 글 전체의 수정

인터뷰를 정리한 초고를 읽으면서 처음 기획했던 이야기 정리의 기준에 따라 잘 정리되었는지 점검한다. 아래 점검사항은 "대상 인물이 기억하는 삶의 경험이 무엇인지, 어떻게 기억하고 있는지 연구하라"는 과제에 대해 구성한 예시 항목이다. 글쓴이의 목적에 따라 점검사항은 다르게 구성될 수 있다.

<table>
<tr><td rowspan="3">**[점검사항]**</td><td></td><td style="text-align:right">예　아니오</td></tr>
</table>

		예	아니오
[점검사항]	1. 인터뷰의 기획이 이야기에 잘 반영되었는가?	___	___
	2. 인터뷰에서 필요한 내용을 취재했는가? 보완 인터뷰가 필요한가?	___	___
	3. 인터뷰 대상자의 의견을 왜곡하지 않았는가?	___	___

■ 이야기의 전개 점검 및 수정

사전에 기획했던 인물이야기의 전개 원리가 인터뷰 대상자의 삶의 주제를 잘 드러내는지 적절한 근거로 뒷받침되고 있는지 점검하고 다듬는다.

		예	아니오
[점검사항]	1. 이야기의 배열 방법이 인터뷰 대상자의 삶을 드러내는 데 효과적인가?	___	___
	2. 중요한 일화를 삭제하거나 축소하지 않았는가?	___	___
	3. 인터뷰어의 설명이나 해석이 인터뷰 내용에 타당한가?	___	___

■ 문장의 정확성 점검 및 수정

문장의 차원에서 의미가 명확하고 문법과 어문규범에 맞게 문장을 썼는지 점검하고 다듬는다. 하지만 대화나 구술의 느낌을 살리고 싶다면 인터뷰 당시 대화를 재현하거나 대화 상황을 구체적으로 기록해야 한다.

		예	아니오
[점검사항]	1. 장황하고 복잡하여 의미 파악이 어렵지 않은가?	___	___
	2. 문법에 어긋난 문장은 없는가?	___	___
	3. 인터뷰의 효과가 잘 드러나도록 현장을 서술했는가?	___	___
	4. 어문규범에 맞게 표기하였는가?	___	___

8장

개인과 공동체

개인은 공동체에 속함으로써 보호를 받고 안정적 환경 속에서 더 큰 이익과 행복을 추구할 수 있다. 그러나 인류의 역사를 돌이켜보면 공동체의 유지와 번영을 명분으로 개인에게 희생과 복종을 강요한 사례를 흔히 볼 수 있다. 따라서 개인과 공동체의 관계에 대한 논의는 양자(兩者)가 조화롭게 공존하기 위한 최선의 방안은 무엇인가 하는 물음을 중심으로 전개되어 왔다. 자유주의와 공동체주의는 이 문제에 대한 상반된 입장을 대표한다.

이 장에서는 먼저 기존의 논의를 바탕으로 개인과 공동체의 관계에 대해 알아본 후, 주요 사례를 통해 구체적인 갈등의 양상과 주요 쟁점을 분석할 것이다. 이를 토대로 자신의 관점을 정립하고 설득과 대안 마련을 위한 글쓰기를 연습해 본다.

1 개인과 공동체의 관계

    인간은 개인인 동시에 공동체의 일원으로서 존재한다. 이러한 상황은 필연적으로 가치의 양립 현상을 초래한다. 개인의 자유를 보장하는 것 못지않게 공동체의 유지와 번영 또한 중요하기 때문이다.

    흔히 자유주의와 공동체주의는 각각 개인의 자율성 혹은 공동체의 가치를 우선시하는 사상으로 이해되고 있지만, 양자는 궁극적으로 가치의 양립 상태를 넘어 개인과 공동체의 바람직한 소화 및 공존을 지향한다는 점에서 사실 크게 다르지 않다.

    본격적인 고찰과 분석에 앞서 자유주의와 공동체주의가 개인과 공동체의 관계를 어떻게 설정하고 있으며, 주로 어떤 점을 강조하고 있는지에 대해 살펴보도록 한다.

1. 자유주의적 관점

    자유주의는 개인의 자유와 권리를 강조하는 사상으로서, 전제 군주의 폭압적 통치에 항거하는 시민 세력의 정당성을 옹호하는 과정에서 형성되었다. 인류의 역사가 대체로 소수에 의한 억압적 지배에서 벗어나 다수의 합의에 기반한 대의정치로 나아가는 과정이었다는 명제에 동의한다면, 자유주의는 근대 사회와 민주주의 제도의 성립에 가장 크게 기여한 사상이라고 해도 과언이 아니다.

    다음 예문은 자유주의가 강조하는 바를 선명하게 드러내고 있다는 점에서 참고할 만하다.

강제력은 공공여론에 반대해서 행사될 때보다 그것에 편승해서 행사될 때 더욱 유해하다. 비록 한 사람을 제외한 전 인류가 동일한 의견을 갖고 있고 오직 한 사람만이 반대 의견을 가진다고 하더라도, 그 한 사람이 권력을 가지고 있어서 전 인류를 침묵시키는 것이 부당한 것과 마찬가지로, 인류가 그 한 사람을 침묵시키는 것도 부당하다.

만일 그 의견이 당사자 이외에는 아무런 가치를 가지지 못하는 개인적인 것이라면, 즉 만일 그 의견의 공유를 방해하는 것이 단순히 개인적 해악에 불과한 것이라면, 그 해악이 몇몇 사람에만 미치느냐 혹은 많은 사람에게 가해지느냐 하는 차이만이 있을 것이다. 그러나 의견 발표를 침묵케 하는 데에서 발생하는 해악은, 현세대와 차세대를 포함한 전 인류의 행복을 강탈한다는 사실과 의견을 제시하는 사람들보다는 의견에 반대하는 사람들의 손실이 더 크다는 사실을 내포한다는 점에서 더 나쁘다고 할 수 있다.

만일 그 의견이 옳다면, 인류는 오류를 진리와 교환할 기회를 상실하게 되고, 만일 그것이 틀리다면, 진리가 오류와 충돌하면서 발생하게 되는 진리에 대한 더욱 명백하고 선명한 인식을 잃게 된다. 이는 엄청난 손실이 아닐 수 없다. (중략)

비록 좋은 목적을 추구한다고 하더라도, 정권의 수중에 있는 더욱 더 온순한 하수인으로 만들기 위하여 국민을 왜소하게 만드는 국가는 다음과 같은 두 가지 사실을 직시해야 할 것이다. 하나는 왜소해진 국민들은 위대한 일을 진정으로 성취할 수 없다는 사실이다. 또 다른 하나는 시스템이 더욱 더 원만하게 작동할 수 있도록 국가가 분쇄하기를 원했던, 바로 그 활력의 결여로 인해 국가가 모든 것을 희생해가면서 완성한 그 시스템은 결국에 가서 아무런 효력을 발휘하지 못할 것이라는 사실이다.

— J.S.밀, 『자유론』, 박홍규 옮김, 문예출판사, 2010

앞의 예문에서 알 수 있듯이 자유주의적 관점에서는 국가나 사회로 대표되는 공동체가 개인의 의견 표명을 제약하거나 억압할 때 많은 문제가 초래된다고 본다. 이러한 관점에 따르면 공동체의 이익과 번영을 강조하는 논리는 본래의 취지와 달리 개인의 삶에 대한 부당한 개입과 권리 및 자율성의 침해라는 부정적인 결과를 초래할 위험성이 높다.

실제로 최근의 역사적 논의들은 개인의 보호와 행복을 위해 성립된 것으로 여겨져 온 다양한 공동체들이 본연의 목적을 달성하지 못하고 오히려 개인을 억압하거나 인간성을 훼손시켰다고 비판한다. 다음 예문은 이러한 인식을 잘 보여 주고 있다.

1914년 8월까지 법을 준수하는 분별력 있는 영국인은 우체국과 경찰을 제외하고는 국가의 존재를 거의 의식하지 않고서도 삶을 살 수 있었다. 그는 자기가 좋아하는 곳에서 원하는 대로 살 수 있었으며, 공적으로 부여받은 번호나 확인증을 갖고 있지도 않았다. 그는 여권이나 다른 공적 허가 없이도 해외를 여행할 수 있었으며, 자국을 영원히 떠날 수도 있었다. 그는 자국의 돈을 어떤 나라의 화폐와도 아무런 제약 없이 무제한 교환할 수 있었다. 그는 자국에서 상품을 샀던 것과 동일한 조건으로 세계의 어떤 나라에서도 상품을 살 수 있었다. 이런 문제와 관련해 외국인도 경찰에 신고하거나 경찰의 허가를 받지 않고도 이 나라에서 생활할 수 있었다. 이 국가는 유럽 대륙의 국가들과는 달리 자국 시민들에게 병역 의무를 요구하지 않았다. 영국인은 자신의 선택에 따라 정규 육군이나 해군 또는 의용군에 입대할 수 있었다. 또한 자신의 선택에 따라 국방의 요구를 거부할 수 있었다. 실질적인 세대주는 때때로 배심원의 의무를 요구받았다. 그렇지 않은 경우에는 오직 원하는 사람들만이 국가를 도왔다. 국가는 성인 시민들을 간섭하지 않고 그대로 내버려 뒀다.

이 모든 것(영국인들의 자유)은 제1차 세계대전의 충격에 의해 변했다. 많은 사람들이 처음으로 활발한 시민이 됐다. 그들의 생활은 상부의 명령에 맞춰 조직됐다. 즉 그들은 배타적으로 자기의 일만을 추구하는 대신에 국가에 봉사하도록 요구받았다. 5백만 명의 사람들이 군대에 들어갔는데, 그들 중 상당수가 (비록 전체적으로 소수일지라도) 강제적으로 입대했다. 정부의 명령으로 영국인의 식량은 제한됐으며 그 질도 변했다. 노동 운동의 자유는 제한됐고, 작업 조건은 명령에 의해 규정됐다. 어떤 산업은 축소되거나 폐쇄됐고, 다른 산업은 인위적으로 강화됐다. 의견을 표명하는 것에는 족쇄가 채워졌다. 가로등은 어두워졌으며, 신성한 음주의 자유도 간섭을 받아서 음주 허용 시간이 축소됐고, 맥주는 명령에 의해 알코올 농도가 낮아졌다. 시계를 기준으로 하는 시간도 변했다. 1916년부터 모든 영국인은 의회의 명령으로 여름철에는 평상시보다 한 시간 일찍 일어났다. 국가는 시민들을 지배했는데, 이런 지배는 평화 시기에도 완화될지언정 결코 없어지지 않았으며, 제2차 세계대전은 다시 그런 지배를 강화시켰다. 이렇게 영국인과 영국 국가의 역사가 처음으로 통합됐다.

– A. J. P. Taylor, 『English History 1914~1945』, Oxford University Press, 1965,
존 그레이, 『자유주의』, 손철성 옮김, 이후, 2007에서 재인용.

물론 이와 같은 역사적 경험을 국민적 통합과 공동체적 질서의 형성 과정으로 이해할 수 있는 측면도 존재한다. 그러나 만약 통합과 질서 구축이 개인들 사이의 합의와 상호 존중에 기반하여 이루어진 것이 아니라면 이를 인정하기도 어려울 뿐더러 실질적으로 개인에게 이익이 되지도 않는다는 것이 자유주의의 입장이라고 할 수 있다.

자유주의는 동양 사회와 대비되는 서양 사회의 역사적 경험 속에서 형성된 특수한 사상인 동시에, 전근대적 사상과 대조를 이루는 근대의 보편적 사상으로 이해되어 왔다. 하지만 자유주의는 현대에 들어와 새롭게 등장한 공동체주의자들에 의해 비판을 받았고, 이후 양자 간의 격렬한 논쟁이 전개되고 있다. 그 결과 개인과 공동체의 관계에 대한 논의는 더욱 심화되었고 아울러 복잡해졌다.

다음 자료들을 읽고 자유주의적 관점에서 나)의 사례를 어떻게 해석하고 평가할 수 있는지 생각해 본 후, 동료들과 의견을 나눠 보자.

가) 통행금지 [suspension of traffic, 通行禁止]
: 특정한 시간이나 지역에서 사람·차량의 통행을 금지하는 것.

보통 특별한 목적에 의해 행해지며, 대통령 중심제하에서 국가비상사태가 발생했을 때 대통령에 의해 계엄령이 선포될 경우 지역적으로 행해진다. 한국의 경우 야간통행금지(curfew)는 치안·안보 목적으로 1945년 실시된 이후 1954년 7월 5일 오후 10시부터 다음날 오전 4시까지로 1시간이 단축되었다가 그 후 12~4시로 4시간 동안 실시되었다. 당시 통행금지는 신정 연휴기간, 광복절, 크리스마스, 제야의 밤 등 특별한 날에만 일시적으로 해제되었다. 통행금지시간에 통행하려면 통행증을 발급받아야 했으며, 이를 위반하면 즉결심판에 처해지고, 경찰서 보호소에서 밤을 보내야 했다. 통행금지 해제는 1964년 이후 먼저 제주도 및 충청북도와 일부 관광지·도서지방에서 해제되었고, 전방 휴전선 부근 지역과 일부 해안 취약지구 등 안보치안상 특수한 지역인 총 52개 군의 292개 읍·면 지역을 제외하고 1982년 1월 5일부터 일제히 해제되었다.

– 브리태니커 백과사전
〈http://preview.britannica.co.kr/bol/topic.asp?article_id=b22t3489a〉

나)

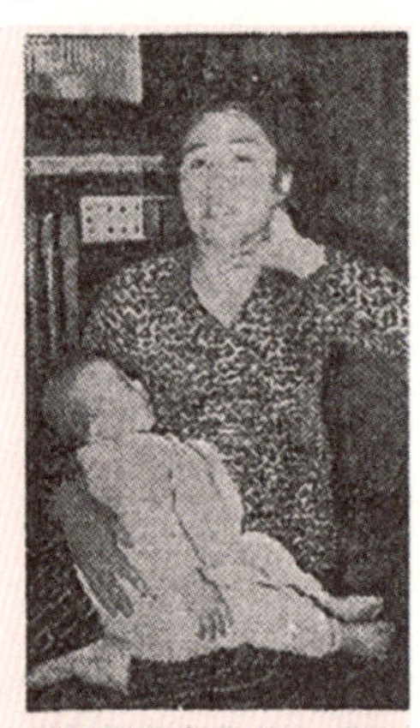

지난 달 18일 자정 경 서울 동대문구 숭인동 삼일아파트 7동 708호 곽순희 여인(32)은 하나밖에 없는 딸 은경 양(생후 6개월)이 갑자기 설사를 하고 열이 오르며 신음하자 청계천 길 건너쪽 약국에 갔다 문이 잠겨 허탕을 치고 되돌아오던 중 집앞 30여 미터 지점인 청계천 고가도로 밑에서 신설동파출소 소장 김연수 경위(37)와 순경 1명에게 통금위반으로 적발되었다.

김경위는 술에 취한 듯 처음에는 곽여인을 희롱하다 화를 내자 고가도로 밑 시멘트 기둥에 임신 중인 곽여인을 몰아붙이고 목을 조르고 발길질까지 했다.

아내의 비명에 놀란 남편 유길석씨(36)는 내의와 슬리퍼 차림으로 허겁지겁 달려나가 딱한 사정을 얘기했으나 경찰관들은 막무가내로 백차를 불러 유씨까지 신설동파출소로 연행했다. 이들 부부는 "집에 젖먹이를 혼자 두고 왔다. 보내 달라"고 애원했으나 거짓말이라고 처음에는 말도 듣지 않다가 19일 새벽 2시경 곽여인을 본서로 넘기고 끈질긴 유씨의 호소에 못 이겨 새벽5시 40분경 방범대원 1명의 감시하에 잠시 집에 가도록 허가했다.

아파트에 돌아온 유씨가 방문을 열자, 엄마 아빠를 찾아 밤 새 온 방을 헤매며 울어대던 은경 양은 눈물자국이 얼굴에 얼룩진 채 문지방에 쓰러져 있었다. 유씨는 딸을 부둥켜 안고 끝내 울음을 터뜨렸고, 707호 한지원 여인(29세) 등 이웃사람들이 달려와 "어린애가 밤새

꼇 몹시 울어 방에 들어가 보려 해도 문이 잠겨 들어갈 수 없었다"면서 "어린애는 어찌됐느냐"고 염려했다.

유씨는 "파출소로 빨리 가야 한다"는 방범대원의 성화에 외출복만 걸쳐 입고 딸을 안은 채 집을 나와 다시 신설동파출소를 거쳐 오전 7시 반경 본서로 넘어가 즉심대기실에서 아내를 만나 함께 즉심에 회부되었다. 아내는 통금시간 10분 위반, 남편은 공무집행방해로 각각 1600원씩의 벌금을 물고 이들은 오후 5시경 17시간 만에 풀려나왔다.

곽여인은 연행될 때 얻어맞아 5일간의 치료를 요하는 상처를 입었고 은경 양은 그 후로 24일이 지난 11일 현재까지도 고열, 설사병이 낫지 않고 있다.

– 「이럴수가…」, 『동아일보』, 1971. 11. 11.

2. 공동체주의적 관점

개인의 자유보다 공동체 윤리와 책임을 중시하는 공동체주의는 20세기 후반 마이클 샌델, 매킨타이어, 마이클 왈쩌, 찰스 테일러 등이 주창한 현대정치사상을 가리키는 용어이다. 이 사상은 개인의 자아 정체성이 역사와 전통, 그리고 다양한 사회적 조건 속에서 형성되는 것이라는 전제에 입각해 있다. 따라서 공동체에 대해 정당한 의무를 이행함과 동시에, 이웃과 사회를 위해 도덕적 배려를 할 줄 아는 건강한 시민의 양성이 공동체주의의 관심사가 된다. 그리고 이를 위한 국가 및 공동체의 적극적 권장과 더불어 개인의 능동적 참여를 강조한다.

다음 예문은 개인과 공동체의 관계에 대한 공동체주의의 기본 입장을 이해하는 데 도움이 된다.

예문 3 옳음의 우선성을 문제 삼는 사람들은 정의가 선에 상관적이고 선에서 떨어질 수 없다고 주장한다. 정의에 대한 반성은 철학적 문제다. 이 반성은 좋은 삶의 본성 및 인간의 최고 목적에 대한 고찰과 합당하게 분리될 수 없다. 정치적 문제로서의 정의와 권리에 대한 숙고는 선 관념을 언급하지 않고는 한 발자국도 나아갈 수 없다. 선 관념은 수많은 문화와 전통의 모습으로 나타나고, 그 문화와 전통 안에서 이런 숙고가 일어난다

– 마이클 샌델, 『정의의 한계』, 이양수 옮김, 멜론, 2012.

모든 것이 거래대상인 사회에서 생활하기란 재산이 넉넉하지 않은 사람에게는 더욱 힘들다. 따라서 돈으로 살 수 있는 대상이 많아질수록 우리가 부유한지 가난한지가 더욱 중요해진다. 부유함이 지닌 유일한 장점이 요트나 스포츠카를 사고 환상적인 휴가를 즐길 수 있는 능력을 갖추는 것이라면, 수

입과 부의 불평등은 그다지 중요한 문제가 아닐 것이다. 하지만 정치적 영향력, 좋은 의학치료, 범죄의 온상이 아닌 안전한 이웃에 자리한 주택, 학력 저하를 보이는 학교가 아닌 엘리트 학교 입학 등을 포함해서 돈으로 살 수 있는 대상이 점차 많아지면서 수입과 부의 분배가 점점 커다란 문제로 떠오르고 있다. 좋은 것이라면 무엇이든 사고파는 세상에서는 돈이 모든 차별의 근원이 되기 때문이다. (중략)

특정 재화를 사고팔아도 무방하다고 결정할 때, 우리는 최소한 은연중이라도 그것을 상품으로, 즉 이윤을 추구하고 사용하기 위한 도구로서 다루는 것이 적절하다고 판단한 것이다. 하지만 이러한 방식으로 모든 재화의 가치를 적절하게 평가할 수는 없다. (중략)

시장을 포용하면서 도덕적·정신적 논쟁을 꺼리는 태도 때문에 우리는 무거운 대가를 치르고 있다. 이러한 태도가 공적 담론에서 도덕적 에너지와 시민의 에너지를 고갈시키고, 오늘날 많은 사회를 괴롭히는 기술관료 지향의 경영정치가 발달하도록 부추기기 때문이다

— 마이클 샌델, 『돈으로 살 수 없는 것들』, 안기순 옮김, 미래엔, 2012.

공동체주의는 현대사회 성립 이후 개인지상주의의 만연에 따른 도덕적 공동체의 붕괴와 개인의 고립 현상에 대한 비판적 반성으로부터 비롯되었다고 할 수 있다. 특히 공동체주의는 자유주의의 극단화된 형태로서 현대에 등장한 신자유주의에 대해 비판적인 입장을 취하고 있다. 때문에 계층간 양극화를 포함한 다양한 사회적 갈등으로 인해 공동체 차원의 통합에 어려움을 겪고 있는 한국 사회에서도 공동체주의에 대한 관심이 증대되고 있다.

다음 예문은 신자유주의에 대한 공동체주의자들의 비판적 시각을 잘 보여 주고 있다.

예문 4 스위스, 스웨덴 혹은 독일과 같이 강력한 노조가 있으면서 인구도 상당히 많은 자본주의 복지 국가를 생각해 보자. 경제 운영자들은 노동자들에게 매우 힘이 들면서도 위험하고 또한 품위조차 훼손할 수 있는 일군의 많은 작업들을 하도록 유인하는 것이 점점 더 힘들어진다는 것을 깨닫는다. 그러나 이런 작업들은 사회적으로 필요한 것들이다. 누군가 그 일을 할 사람을 찾아내야만 한다. 그 해결책을 국내에서 찾고자 할 때 두 가지 대안밖에 없지만, 그 둘 모두 매력이 없다. 노조로 인해 노동 시장에 부과된 제약 사항들과 복지국가가 파괴될 수도 있다.

국지적인 노동계급의 가장 취약한 부문이 이런 일들을 하도록 강제되겠지만, 지금까지 이것이 바람직하다고 생각되지는 않았다. 또한 만일 이렇게 될 경우, 난해하고 위험하기조차 한 정치적인 투쟁을 유발할 수도 있을 것이다. 아니면 노동자들을 유인하기 위해, 물론 지역 시장의 제약을 벗어나지는 못하겠지만, 이런 업종들의 임금 및 노동 조건이 파격적으로 개선될 수도 있을 것이다. 그러나 이것은 경제 전반의 비용을 상승시켜, 그 결과 현존하는 사회의 계층 구조를 위협하게 될 것이다.

경제 운영자들은 이런 위험한 정책들을 택하기보다는 다른 정부의 도움을 받아, 이런 업종에 대해 거리낌이 적은 빈곤 국가 노동자들에게 자국의 노동 시장을 개방하여 국제 노동 시장으로 변환시키

고자 할 것이다. 정부는 경제적으로 뒤처져 있는 다수의 국가들에 고용 담당직을 개설하고 외국인 노동자들의 입국에 대한 규정들을 마련한다.

여기서 핵심적인 사실은 이렇게 입국한 외국인 노동자들은 새로운 가정과 "시민권"을 기대하고 있는 입국 이민자들이 아니라 '객(客)'이어야만 한다는 점이다. 왜냐하면 만일 노동자들이 미래의 시민들로서 왔다면, 그들은 일시적으로는 낮은 지위를 차지하면서 국내 노동 시장에 하나의 세력으로 합류할 것이기 때문이다. 그리고 국내 노동 시장의 노조와 복지 정책의 혜택을 받을 터이고, 시간이 흐르고 나면 최초의 딜레마를 다시 산출하고 말 것이기 때문이다. 더욱이 그들의 세력이 성장하면서 노동 시장에서 그 지역 노동자들과 직접 경쟁하게 될 것이고, 그들 중 일부는 지역 노동자들을 훨씬 능가할 것이다. 따라서 외국인 노동자들의 입국 승인을 규제하는 제반 규정은 시민권을 보장하는 것을 배제하는 방식으로 고안된다.

그들은 특정 고용주와의 계약에 따라 정해진 일정 기간 동안 머물게 되는 것이다. 만일 그들이 일자리를 잃는다면 떠나야만 한다. 또한 그들의 비자가 만료되면 어떠한 경우건 떠나야 한다. 또한 그들이 부양가족들을 동반하는 것은 금지된다. 아니면 동반하지 말라는 권고를 받게 된다. 그들의 집은 자신들이 일하는 도시 외곽에 있는 막사다. 막사는 성에 따라 따로 격리되어 있다. 그들 대부분은 20대 혹은 30대의 젊은 사람들이다. 교육은 이미 끝났고, 몸이 약한 것도 아니라는 점에서 볼 때, 그들은 설사 최소한의 복지 혜택을 받는다 하더라도 그만이다.(그들은 실업 보험을 활용할 수 없다. 왜냐하면 입국한 나라에서 실업은 허용되어 있지 않았기 때문이다.) 시민도 아니고 그렇다고 잠재적인 시민도 아니기에 그들은 정치적 권리가 전혀 없다. 다른 경우라면 강력히 주창되는 언론·집회·결사 등의 시민적 자유도 보통 그들에게는 (경우에 따라서는) 국가 공무원들에 의해 명시적으로, 그렇지 않은 경우 해고와 추방의 위협을 통해 암묵적으로 부정되고 있다.

– 마이클 왈쩌, 『정의와 다원적 평등 −정의의 영역들−』, 정원섭 옮김, 철학과 현실사, 1999.

이 예문은 복지국가로 불리는 유럽의 나라들에서도 외국인 노동자들이 경제적 효용 및 자국 이익의 보호 논리에 따라 기본적인 인권조차도 침해당했다는 사실을 드러내고 있다. 이러한 비판은 유사한 논리가 사회 제 분야에 걸쳐 강력하게 관철됨으로써 다양한 갈등이 초래되고 있는 한국 사회에도 시사하는 바가 적지 않다.

이처럼 시장만능적 자유지상주의에 대한 공동체주의의 비판은 국가가 마땅히 담당해야 할 책무가 무엇인지, 그리고 공동체의 일원으로서 개인이 수행해야 할 역할이 무엇인지를 환기함으로써 사회 갈등의 극복과 통합의 필요성을 강조하고 있다. 하지만 공동체주의의 '적극성'에 대한 강조는 공동체의 이름으로 개인에 대한 부당한 억압을 정당화하는 결과를 초래할 수 있다는 점에서 자유주의자들의 비판의 대상이 되었으며, 양자 사이의 논쟁은 여전히 진행 중이다.

결혼과 출산은 젊은 세대에게 호락호락하지 않다. 88만원세대는 일자리 부족과 낮은 임금 때문에 연애조차 힘겨워하고, 젊은 부부들은 양육비와 미비한 보육시설 등 때문에 아이 낳기가 버겁다고 말한다. 여기에다 주택비용이 상승함으로써 소득과 고용이 불안정해지고 더불어 미래 세대에도 어두운 그림자를 드리운다. 경기불황이 심해진 지난해 혼인은 8년 만에 가장 많이 감소해 전년보다 1만 6000건(-4.6%)이 줄어들었다. 통계청에서 발표한 '2009년 출산통계 잠정결과'에서 우리나라의 지난해 합계출산율은 1.15명으로 세계 최저기록을 다시 경신했다. 결혼하자니 집값이 부담스럽고, 아이를 낳자니 양육비와 집값의 이중 부담에 허덕이게 되는 구조다. 집값은 우리의 미래를 잠식하고 있다. (중략)

통계청 자료를 보면 결혼 후 주택 마련 소요기간은 2008년 기준으로 '14년 이상' 걸린다는 응답이 전국 20.7%, 서울 22.6%에 달한다. 10년 이상 걸린다는 응답은 전국 34.3%, 서울이 36.5%였다. 그나마 집값이 더 오르기 이전 상황임을 감안한다면 현재 젊은이들은 더욱 어려운 상황에 내몰리고 있다. (중략)

불안정한 직장과 소득감소는 젊은 층이 결혼을 망설이게 되는 큰 이유다. 결혼 문제는 돈 문제고, 돈은 곧 주택 문제와 직결되기 때문이다. 보건복지부가 지난해 말 전국 미혼남녀 약 6900명을 대상으로 조사한 결과 경제위기에 따른 고용불안의 영향으로 결혼의사를 가진 미혼 남성은 전체의 75.7%로 2005년(82.5%)보다 6.8%포인트 낮아졌다. 결혼희망연령도 남성이 평균 32.1세, 여성은 30.6세로 2005년(남 31.8세, 여 29.7세)보다 거의 1년 늦춰졌다. 결혼 후 '자녀가 반드시 필요하다'는 응답도 남성이 24.3%, 여성이 24%에 불과했다. (중략)

세태도 바뀌고 있다. 문화체육관광부에서 실시한 '한국인의 의식·가치관 조사'에 따르면 "배우자 선택시 가장 중요한 것"에 대해 '성격'은 96년 73.0%에서 2008년 55.0%로 감소한 반면, '경제력'은 5.4%에서 17.3%로, '장래성'은 5.4%에서 9.9%로 비중이 커졌다. 97년 팍팍한 외환위기를 겪으면서 물질적 능력이 결혼생활의 중요조건으로 부상하고 있다. (중략)

결국 부모가 자식에게 집을 사줄 여력이 없다면, 우리나라의 젊은이들은 집 마련 문제로 결혼과 미래마저 어려운 현실로 내몰리는 셈이다.

－「주거의 사회학 － "결혼·출산 나중에…" 집에 발목잡힌 젊은 세대의 미래」, 『경향신문』, 2010.4.11.

2 현대 사회의 개인과 공동체

사회의 규모가 커지고 복잡성이 증대됨에 따라 개인들 사이의 협력과 공동체적 연대의 필요성이 증대되고 있음에도 불구하고 실제로는 고립된 개인들의 무한경쟁이 강화되고 있다. 이른바 '승자 독식 시스템'의 전면화에 따른 불평등과 양극화의 심화는 공동체에 대한 개인의 헌신은 물론 개인에 대한 공동체의 보호 또한 어렵게 만들고 있는 것이다.

이처럼 현대 사회의 개인과 공동체의 관계는 다양한 요인의 작용으로 인해 결속력이 약화되고 있고 갈등은 증폭되고 있는 상황이다. 따라서 사회적 갈등을 해소하고 양자 간의 공존과 바람직한 통합을 추구하기 위한 논의가 다양하게 제시되고 있다.

구체적인 사례를 통해 그러한 갈등의 양상을 살펴보고, 주요 쟁점들에 대해 분석함으로써 문제 해결을 위한 토론과 대안 제시의 글쓰기를 연습해 본다.

1. 갈등과 쟁점

현대 사회는 이전 시대와 비교할 때 놀라운 수준의 풍요와 번영을 누리고 있지만, 전반적인 소득 수준의 향상에도 불구하고 경제적 불평등은 여전히 크게 완화되지 않고 있다. 이는 구성원들에게 상대적 빈곤감과 위화감을 불러일으킴과 동시에, 사회통합을 저해하고 계층 간 갈등을 증폭시키는 요인으로 작용하고 있다.

물론 불평등은 개인적 원인과 사회적 원인이 복합적으로 작용하여 나타난 결과일 가능성이 높지만, 어떤 것을 더 중요한 원인으로 보느냐에 따라 해결 방안 또한 달라지게 마련이다. 경제적 불평능과 그에 따른 사회적 양극화 문제에 대한 논의는 자유주의와 공동체주의의 시각차를 분명하게 보여주는 사례라고 할 수 있다.

예문 5
가) 미국 금융 기업들의 행태에 분노한 젊은이들의 시위로 시작된 '월가를 점령하라(Occupy Wall Street)' 운동은 단숨에 온 세계로 번졌다. 우리나라에서도 지난 주말 '여의도를 점령하라'는 구호 아래 집회가 열렸다.

이처럼 전 세계적으로 큰 호응을 얻은 것은 물론 그들의 항의에 많은 사람들이 공감했기 때문이다. 방만하게 운영해서 파산으로 몰렸다가 미국 정부의 엄청난 지원으로 회생하자, 두둑한 보너스부터 먼저 챙긴 미국 금융 기업들의 행태는 우리의 정의감을 너무 거스르는 탐욕이다.

문제는 금융가를 물리적으로 점령하는 것만으로는 사정이 나아질 수 없다는 점이다. 시위대가 금융 기업들을 소유하거나 경영할 길은 물론 없다. 그들이 할 수 있는 일은 정부의 지원을 받은 금융 기업들의 종업원이나 주주들이 너무 많은 보수나 배당을 받지 못하도록 하는 일이다. 그 일도 현실적으로 어렵다. 설령 그 일을 무리 없이 이루더라도 경제 상태가 나아지진 않는다.

애초에 금융 기업들의 높은 보수나 배당이 경제 위기의 근본적 요인들 가운데 하나가 아니었기 때문이다. 그들의 과실(過失)도 비난을 받아야 하지만, 그것도 이번 경제 위기의 중요한 요인은 아니었다. 위기를 낳은 요인들은 여럿이고 서로 복잡하게 얽혀, 경제학자들도 위기의 원인을 진단하는 일이나 책임을 배분하는 일에서 아직 합의에 이르지 못했다. 세계 경제가 빠르게 진화하면서 하나로 통합되는 과정은 당연히 위험하고 우리는 아직 그것을 제대로 제어하지 못하므로, 경제 위기는 앞으로도 계속 나올 터이다. 분명한 건 금융 기업들의 탐욕에 돌아갈 책임은 통념보다 훨씬 작다는 점이다. (중략)

게다가 부자들을 공격하는 일은 금융 기업들의 탐욕과 과실을 비난하는 일과 전혀 다르다. 그것은 현존하는 질서를 파괴하려는 충동으로 아주 해롭다. 가장 부유한 1%와 나머지 99%로 시민들을 자의적으로 나누고 전자 때문에 나머지가 가난하다고 주장하는 건 억지다. 부유한 사람들은 대개 다른 사람들이 찾는 재화를 공급해서 돈을 벌었다. 그 과정에서 일자리를 만들어냈고 경제가 성장하는 동력을 제공했으며 세금을 많이 냈다.

이처럼 대안을 마련하지 못한 점령은 눈에 보이는 현상에만 반응하는 민중주의(populism)의 전형이다. 잘 알려진 것처럼, 민중주의는 좋은 정책이나 기구를 만들어내지 못한다. 월가를 점령한 사람들도 아무런 성과를 내지 못한 채 물러날 것이다.

– 복거일, 「'점령'엔 책임이 따른다」, 『한국경제』, 2011. 10. 25.

나) 신자유주의자들은 양극화의 존재를 인정하려 하지 않는다. 현재의 상황을 상류층도 줄고 중산층도 줄고 빈곤층만 늘어나는 '모든 소득계층의 하방이동' 현상으로 본다. 양극화의 담론은 가진 자들로부터 더 많은 세금을 거두어 가난한 자들에게 소득을 이전하려는 포퓰리즘적 구호로 본다. 그러므로 신자유주의자들은 양극화를 해소하기 위한 적극적인 재분배정책을 기피한다.

양극화 또는 소득계층의 하방이동에 대한 신자유주의의 처방은 성장을 통한 고용증대와 부의 재분배이다. 반면에 국가에 의한 재분배기능(복지예산, 누진세 확대 등)을 경제성장을 해치는 좌파 정책으로 규정하면서 적대시한다. 또한 성장과 복지를 제로섬(Zero Sum)적인 관계로 보면서 복지의 성장유발기능을 인정하지 않으며, 오직 성장을 통한 누수효과로 복지가 개선되고 재분배 효과가 일어나는 것만을 인정한다.

그러나 지식정보화 시대에 '고용 없는 성장'이 일반화되고 있는 상황 하에서 성장만으로 고용을 창출하는 데에는 한계가 있다. 더구나 고용의 증가가 비정규직의 고용 증대로 이루어진다면 고용 창출이 소득 양극화를 해소하는 데에는 크게 기여하지 못할 가능성이 크다.

반면에 신자유주의자들은 자본편향적인 재분배투쟁에는 적극적이다. 현재 한국의 기업들은 사회에 '바닥을 향한 경주'를 할 것을 요구하고 있다. '기업하기 좋은 나라'라는 담론으로 나타나고 있는 바닥을 향한 경주는 기업의 투자를 유치하기 위해서 더 낮은 임금, 더 열악한 노동조건, 더 유연한 노동시장, 더 양호한 사회간접자본, 더 느슨한 환경규제를 요구한다. 말하자면 기업이 부담해야 할 비용을 사회에 전가함으로써 기업에 유리한 재분배를 추구하고 있는 것이다. 여기에 더하여 최근 신자유주의자들은 법인세 인하 등 감세정책을 주장하고 있다.

– 임혁백, 「양극화 시대의 한국 민주주의」, 『한국 사회의 새로운 갈등과 국민통합』, 인간사랑, 2007.

앞의 예문을 통해 알 수 있듯이, 신자유주의적 관점은 분배를 중시하는 대중의 성향과 이에 편승하려는 정치계의 퍼퓰리즘이 재정 파탄을 불러온 것이라는 입장을 견지한다. 따라서 당면한 경제위기의 해결 방안으로 개인의 이익 추구 노력 장려, 이를 통한 사회 전체의 부의 규모 및 개인들의 이익 증대를 내세운다.

이에 비해 공동체주의적 관점은 현재 사회가 더 많은 부를 가진 계층에게 유리하도록 구조화되어 있다는 점을 강조한다. 이런 현실을 간과한 채 개인의 노력과 자율성만을 강조하는 것은 불평등한 사회 구조를 심화시키는 결과를 초래한다고 본다. 따라서 사회경제적 불평등을 해소하기 위해 국가가 적극적으로 개입할 것을 주장함과 동시에, 개인들 간의 조직적 연대를 통하여 사회문제를 해결하도록 노력해야 함을 강조한다.

부의 불평등이 해결을 필요로 하는 사회 문제임에는 틀림없으나 이는 자율적인 개인의 자유 의사에 따라 선택과 결정이 이루어지는 시장 원리에 의해 해결될 사안이라는 것이 신자유주의의 시각이라면, 공동체주의는 자율적 개인의 이념과 시장이 갖고 있는 한계를 비판하면서 공동체의 개입과 개인 간 연대에 의한 분배 정의의 실현을 강조한다는 점에서 자유주의와 대조를 이룬다.

학습활동 3 다음 예문들은 최근 한국의 사회경제적 상황에 대해 상이한 진단을 내리고 있다. 이 예문들을 읽고 이러한 차이가 나타나게 된 원인이 무엇이라고 생각하는지, 그리고 각각의 논의들이 제시한 근거는 타당한지 토론해 보자.

가) 2010년은 2009년의 전 세계적 경제위기를 어느 정도 극복하고, 점차 서민생활이 안정을 찾아가는 해이다.

특히, 우리나라는 OECD 회원국 중 가장 빠른 속도로 경제를 회복하면서, 경제성장과 고용창출 등에서 민간부문의 기여도가 점차 높아지고 있다. 반도체 가격 상승 등으로 수출과 설비투자가 확대되었기 때문이며, 전반적인 세계경기의 회복도 긍정적 영향을 미친 것으로 생각된다.

[그림 1-1-1] 민간·정부부문 성장기여도

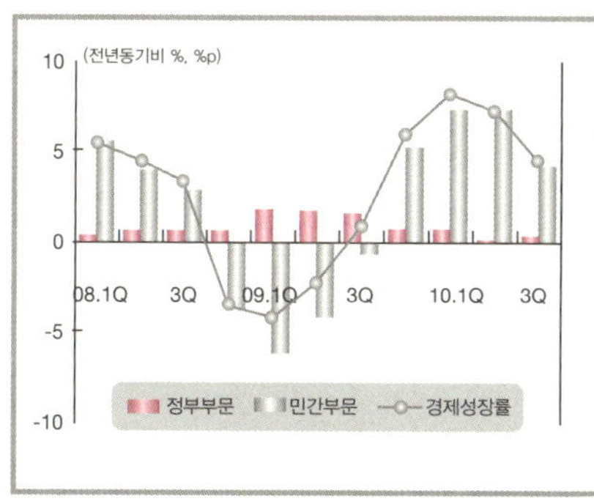

[그림 1-1-2] 취업자 증감

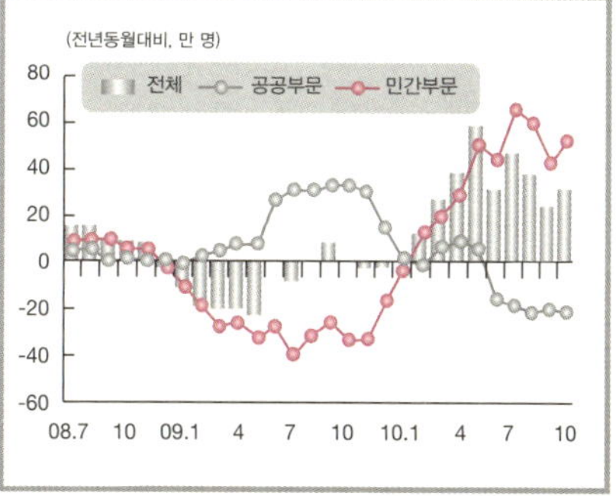

출처 : 「2011년 경제정책방향」 (관계부처 합동 '10.12)

다만, 하반기에 접어들면서 성장속도가 다소 낮아지는 모습을 보이고 있어, 아직 완전히 불확실성을 떨쳐냈다고 말하기는 어려워 보인다.

또한, 도소매·음식 숙박업 등 영세자영업의 어려움이 지속되었으며 제조업과 건설업의 임시·일용직 채용 감소로 여성과 30대가 타격을 받은 것으로 해석할 수 있다.

서민들의 삶과 직결되는 고용 부문에서는 주로 공공행정 이외의 민간 부문에서 회복세 가 나타나고 있다.

〈표 1-1-1〉 2006~2010년 고용동향

구분	2006	2007	2008	2009	2010
◎취업자(전년증감, 만 명)	29.5	28.2	14.5	−7.2	32.3
(공공행정 이외)	(28.4)	(28.7)	(10.1)	(−26.3)	(39.5)
◎비임금근로자	−7.1	−13.8	−9.2	−31.9	−19.4
−자영업자	−3.8	−8.5	−7.9	−25.9	−11.8
◎임금근로자	36.5	42.0	23.6	24.7	51.7
−상 용	28.7	41.6	38.6	38.3	69.7
−임 시	8.7	3.0	−9.3	2.2	−3.4
−일 용	−0.9	−2.6	−5.7	−15.8	−14.6
◎고용률(%)	59.7	59.8	59.5	58.6	58.7

출처 : 통계청, 「2010년 고용동향」

특히, 제조업(19만 1천 명), 보건 및 사회복지서비스(15만 5천 명) 등이 신규 취업을 견인하 면서, 연간 고용률을 전년 대비 0.1%p 끌어올려 58.7%를 기록하였다. 또한 취업구조도 상 용직이 증가세를 유지하고 임시·일용직이 줄어드는 추세로, 고용의 질이 개선되고 있음을 알 수 있다.

한편, 2010년 가구당 연간 가계소득 증가율은 5.8%이나 가계지출 증가율은 이를 상회하 는 6.7%를 기록하였고, 이로 인해 가계수지 흑자율이 소폭 하락하였다.

또한, 생필품 가격 급등 등으로 서민 체감 물가가 일시적으로 높아지는 등 서민생활과 체감경기는 여전히 개선되지 못하고 있는 것으로 보인다.

그럼에도 불구하고 주목할 것은 최근 몇 년간 계속해서 악화되어 오던 소득분배 지표들 이 반등하고 있다는 점이다.

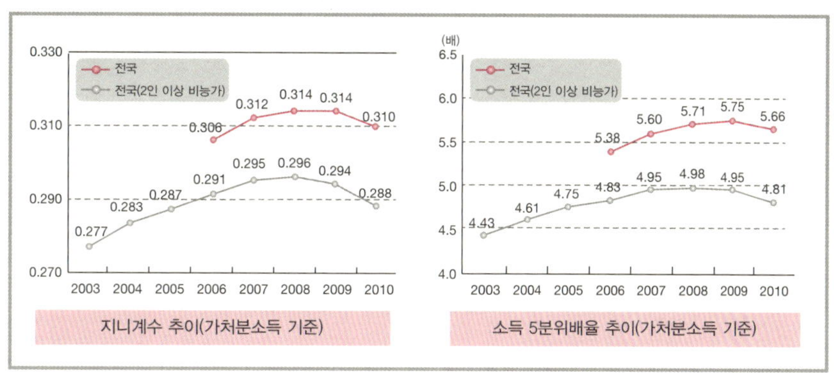

[그림 1-1-3] 소득분배 지표 추이

출처 : 통계청, 「2010년 가계동향」

특히, 최근 몇 년간을 살펴보면, 일부 지표의 경우 2010년 들어서 처음으로 개선된 것으로 나타나고 있다. 실제 소득 1~2분위 증가율(8.5~8.8%)이 4~5분위 증가율(4.4~5.4%)보다 높게 나타났는데, 상대적으로 저소득층의 소득 여건이 개선되고 있는 것으로 보인다.

– 보건복지부, 〈2010 보건복지백서〉, 2011.

나) 2008년 글로벌 금융위기는 우리 사회안전망의 제도적인 한계를 명료하게 보여주었다. 실직 위험은 근로취약계층에 집중되었지만, 사회안전망은 무력하였다. 이들을 대상으로 재정지원을 통한 25만 개의 한시적 일자리와 직업훈련 등이 대규모로 제공되어 실업률 상승을 대폭 완화한 효과는 있었으나 고령자 및 주부 등이 많이 포함되어 있어 효율성이 적었고 실질적인 실업의 흡수와 장기고용으로 연계되는 효과는 적었다.

복지정책에서는 경제회복이 조기에 가시화되었고, 기초수급제도, 긴급복지제도 및 한시 생계비지원 등 소득지원사업에 있어서도 재산과 금융자산기준 등 제한적인 자격요건과 고용정책에서의 경쟁사업 시행 등으로 소득지원규모가 계획보다 크게 밑돌거나 저조하였다.

거시정책지표, 재정운용 및 고용과 복지정책 등 사회경제정책은 전반적으로 분배구조를 통하여 가계의 가처분소득 등 삶의 질에 영향을 미치게 된다. 우리나라는 기본적으로 분배구조가 부익부 빈익빈의 체제를 갖고 있는데 경기후퇴가 시작된 2008년 이후 2011년 상반기 중에 사회경제정책의 기조가 분배구조 악화 쪽으로 작동되었다고 말할 수 있다. 사회경제정책은 경기후퇴를 계기로 하여 저금리, 고환율과 물가상승, 법인세에 대한 대규모 감세, 고용의 양과 질 면에서의 미흡한 정책노력, 복지정책의 소극적 운용 등 국민을 빈곤화시키는 정책기조로 일관하였다. 그 결과 경제주체, 산업과 대기업 중소기업 간, 노동시장 등 사회경제의 각 면에서 양극화가 심화되었다.

재정지출 규모와 증가액: 정부 총지출, 복지지출 및 의무지출액 비중

(단위: 조원, %)

	2008	2009	2010	2011
	추경	추 경	예 산	예 산
통합재정수지	11.9	−22.0	−2.0	5.3
관리대상수지	−15.6	−51.0	−30.1	−25.0
국가채무(GDP 대비)	309.0(30.2)	359.6(33.8)	407.2(36.1)	435.5(35.1)
정부총지출	262.8(100.0)	301.8(100.0)	292.8(100.0)	309.1(100.0)
복지분야 지출(비중)	68.8(26.2)	80.5(26.7)	81.2(27.7)	86.4(28.0)
비복지분야 지출(비중)	194.0(73.8)	221.3(73.3)	211.6(72.3)	222.7(72.0)
감세액(복지분야 대비)	6.2(9.0)	16.4(20.3)	21.4(26.3)	21.3(24.7)

자료: 국회예산정책처 자료.

– 한국빈곤문제연구소, 「실업·빈곤동향과 고용·빈곤정책의 개선방안」, 2011.

2. 진단과 전망

　자유주의와 공동체주의는 개인과 공동체의 관계 및 사회적 갈등에 대해 상반된 시각과 입장을 지니고 있으며, 각 논의는 설득력을 지니지만 일정한 한계와 약점 또한 내포하고 있다. 때문에 어느 한 쪽의 견해가 더욱 타당하다는 식의 판단을 내리기 어려운 것이 사실이며, 양자 사이에는 다양한 형태의 이론적 입장이 분포되어 있다. 따라서 우리는 이러한 입장들의 주요 논지와 그 근거에 대한 비판적 분석을 통해 개인과 공동체의 관계에 대한 합리적인 인식을 추구하고, 이를 토대로 현실의 구체적 이슈에 따라 바람직한 문제 해결 방안을 모색해야 할 것이다.

　다음 예문을 읽고 문제 해결을 위한 토론 과정의 글쓰기 방법에 대해 생각해 보자.

예문 6 　사람들이 서서히 인구 구조에 대해 관심을 가지기 시작했다. 통계청 발표에 따르면 10년 이내에 우리나라 인구의 절대수가 감소하기 시작한다. 10년 후에는 인구 7명 중 한 명이 65세 이상 노인이고, 20년 후에는 인구 4명 중 한 명이 노인이다. 생각만 해도 두려움이 앞서는 무서운 현실이 바로 코앞까지 다가와 있는 상황이다. 사람들이 아파트나 주택을 살 때 고려하는 미래 시간범위는 짧게는 5년에서 길게는 10년 정도일 것이다. 10년 후의 인구변화가 주택가격에 미칠 영향을 고려한다면 지금 선뜻 집을 사기는 쉽지 않을 것이다. 최근 주택가격이 하락 안정세를 보이는 이유에는 미래 인구 변화라는 요인이 포함되기 시작했을 가능성이 크다.

　　인구 고령화가 우리 경제와 사회에 미치는 영향에 대해서는 다양한 연구가 진행 중이지만 세대갈등에 대한 부분은 비교적 논의가 부족한 상황이다. 지금까지 한국 사회의 주된 갈등 요인은 지역과 이념이었다. 그러나 향후 인구의 국가 간 이동이 증가하고, 지역 간 이동 또한 많아지면서 지역갈등 문제는 서서히 완화될 것으로 예상된다. 또한 한국 사회의 가치가 다원화되고 성숙도가 깊어지면서 이념갈등의 진폭과 광폭도 점진적으로 완화될 가능성이 크다. 그러나 이와 반대로 세대갈등은 인구 구조가 급격하게 변화함에 따라 시간이 갈수록 더욱 확대될 것으로 예상된다. 왜냐하면 인구 구조의 변화로 인한 세대갈등의 본질은 풀기가 쉽지 않은 경제적 이해관계이기 때문이다.

　　갈등의 양상은 이미 곳곳에서 감지되고 있다. 청년들은 일자리를 찾아 수백 개의 회사에 입사원서를 쓰고 있는데, 이미 안정된 자리를 확보하고 있는 중년들은 오랫동안 그 자리를 점유하기 위해 다양한 방법을 통해 정년 연장을 도모하고 있다. 그린벨트는 후대에게 물려줄 귀중한 환경자산이었지만, 지금은 현세대의 주택 문제 해결을 위해 아파트들이 속속 들어서고 있다. 아이러니한 부분은 국가부채다. 국가부채는 본질적으로 미래 세대가 쓸 자원을 오늘의 세대가 미리 써버리는 행위다. 국가부채에 관한 한 오늘의 청년세대는 매우 불행한 세대다. 형식적으로 볼 때 미래 세대는 현재 세대에 돈을 빌려준 채권자다. 그러나 인구가 줄어드는 상황에서 채권의 만기가 오면 자신들의 세금으로 그 채무를 갚아야 한다. 자기 돈을 빌려주고 그 돈을 다시 자기가 갚아야 하는 상황이 온다는 말이다. (중략)

　　세대 간 경제적 이해 갈등은 시간이 갈수록 노인 인구가 급격히 늘어나면서 더욱 첨예하게 확대될 것이다. 현재의 중년층들은 60대에 은퇴하는 경우 평균적으로 20~30년은 더 살아야만 하지만 여기에 필요한 노후소득은 충분하지 않다. 그렇다고 이들에게 왜 노후를 제대로 준비하지 못했느냐고 탓할 수만은 없다. 이들은 고도성장과 외환위기, 글로벌 금융위기를 겪으면서 성공을 생각하기는커녕 생존의 무게에 허덕이는 삶을 살았기 때문이다. 향후 경제성장률이 저하되고 괜찮은 일자리의 증가 속노가 둔화되면서 청년층도 궁지에 몰리게 될 것이다. 소득증가율이 미미한 상태에서 소득세와 복지세가 증가하기 시작하면서 청년층의 인내도, 감당할 수 있는 능력도 서서히 한계점에 도달할 것이다.

　　세대 간 경제적 갈등이 본격적으로 분출되기 시작하는 상황이 됐을 때가 돼서야 비로소 문제 해결을 시도한다면 결코 이 문제는 풀릴 수 없다. 지금은 인구 감소의 문제 자체를 해결하려는 노력도 중요하지만, 인구 구조 변화에 따른 세대 간 갈등의 문제를 합리적으로 해결하는 노력을 본격적으로 시작해야 하는 시기다. 당면한 세대 간 일자리 갈등에서부터 머지않은 시기에 다가올 연금 갈등, 그리고 노인복지 갈등에 대한 근본적이고 합리적인 대안 모색을 지금부터 시작해야 한다.

— 강석훈, 「세대 간 경제적 갈등의 쓰나미가 오고 있다」, 『중앙일보』, 2010. 6. 25.

　　이 예문은 한 사회의 갈등이 개인과 공동체에 미칠 수 있는 영향을 설명하고 있다. 즉 세대 간 경제적 갈등이 미래의 한국 사회가 직면하게 될 문제라는 점을 설명한 후, 대안 마련의 필요성을 강조하고 있는 것이다.

　　그러나 이 글에는 구체적인 해결책이 제시돼 있지는 않다. 토론 과정의 글쓰기는 문제의 진단과 분석을 넘어 실현가능하고 타당성 있는 대안을 제시할 때 비로소 그 목적을 달성하게 된다. 그러므로 읽는 이는 앞의 예문에 제시된 내용을 참고하여 관련 자료를 탐색해 보고 자신의 관점을 명확하게 정립한 후, 스스로가 문제 해결을 위한 방안을 제시하는 글을 써 볼 필요가 있다.

다음 예문은 문제에 대한 진단과 분석을 통해 대안을 제시하는 글쓰기의 한 전형을 보여 준다.

예문 7　신자유주의 시대로 접어들면서 세계를 연결하는 금융망이 형성되었고 세계 경제 또한 하나로 통합되었다. 그런데 최근 들어 여기에 균열이 생기고 붕괴되는 상황까지 나타나기 시작하자 세상은 이제 신자유주의와 자본주의의 미몽에서 깨어나 그 대안을 찾는 데 힘을 쏟고 있다. 식량주권과 탈세계화 패러다임은 바로 이런 상황과 관련이 있다.

오랫동안 지역 및 국가 공동체에 식량을 공급하는 역할을 맡아온 것은 영세소농들이었지만 이들은 이제 신자유주의적 자본주의에 밀려나 역사적 유물이 될 처지에 놓여 있다. 영세소농들의 자리를 차지한 신자유주의적 자본 기업농들은 중상류층 소비자들을 상대로 하는 국제시장을 겨냥하여 자본 위주의 단작 영농에 박차를 가한다. 자본 기업농의 목표는 세계의 식량 생산 및 공급 시스템을 완전히 뒤바꿔놓는 데 있다. 영세소농들로는 세계 인구를 먹여 살릴 수 없기 때문에 기업농으로 대체되어야 한다는 주장은 이 목표를 실행하기 위해 그들이 개발해낸 논리 중 하나이다. 사실 영세소농들은 세계 인구를 먹여 살리겠다는 야심을 갖고 있지 않다. 그들의 의식이나 능력 범위는 지역 공동체나 국가 공동체의 한계를 벗어나지 못하는 것도 사실이다. 그렇다고 기업농이 그들의 주장처럼 세계를 먹여 살릴 수 있는 최선의 방책 역할을 제대로 하고 있는 것도 아니다. 기업농들이 국제적인 생산 체제와 공급망을 형성시켜 독점적 이익을 추구함에 따라 오히려 사상 유래를 찾아볼 수 없을 정도로 기아 문제와 저질 식량 문제가 크게 악화되었을 뿐이며 농업과 관련한 환경 파괴 사례도 그 어느 시대보다 많아졌을 따름이다.

영세소농들은 그들의 한계에도 불구하고 어떤 상황에서든 자율성과 다양성과 협동정신을 발휘하며 활기를 잃지 않는다는 특성을 보인다. 사회적, 경제적 재편이 불가피할 만큼 커다란 위기 상황에 놓인 지금, 우리는 이 같은 요소들의 가치를 되새겨볼 필요가 있다. 환경위기가 가속화되고 도시 산업화의 역기능이 커져가는 데다 세계화가 세상을 전반적인 침체로 몰아감에 따라 농촌 이외의 지역에서도 많은 사람들이 '농민들의 방식'에 대해 관심을 보이는 것도 사실이다. 실제로 전통적 영농 방식으로 돌아가자는 운동에 동참하는 사람들이 많아지면서 자본주의 방식을 포기하는 영농가들도 생겨났고 도시민들이 소규모로 농사를 짓는 일도 많아지고 있다. 이처럼 세계 곳곳에서 도시 농업이 확대된다면 다른 생업과 농업을 병행하는 새로운 형태의 농민이 출현할지도 모른다. 그와 동시에 농업의 주 무대가 농촌에서 대도시로 이동하게 될 가능성 또한 전혀 배제할 수 없는 일이다. (중략)

WTO와 같은 특정 기구나 제도에 대한 반대가 농민운동의 상징인 것처럼 여기는 것이 농민운동을 바라보는 대체적인 시각이다. 하지만 농민운동의 활동이 여기에 그치는 것은 아니다. 농민운동은 현재의 식량 수급 체계에 대한 대안 마련에도 대단한 노력을 기울여왔다. 그 결과로 나타난 것이 식량주권 패러다임이다. 식량주권이 강조하는 사항들은 자본주의식 기업농을 떠받치고 있는 모든 핵심 요소들과 정면으로 배치된다. 식량을 자급해야 하고 농업생산 양식을 해당 공동체 성원들이 자율적으로 결정해야 하며 화학기술이나 생명공학에 의존하는 농법을 배제해야 한다는 것, 그리고 농지가 균등하게 분배되어야 하고 식량 생산과 분배는 주로 소농과 협동기업에 맡겨야 한다는 것이 식량주권의 주요 내용이다.

농민운동이 강조하는 또 하나의 사항은 전통적인 생산 양식에 상당한 가치를 두고 있다는 점이다. 조상들이 수 세기 동안 자연과 상호 조화를 이루면서 축적해 온 지혜가 그 속에 담겨 있다고 보기 때문이다. 이런 태도는 과거에 대한 집착에서 비롯된 것이 결코 아니다. 발전된 과학기술과 영세농법이 공생할 수 있는 길을 모색하여 영세농법이 지닌 우월성을 지키고자 하는 것이다. 자본 기업농으로 인해 환경이 파괴되고 건강에 해로운 저질의 식량이 생산된다는 것은 분명한 사실이다. 이 같은 사실에 비추어볼 때 전통적 영세농법이 지니는 가치가 대단히 크다는 것이 소규모 농업을 옹호하는 사람들의 확신이다.

세계 경제가 붕괴되고 생산 부문에서 탈세계화가 빠르게 진행됨에 따라 대안 경제 체제를 모색하고 있는 여러 곳에서는 영세농법이 하나의 모델로 자리를 잡아가고 있다. 이는 식량주권 및 비슷한 원칙을 기반으로 하는 여러 패러다임들이 사회의 모든 부문과 관련이 있고 또 실제로 사회 각 부문을 모두 중대하게 여기고 있다는 것을 보여주는 대목이다.

– 월든 벨로, 『그 많던 쌀과 옥수수는 모두 어디로 갔는가』, 김기근 옮김, 더숲, 2010.

개인과 공동체의 갈등은 개별 국가 내에서만 나타나는 문제가 아니다. 고도산업사회의 전개에 따라 급속히 진행되는 시공간의 압축은 개인과 공동체를 둘러싼 갈등이 전지구저 차원에서 일어나는 문제임을 실감케 하고 있다. 앞의 예문 역시 식량의 공급을 둘러싸고 지역 및 국가 공동체 차원에서 벌어지고 있는 이해 갈등에 대한 대안을 제시하고 있는 글이다. 이 글은 개인과 공동체의 관계에 대한 인식과 조망이 국제적·미래적 시각에서 이루어질 필요성이 있다는 점을 여실히 보여주고 있다. 개인과 공동체의 관계 및 사회적 갈등에 대한 여러 입장과 대안 또한 이러한 시각에서 그 타당성이 검토되어야 할 것이다.

학습활동 4 【예문 6】의 화제인 세대간 경제적 갈등이 한국사회에 미칠 영향을 분석하여 그 해결책을 발표한 후, 타당성과 실현가능성에 대한 의견을 나눠보자.

1 다음 글과 시청각 자료를 참조한 후 애덤 스미스가 왜 시장의 자유를 지지하면서도 정작 신흥 자본가들을 가리키는 제3계급에 대해서는 비판적인 시각을 보였는지 그 이유에 대해 생각해 보자. 그리고 그의 생각이 오늘날에도 타당한지 아니면 비판될 여지가 있는지에 대해 자신의 입장을 정하고 한 편의 글을 써 보자.

가) 10. 이윤으로 살아가는 사람들의 이익은 사회 일반의 이익과 반드시 일치하지는 않는다.

고용주들로 구성된 제3계급은 이윤으로 살아가는 사람들의 계급이다. 한 사회의 유용노동의 대부분을 움직이는 것은 이윤획득을 위해 사용되는 자본이다. 자본 투자자의 의도·계획이 노동의 가장 중요한 모든 작업을 결정·지휘한다. 모든 의도·계획이 지향하는 궁극적 목적은 이윤이다. 이윤율은 지대·임금과 같이 사회의 성쇠와 함께 등락하는 것은 아니다. 이와는 반대로, 이윤율은 부유한 나라에서는 자연히 낮고, 빈곤한 나라에서는 높으며, 가장 빠르게 망해가는 나라에서는 이윤율이 가장 높다 (중략)

제 3계급 중 보통 최대의 자본을 투하하며, 그들의 부(富)로 인해 정부로부터 가장 큰 배려를 받는 층은 상인과 공장주 두 계급 사람들이다. 또한 그들은 일생 동안 여러 가지 계획·목표에 몰두하고 있으므로 대부분의 대지주보다 예리한 이해력을 갖는 경우가 많다. 하지만 그들은 사회의 이익보다도 자신의 특수한 사업상의 이익을 더 많이 고려하므로, 그들의 판단은 가장 공평한 경우에도(그들의 판단이 모든 경우에 공평한 것은 아니다) 사회의 이익보다는 자기 계급의 이익을 더욱 고려하고 있다. 그들이 대지주보다 나은 점은 그들이 공공의 이익에 더 밝다는 점이 아니라, 자기 자신의 이익에 대해 지주보다 더 밝다는 데 있다. 자신들의 이익에 관한 아주 뛰어난 바로 이 지식에 의거하여, 그들은 종종 지주의 관대함에 호소함으로써, (지주의 이익이 아니라) 자신들의 이익이 곧 공공의 이익이라는 매우 단순하지만 진지한 신념에서, 지주로 하여금 지주 자신의 이익과 공공의 이익 모두를 포기하도록 설득했던 것이다.

하지만 어떤 특수한 상업·제조업 분야에서 상인과 제조업자의 이익은 항상 몇몇 측면에서는 공공의 이익과 다르고, 심지어는 상반되기도 한다. 시장을 확대하고 경쟁을 제한하는 것은 항상 상인과 제조업자의 이익이 된다. 시장을 확대하는 것은 종종 공공의 이익에 합당할 수 있지만, 경쟁을 제한하는 것은 항상 공공의 이익과 충돌한다. 왜냐하면, 경쟁을 제한하면 상인과 제조업자는 자기 자신의 이익을 위해 동료시민들에게 불합리한 세금(예 : 상품의 가격인상)을 부과할 수 있으며, 이에 따라 상인과 제조업자의 이윤은 자연적인 수준 이상으로 증가하기 때문이다.

따라서 이러한 계급이 제안하는 어떤 새로운 상업적 법률·규제들에 대해서는 항상 큰 경계심을 가지고 주목해야 하며, 그것들을 매우 진지하고 주의 깊게 오랫동안 신중하게 검토한 뒤에 채택해야 한다. 왜냐하면 그들의 이익이 정확히 공공의 이익과 일치하지 않는 계급, 그리고 사회를 기만하고 심지어 억압하는 것이 그들의 이익이 되며 수많은 기회에 사회를 기만하고 억압한 적이 있는 계급으로부터 나온 제안이기 때문이다.

— 애덤 스미스, 『국부론』, 김수행 옮김, 비봉출판사, 2007.

나) 시청각 자료 〈EBS 지식채널e — 국부론 1권 제 11장〉, 2007. 1. 22.

2 다음 글을 읽고 두바이 프로젝트에 대해 긍정 혹은 비판의 입장에서 자신의 의견을 서술하는 글을 써 보자.

낯선 낙원에 온 것을 환영한다. 그런데 여러분이 있는 이곳은 어디일까? 마거릿 애트우드의 신작 소설이나 필립 K. 딕의 〈블레이드 러너〉 미간행 속편인가, 아니면 도널드 트럼프의 허풍인가? 아니다. 여기는 페르시아만의 도시국가인 2010년의 두바이다.

두바이(현재 인구 150만 명)는 상하이(인구 1,500만 명) 다음으로 지구에서 가장 거대한 건설 현장이다. 현지인들이 '최고의 라이프스타일'이라고 자랑하는 과시적 소비의 꿈의 세계가 바야흐로 모습을 드러내고 있다. 두바이는 용광로 같은 기후(섭씨 49도가 보통인 여름날에 최고급 호텔들은 수영장 물을 차갑게 식힌다)와 교전지역에 인접한 위치에도 불구하고 2010년까지 매년 1,500만 명의 외국인이 600개의 마천루와 쇼핑몰이 숲을 이룬 이 매혹적인 도시를 찾을 것이라고 자신만만하게 예상한다. 연간 1,500만 명이라면 뉴욕 관광객보다 세 배나 많은 수치이다. 에미리트항공은 두바이의 새로운 세계적 허브 공항인 제벨알리 공항을 오가는 관광객을 실어 나를 보잉과 에어버스 비행기를 370억 달러어치나 주문해 놓았다. (중략)

수십 개의 이국풍 거대 프로젝트가 이미 건설 중이거나 설계 마무리 단계에 있다. 인공섬 '아일랜드 월드'(로드 스튜어트는 3,300만 달러에 '영국'을 샀다고 한다), 지구상에서 가장 높은 빌딩 부르즈 두바이, 수중 호화 호텔, 육식 공룡들, 실내 스키장, 초대형 쇼핑몰 등. 7성급 호텔인 돛단배 모양의 부르즈 알아랍—흡사 제임스 본드 영화 세트장을 연상하게 한다—은 160km까지 내다보이는 전망을 갖춘, 하룻밤에 5,000달러짜리 방으로 이미 세계적으로 유명세를 떨치고 있다. 아랍 왕족이나 영국 록스타, 러시아 억만장자 등만 손님으로 받는다고 한다. 그리고 자연사박물관 재정국장의 말에 따르면 공룡은 "런던박물관의 인증을 받은 것으로 교육과 과학이 재미있을 수 있음을 입증할 것"이다. 또 "쇼핑몰을 통과해야만 공룡 테마파크에 입장할 수 있기 때문에" 수익성도 좋을 것이라고 한다.

가장 거대한 프로젝트인 두바이랜드는 판타지 세계가 얼마나 아찔한 경지까지 도달할 수 있는지를 보여주는 새로운 단계이다. 말 그대로 '테마파크 중의 테마파크'가 될 이곳은 디즈니월드의 두 배 규모로 직원만 30만 명에다가 매년 1,500만 명의 방문객을 맞이할 것으로 예상된다(숙박비를 제외하고도 한 사람당 하루에 최소 100달러는 쓸 것이다). 초현실주의 백과사전과도 같은 두바이랜드의 45가지 '세계 일류' 프로젝트에는 바빌론의 공중 정원, 타지마할, 피라미드 등의 복제품뿐 아니라 스키 리프트와 북극곰을 완비한 설산, 익스트림 스포츠 센터, 누비아 마을, 세계 생태여행 체험관, 거대한 안달루시아식 온천 휴양단지, 골프장, 자동차 경기장, 경마장, 환상 체험관 '판타지아', 중동 최대 규모의 동물원, 5성급 신축 호텔 대여섯 개, 현대 미술관, 아라비아몰 등도 있다. (중략)

또한 도시국가 두바이는 영국의 인도 지배의 중요하고 악명 높은 측면만 모아놓은 축소판이기도 하다. 인구의 절대 다수가 남아시아 출신의 계약노동자로서 단 한 명의 고용주에게 묶인 채 전체주의적인 사회통제를 받아야 한다. 두바이의 호화로운 라이프스타일을 가능하게 하는 것은 필리핀, 스리랑카, 인도 출신의 엄청난 수의 가정부들이며, 건설 호황을 지탱하는 것은 파키스탄과 인도 출신의 저임금 노동자집단이다. 건설노동자들은 아스팔트까지 녹이는 사막의 열기 속에서 2교대로 12시간씩 일주일에 6.5일을 일한다.

이웃 나라들과 마찬가지로 두바이 역시 국제노동기구의 노동 규정은 아랑곳하지 않으며 국제적인 이주노동자권리협약도 채택하지 않았다. 2003년에 인권감시단은 아랍에미리트가 '강제노동'으로 번영을 구가하고 있다고 비난했다. 『인디펜던트』에서 최근에 역설한 것처럼 "두바이 노동시장은 옛 식민지종주국인 영국이 이곳에 도입했던 케케묵은 계약노동 제도와 매우 흡사하다." 런던에서 발행되는 이 신문의 말을 계속 들어보자. "가난했던 선조들처럼 오늘날의 아시아 노동자들은 아랍에미리트 연방에 도착하는 순간 사실상 몇 년 동안 노예노동을 하기로 계약서에 서명할 수밖에 없다. 공항에 도착하자마자 고용 담당자들에게 여권과 비자를 빼앗기면서 곧바로 모든 권리를 잃고 만다."

– 마이크 데이비스·D.B. 멍크 외, 『자본주의, 그들만의 파라다이스』, 유강은 옮김, 아카이브, 2011.

3 한 개인이 고립되고 파편화된 상태를 넘어 자신의 의사를 사회에 반영하기란 쉽지 않다. 그럼에도 불구하고 이 글의 필자는 도덕적 기반을 구축하기 위한 개인의 정치적 선택과 연대가 사회의 바람직한 변화를 가능케 하리라는 전망을 제시하고 있다. 우리 사회가 당면한 문제들 중 하나를 선택해 이를 해결하기 위해 개인이 할 수 있는 일은 무엇이라고 생각하는지 자신의 견해를 한 편의 글로 완성해 보자.

우리는 만물을 상품화하고 인간을 경쟁의 논리에 종속시키는 자본주의 시장경제가 과연 '도덕'이라는 문제설정을 가능케 할 것인가를 다시 묻지 않을 수 없다. 이 문제와 관련하여, 자기조절적인 시장이 경제와 정치를 분리시킨다고 본 폴라니(Polanyi)는 시장이 연대의 가치를 창출할 가능성은 단연코 없다고 단언한다. 시장은 인간을 철저하게 이기적이고 개인적인 존재로 파편화시킬 수밖에 없으며 어떠한 사회적 규제도 거부하게 된다고 보았던 것이다.

적나라한 이해관계가 지배하는 공간에서 도덕이란 우선 이해의 합리적 조정, 즉 계약의 질서와 그것을 강제할 수 있는 법규범을 성립시키는 데서 출발할 것이다. 그러나 불행하게도 법은 강렬한 이기심을 규제하기에는 너무나 미약하고, 또 불리한 계약자들의 복종을 유도할 정도로 중립적이지도 않다. 이것이 바로 자본주의 사회가 안고 있는 위기, 즉 하버마스(Habermas)가 말한 후기 자본주의 사회의 만성적인 정당성의 위기이다. (중략)

자본주의 사회에서 이해관계와 권력의 욕구라는 것은 너무나 강렬한 것이어서, 그것을 상쇄할 수 있는 견제력이 존재하지 않는 한 자기파괴에 이를 때까지 스스로를 확장시키는 경향이 있다. 결국 정의롭지 못한 현실에서 고통받는 사람들이 일차적으로는 자기방어를 위해서, 나아가서는 스스로 권력에 참여하기 위해서 조직화되지 않는 한 개인주의는 '도덕적' 설교에 그칠 가능성이 높다.

물론 도덕적 개인이 사회의 변동과정에서 큰 역할을 한 경우를 무시할 수는 없다. 특히 정치·경제 질서를 유지하는 데 실질적인 영향력을 행사하는 지위에 있는 사람들의 '개인적' 도덕성은 대단히 중대한 의미를 갖는다. 그러나 역사를 살펴보면, 정의의 진전은 개인주의적인 책임윤리를 고민했던 소수의 엘리트보다는 정의로운 사회가 반드시 도래할 것이라고 믿으면서 순수한 열정으로 견고한 체제모순의 벽에 부딪쳤던 집단적인 운동에 의해 가능했다. (중략)

오늘 한국사회에 만연한 무도덕성과 무규범성이 한국의 독특한 근대성, 즉 일제 식민지 경험, 한국전쟁을 통한 분단된 국가 형성과 냉전질서하의 천민적인 자본주의 형성과 연관되어 있다면, 이러한 도덕적 혼란을 극복할 수 있는 일차적인 길은 우선 국가를 바로 세우는 일에서부터 출발할 수밖에 없다. 바로 국가의 도덕성을 수립하는 일, 즉 국가계급인 정치가와 관료들이 도덕적으로 될 수 있도록 밑으로부터 강제하는 일, 나아가 정의를 위해 투쟁한 세력이 정치와 사회를 이끌어가는 세력이 되도록 하는 것이 가장 우선적이다. 그것은 시장의 안팎에서 일관된 원칙이 작동될 수 있도록 정치·경제를 민주화하는 문제이며, 동시에 법의 제정과 집행 과정에서 도덕적 기반을 구축하는 문제이다. 당면의 시점에서 볼 때, 정치적 민주화와 경제 민주화는 도덕이 성립할 수 있는 가장 중요한 물질적인 기초이다.

– 김동춘, 「한국의 근대성과 도덕의 위기」, 『근대의 그늘 □ 한국의 근대성과 민족주의』, 당대, 2000.

칼럼

칼럼(column)이란 시사적인 현안이나 사회 현상에 대해 글쓴이의 입장을 피력하는 비교적 짧은 글로서 주로 신문이나 잡지 등에 게재된다. 시평(時評) 혹은 시론(時論)으로 불리기도 하는 칼럼은 대개 해당 분야의 전문가나 칼럼니스트, 기자 혹은 위촉받은 전문적 독자에 의해 집필되지만, 인터넷과 쌍방향 미디어의 발달로 인해 최근에는 전문가는 물론 일반인들까지 블로그 포스트 등의 형식으로 칼럼을 쓰고 대중들에게 영향을 미치는 경우가 적지 않다.

칼럼은 기사나 사설 등 매체의 공식적인 글과 달리 현안과 문제에 대한 글쓴이의 주관적 입장을 분명하게 드러내기 때문에 개성적이고 자유로운 글쓰기가 가능하다. 그럼에도 불구하고 칼럼은 분량이 비교적 짧기 때문에 대체로 논증적 글쓰기의 일반적인 형식인 서론-본론-결론의 3단 구성에 맞춰 집필된다. 또한 독자의 흥미를 끌기 위한 전략의 일환으로 다양한 일화나 격언 등을 삽입하는 경우가 많으므로 글쓴이는 자신의 의견이나 주장과 잘 어울릴 수 있는 소재를 포착하기 위해 많은 노력을 기울이게 된다. 이처럼 칼럼은 기본적으로는 논리적 글쓰기에 해당하지만 수필적 요소 또한 적지 않게 결합되어 있다.

여기에서는 칼럼 쓰기의 일반적인 방법을 살펴보고, 하나의 화제를 선택하여 제시된 방법에 따라 자신의 의견을 담은 칼럼 쓰기를 연습해 본다.

1. 계획하기

■ 화제 찾기

- 칼럼을 쓰려면 우선 사회적 현안이 되고 있거나 대중들 사이에서 논란의 대상이 되고 있는 문제가 무엇인지 알아보아야 한다.
- 이를 위해 각종 매체에서 보도되거나 다뤄지고 있는 이슈를 검색한 후 자신의 관점에서 명확한 의견을 표명할 수 있을 만한 화제를 탐색한다.

> **Tip 화제 선정의 방법 및 유의사항**
>
> - 시의성이 있으면서도 좀 더 많은 독자의 관심을 끌 수 있는 화제를 찾을 것
> - 논점을 분명히 드러낼 수 있으면서도 짧은 분량 안에 다룰 수 있는 화제를 고를 것
> - 상위 범주 → 하위 범주로 좁힐 것
> - 가급적 구체적이고 명확한 화제를 선정할 것

■ 주제 선정과 개요 작성

- 화제를 선택한 후 관련 자료를 탐색하여 기존의 논의를 검토해 보고 자신의 입장을 결정한다.
- 사안에 대한 자신의 의견이 명확하게 표명되도록 하나의 완결된 주제문을 작성한다.
- 작성된 주제문을 토대로 우선 가제목을 정하고 이에 따라 일정한 논리적 흐름을 형성할 수 있도록 개요를 작성해 본다.
- 주제–주제문–제목–개요 사이의 통일성과 일관성이 확보되어 있는지 검토한 후 문제점이 있을 경우 수정한다. 논지가 명확하게 정립될 때까지 이러한 과정을 반복한다.

■ 구성 방식의 유형

- 칼럼은 논증의 일반적인 구성 방식을 따르되 글쓴이의 의견이 분명하게 드러나면서도 자유로운 글쓰기가 가능하도록 체제가 갖추어져야 한다.

	3단 구성		4단 구성		5단 구성	
체제 및 각 구성 단계별 기능	도입부	일화 혹은 인용	기	일화 혹은 인용	도입	일화 혹은 인용
	전개	문제에 대한 분석과 평가	승	일화 혹은 인용의 점층적 제시	주장	의견 및 주장 표명
			전	일화 혹은 인용의 의미 부여 및 문제 분석과 평가	예상 반론	예상 반론의 요약적 제시
					논박	예상 반론의 문제점 지적 및 자기 주장의 근거 제시로 재반론
	마무리	의견 및 주장 표명	결	의견 및 주장 표명	마무리	의견 및 주장의 타당성 재확인

2. 초고 쓰기

■ 도입부 쓰기

- 도입부에서는 글쓴이가 다루는 문제가 시급하면서도 중요한 현안이라는 점을 독자에게 효과적으로 환기시킬 수 있어야 한다. 기본적으로 칼럼은 각종 매체에 게재되는 여타의 글들과 독자 확보를 위한 경쟁 관계에 놓여 있기 때문에 읽는 이의 흥미와 관심을 유발하기 위한 참신한 도입부의 서술이 관건이 된다.
- 이러한 목적을 달성하기 위해 도입부에서는 다음과 같은 방법이 주로 사용되며, 한 편의 칼럼에 두 가지 방법이 함께 쓰이기도 한다. 글쓴이는 여러 가지 방법 중에서 자신이 선택한 주제를 효과적으로 부각시킬 수 있는 것을 골라 활용하는 것이 바람직하다.

Tip 도입부 전개 방법의 예시

- 경험적 일화의 소개
- 시사적인 혹은 일반적인 사실의 언급
- 경구 혹은 잘 알려진 명제의 예시
- 수사적 표현의 활용

예문 1 ① **경험적 일화의 소개**

"이제 택시 요금 좀 오르니까 사정이 좀 나아지겠네요?"

이 말이 그렇게 염장을 지르는 것일 줄은 몰랐다. 자정 넘어 퇴근길, 택시 기사가 어렵다는 하소연을 하길래 이렇게 '위로'했더니 도리어 화를 냈다. 하소연은 광화문과 고속도로를 거쳐 분당의 집에 닿을 때까지 이어졌다. 건성건성 대답하느니, 내친김에 다 들어 보자고 작심했다.

그의 말을 요약하면 이렇다. "요금이 오르면 개인택시야 좋아지겠지만, 우리 같은 법인택시는 더 부담된다. 요금이 올라가면 손님은 줄어든다. 그러나 사납금은 올라간다. 도대체 서울시가 왜 이 헛짓을 하고 있는 거냐. 그건 결국 택시회사의 정치자금을 받아먹으려는 수작 아니냐." 신세 한탄은 음모론으로 치닫고 있었다. 기사는 "택시 기본요금을 5000원까지 올린다는 얘기가 나오는데, 그런 상황이 되면 택시 기사는 칼 들고 강도짓 하는 게 낫다"고 했다.

택시 요금이 오르면 불만이 사라질 것이란 생각은 오판이었다. 그는 이런 말도 했다. "살기 어렵다. 못살겠다 불평하지만 요즘 차 없는 집이 어디 있느냐. 요금 올리는 건 서민도 못살게 굴고, 택시 기사도 죽게 만드는 처사다." 택시 기사는 성명서를 쓰듯, 이야기를 쏟아내고 있었다.

얼마 전 전직 공무원을 만나 처음 알게 된 사실이 있다. 훈장이나 포상을 받은 사람은 일정 기간 무사고 경력을 유지하면 택시 개인면허를 신청할 수 있다는 것이다. 그분도 예전에 개인택시 면허를 받았다고 했다. 1980년대 말, 서울시 국정감사에서 4명 중 한 사람이 특혜성 개인면허를 받았다는 사실이 공개됐고, 군사정권 시절에는 군 출신들도 이런 식으로 면허를 받거나, 줄을 대서 포상을 받고 면허를 받은 사람도 있었다고 한다. 개인택시가 '돈줄'이 되던 시절 얘기다. 지금 택시 사정은 달라져도 너무 달라졌다.

– 박은주, 「요금 올린다는데 택시 기사는 왜 화낼까」, 『조선일보』, 2010. 4. 11.

② 시사적인 혹은 일반적인 사실의 언급

2013년, 아시아나항공사가 마침내 여성 승무원에게도 바지 유니폼을 입을 수 있도록 허용하였다. 지난 2월 내려진 국가인권위원회의 권고를 수용한 것이다. 이로써 여승무원에게 치마만을 입도록 규정하는 항공사는 국내에 더는 존재하지 않게 되었다.

항공사 쪽이 내세워온 치마의 명분은 '고급스러운 한국의 아름다움이라는 이미지를 강조하기 위함'이었다. 인권위가 제시한 권고의 근거는 다른 항공사들이 이미 바지를 선택할 수 있도록 하고 있다는 점, 치마만 입을 경우 비상상황 대응 때 어려움이 있다는 점, 지나친 복장 제한은 성차별적 요소를 내포하고 있다는 점 등이었다.

1992년, 세브란스는 처음으로 여의사에게 바지 입음을 허용하였다. 응급실에서 어깨가 빠진 환자의 관절을 제자리에 맞추기 위한 지렛대 동작으로 다리를 치켜들어 뻗어야 함을 들어 바지의 필요성을 피력한 의대 여학생들의 건의를 받아들인 수련부의 용단이었다. 이전까지 여의사들은 품위 유지를 위해 의사가운 아래로 언제나 치마를 입어야 하는 엄격한 복장규정을 따르고 있었다. 그해 의과대학을 졸업한 우리 학번 여자들은 최초로 바지를 입고 일하는 여의사가 되었다.

얼마 전 프랑스에서는 파리 여성이 비로소 합법적으로 바지를 입게 되었다는 뉴스가 보도되었다. 무슨 얘기인가 하면, 1800년에 제정된 파리 여성의 바지 착용 금지 법안이 213년 만에 공식적으로 폐지되었다는 것이다. 법안에 따르면 여성이 바지를 입으려면 지역 경찰의 허가를 받아야 하고 위반했을 경우 구속될 수 있다고 한다. 그동안 사문화한 법률이었으나 폐지된 것은 아니었다니 놀라울 따름이다.

– 김현정, 「여자가 바지를 입는다는 것」, 『한겨레신문』, 2013.4.17.

③ 경구 혹은 잘 알려진 명제의 예시

"기업인들은 모이면 예술을 논하는데 예술가들은 모이면 돈 이야기만 한다"는 말이 있다. 아일랜드의 유명한 극작가이며 소설가인 오스카 와일드의 말이다. 사실 그렇다. 그런데 다른 한편 돈을 구하러 백방으로 뛰어다녀 본 예술가의 재치 있는 변명이란 생각도 해 본다.

예술을 이해하고 예술가를 존중하는 기업을 만나 후원을 받는 것은 모든 예술가의 로망이다. 순수예술이 매표 수입만으로 살아남는 것은 거의 불가능한 세상이 되었다. 오케스트라를 포함해 출연자만 모두 200명이 넘는 오페라, 발레, 창극 등 대형 공연은 티켓이 모두 매진된다 해도 적자를 면키 어렵다.

순수예술에 종사하는 이상, 기업 협찬에 매달려 울고 웃는 일은 피할 수 없는 숙명이 되었다. 한 해만 도와 달라고 매달린 기업이 해마다 후원을 하겠다고 할 때는 날아갈 듯이 기뻤지만, 다 성사된 것으로 믿고 방심하다 막판에 망연자실하거나 청탁에 못 이겨 주는 협찬금을 받으면서 수치심으로 괴로웠던 적이 더 많았다.

– 안호상, 「즐거운 상상」, 『매일경제』, 2012.8.17.

④ 수사적 표현의 활용

10억 원이 생긴다면 잘못을 하고 1년 정도 감옥에 가겠다. 1년만 고생하고 나오면 마음대로 돈을 펑펑 쓰면서 살 수 있으니까. 자유의 구속, 불명예, 죄의식도 두렵지 않다. 돈 없는 자유는 자유가 아니며, 명예와 양심보다 돈이 소중하며, 돈이 곧 인생의 미래다.

고교생 44%가 이런 생각으로 살고 있는 나라가 대한민국이다. 흥사단 투명사회운동본부의 윤리의식조사에 의하면 중학생(28%), 초등학생(12%)이라고 크게 다르지 않다. 이러니 남의 물건을 주우면 가지고, 숙제는 인터넷에서 베끼고, 불법 다운로드를 하는 것쯤이야. 청소년 절반 이상(52.5%)이 인생에서 가장 추구하고 싶은 것으로 '돈'을 꼽은 것은 당연하다.

어른들은 다를까. 정말 솔직한 답을 들을 수 있는 설문조사라도 한번 해 보고 싶다. 심하면 심했지 결코 덜하지 않을 것이다. 거액의 보험금을 노린 위장결혼과 살인, 명품을 사기 위한 수십억 원의 횡령 같은 극단적 얘기가 아니다. 내심 아이들과 같은 생각을 하는 부모들이 적지 않을 것이다. '나는 죄인이 되어도 상관없다, 대신 자식들은 그 돈으로 편하게 공부하고, 행복하게 살 수 있을 테니까.' 알게 모르게 자식은 부모의 마음을 읽는다.

– 이대현, 「누굴 탓하랴」, 『한국일보』, 2013.1.8.

▪ 마무리 쓰기

- 마무리 부분은 전개한 내용의 핵심을 간결하게 정리하고 글쓴이의 입장이 무엇인지 읽는 이가

분명하게 알 수 있도록 서술되어야 한다.

- 글쓴이의 주장은 직접적으로 명시되는 것이 일반적이지만, 간접적 암시를 통해 독자의 적극적인 해석을 유도하는 전략을 활용할 수도 있다.

> **Tip 효과적인 마무리 쓰기의 방법들**
>
> - 주장 요약 및 대안 제시
> - 경구 또는 잘 알려진 명제 제시
> - 문제 상황 환기
> - 수사적 표현 활용

3. 고쳐 쓰기

- 논리적 구성을 갖춘 글에 대한 일반적인 검토와 수정의 방법을 따르되 특히 다음과 같은 점에 유의한다.

		예	아니오
[점검사항]	1. 공공 이익의 증진과 사회 전체의 바람직한 변화에 기여할 수 있는 주제가 선택되었는가?	____	____
	2. 불특정 다수의 독자 대중에게 쉽게 이해되고 관심을 끌 수 있도록 서술되었는가?	____	____
	3. 도입부에 활용된 일화·사례·경구 등이 본론에서 다루고 있는 내용과 적절하게 부합되고 있는가?	____	____
	4. 단지 반대를 위한 반대, 비난을 위한 비난, 그리고 미처 생각하지 못했던 부당한 인신공격적 진술이 들어 있지는 않은가?	____	____

9장 예술과 비(非)예술

우리는 흔히 예술이 인간의 삶을 반영한다고 생각한다. 하지만 실제 우리의 삶은 예술과 괴리된 채 영위되는 경우가 적지 않다. 때문에 예술은 특정 계층 또는 특별한 사람들의 전유물이고, 생활이 여유로운 사람만이 예술을 향유할 수 있다는 통념이 여전히 지배적이다. 이러한 현실은 예술의 목적과 존재 의미에 대해 근본적인 질문을 던지게 만든다.

이 장에서는 우리 시대의 예술을 둘러싼 논쟁에 대해 이해하고, 그것을 '나'의 시각에서 비판적으로 해석하고 판단하는 글쓰기를 연습한다. 전통적 예술 개념에 반발했던 20세기 초 전위(아방가르드) 예술운동 이후, 현대의 예술이론과 실천은 예술이란 무엇인가를 재(再)정의하며 적극적으로 사회적 역할과 기능을 구축하고 있다. 이를 살펴, 지금 우리가 주체적으로 예술을 수용하고 향유한다는 것은 무엇을 의미하는 것인지 생각해 본다.

1 예술의 개념

우리는 흔히 예술은 세계 혹은 삶의 모방인 동시에 미(美)의 창조라는 통념을 갖고 있다. 그러나 인류의 예술사는 예술 개념이 시공간의 변화에 따라 다양하게 변주되었음을 증명하고 있으며, 예술에 대한 정의가 하나의 관점에 의해 고정될 수 없음을 실천으로 보여준다. 예술에 대한 생각이 고정되는 순간, 그것은 마치 값비싼 사치품이나 박물관의 아름다운 수공예품처럼 박제되어버린다. 예술이 지닌 고유의 특질인 창조성을 말살하는 것이다. 그러므로 21세기 예술작품을 수용하고 평가할 때 중요한 것은 다양한 예술이 드러내는 차이를 이해하고 수용하는 열린 태도이다.

1. 예술과 비(非)예술의 경계

현대 예술은 전통적인 의미에서 미의 창조를 목적으로 삼고 있지 않다. 오히려 예술의 정체성 자체를 다양한 방식으로 질문한다. 때문에 현대 예술에서 무엇이 예술이고 무엇이 예술이 아닌가를 따지는 것은 별다른 의미를 지니지 못한다. 오히려 예술의 정체성과 존재방식에 대한 통념적 인식을 전복시키는 것이 현대 예술의 중요 목표가 된다.

다음 예문에서 설명되고 있는 행위 역시 전통적 미의 관점에서 보면 예술 혹은 미의 창조라고 부르기 어려운 측면을 지니고 있다. 그럼에도 불구하고 이런 행위를 '예술적'이라고 주장할 수 있다면, 그 이유는 무엇인지 생각해 보자.

어떤 사람이 새벽같이 일어나 공원의 풀밭에 나간다. 풀밭에서 10미터 정도 되는 일정한 지점을 계속 왔다갔다 한다. 아침을 먹고 풀밭으로 다시 나가 같은 곳을 직선으로 왔다갔다 한다. 점심을 먹고 똑같은 일을 반복한다. 저녁을 먹고 또 몇 날을 그렇게 했는지 알 수 없지만 어느덧 왔다갔다 한 100미터 길이의 지점에 있던 풀들이 드러눕고, 그 지점에 주위의 다른 곳과 완전히 다른 긴 직선이 생겨났다. 이것이 바로 1967년에 리처드 롱(Richard Long)이 만든 〈도보로 만들어진 선〉이라는 예술작품이다.

— 조광제, 「예술 개념, 움직이는 미로」, 『철학, 예술을 읽다』, 동녘, 2006.

리처드 롱의 작업은 예술에 대한 우리의 상식을 뒤흔든다. 이러한 '의도적 전복'은 감상자인 대중으로 하여금 예술과 비(非)예술의 경계에 대한 근본적인 성찰을 불러일으킨다. 이를 통해 우리는 예술에 대한 관습적이고 자동화된 고정 관념에서 벗어나 새로운 인식과 감수성을 형성할 수 있게 된다.

다음의 그림을 감상함으로써 현대 예술의 전략이 무엇인지 살펴보도록 하자. 그것은 어쩌면 전통적 예술 개념에 저항하는 데서 시작되는 것인지도 모른다.

그림 1 조 니카스트리, 〈자화상〉, 1985, 화가 소장.

<그림 1>은 화가 자신의 자화상이다. 일반적인 자화상과 달리 4개의 분할된 그림이 조합되어 있는 이유는 무엇일까? 여기서 우리는 화가의 새로운 발상과 의도를 읽어낼 수 있다. 누구나 자신의 얼굴은 하나일 것이라고 생각하지만, 실제의 시·공간과 상황에 따라 내 얼굴도 달라질 수 있다. 화가가 주목한 것은 바로 이러한 고정될 수 없는 본질적인 '나'이다. 화가는 자신의 얼굴을 사실적으로 재현하거나 미화하여 표현하려는 것이 아니라, 다르게 표현된 4개의 '자신'을 통해 자신의 이야기를 담아내려 한 것이다.

앞의 그림은 자화상에 대한 대중의 통념에 충격을 가함과 동시에 화면 분할이라는 전략을 통해 복합적이면서도 유동적인 개인의 정체성을 효과적으로 표현하고 있다. 감상인 우리는 이러한 예술가의 전략을 적극적으로 읽어냄으로써 자신의 사고의 정형성을 극복하고 세계와 대상에 대한 새로운 인식에 도달할 수 있다. 현대 예술의 전략은 바로 이러한 전복과 저항, 그리고 부정(不定)의 미학에 기초하고 있다고 할 수 있다.

학습활동 1 소위 '막장 드라마'는 우리가 기대하는 드라마와는 다른 내용과 구성을 보여준다. 자신이 생각하는 막장 드라마의 정의를 적어보자. 그리고 그 내용을 드라마 장르와 비교해서 정리해 보자.

2. 예술에 대한 정의

예술을 수용할 때 우리는 흔히 권위 있는 비평가들의 평가와 조언에 귀를 기울인다. 어떻게 예술을 수용하고 향유해야 하는지 알지 못하기 때문이다. 하지만 이미 20세기 초 예술에 대한 전통적 개념은 무너지기 시작했다. 예술은 인간 고유의 고급스런 정신활동이라든가 진정한 가치를 지닌 무언가를 모방·재현하는 것이라는 전통적 관념은 모더니즘의 추미(醜美) 관념이나 영화처럼 무한 복제가 가능한 과학기술 매체가 등장하면서 흔들리게 되었다. 그렇다면 예술을 정의할 수 있는 기준은 무엇인가. 다음 예문을 읽어보자.

예문 2 블라디슬로프 타타르키에비츠(Wladyslaw Tatarkiewicz)는 예술작품을 다음과 같이 정의한다. "예술작품이란 쾌나 감정이나 충격을 불러일으킬 수 있는, 사물의 재현 혹은 형식의 구성 혹은 경험의 표현이다." 예술에 대한 대부분의 정의가 '어떤 사물이 A이면서 B이면서 C인 경우(A 그리고 B 그리고 C), 그 사물은 예술작품이다'는 식으로 연접적인(conjunctive) 데 반해, 이 문장은 '어떤 사물이 A이거나 B이거나 C인 경우(A 또는 B 또는 C) 그 사물은 예술이다'는 식으로 이접적 (disjunctive)으로 정의하고 있는 점에 주목하자. 타타르키에비츠는 자신의 정의가 더 큰 장점을 가지는 것으로 간주한다. 그러나 그의 정의가 뜻하는 바는, 세 가지 사물(재현물, 구성물, 표현물)이 있고, 그것들이 불러일으키는 세 가지 반응(쾌, 감정, 충격)이 있으며, 이 각 집합의 어느 것이건 하나 이상 있으면, 그건 논리적으로 해당 사물이 예술작품이 되는 충분조건이 된다는 것이다. 유일한 필요조건은 하나의 예술작품은 세 가지 사물 중 최소한 하나이면서 세 가지 반응 중 최소한 하나의 반응을 불러일으킬 수 있어야 한다는 것이다.

— 마거릿 P. 배틴, 『예술이 궁금하다』, 윤자정 옮김, 현실문화연구, 2004.

앞의 예문은 철학자 타타르키에비츠가 정의한 예술작품에 대해 설명하고 있다. 그는 예술작품이 환기하는 효과에 초점을 맞춰, 자신의 세계관, 예술 분석 기준에 따라 예술작품을 정의했다. 하지만 타타르키에비츠와 다르게 예술을 정의하는 비평가, 예술사학자, 예술철학자도 있다. 예술이 다양하게 정의될 수 있다는 것이야말로 예술을 정의할 때 요구되는 기본전제이다. 본질적으로 예술은 단일한 하나의 관점이 폭력적으로 강요되는 우리의 일상, 우리의 삶의 메커니즘에 저항하기 때문이다. 이런 의미에서 예술은 항상 삶 그 이상이 될 수 있다.

학습활동 2 각자 예술작품이라 생각하는 대상물을 구체적으로 선정한 후, 그것이 예술작품이 될 수 있는 이유에 대해 함께 토론해 보자.

2 예술작품의 수용과 평가

예술과 비(非)예술의 경계가 무너지고 예술과 일상, 가상과 리얼리티의 구분이 모호해지고 있음에도 불구하고 우리가 예술에 기대하는 바는 크게 달라지지 않았다. 예술에 대한 고전적인 기대, 곧 예술은 인간을 위로하고 구원하며 안식처가 되어 줄 것이라는 기대는 여전히 예술을 평가하는 중요한 기준으로 작용한다. 그런데 예술이 우리에게 위안을 주는 방법을 반드시 삶을 뛰어넘는 가상적 환영에서 찾을 필요는 없다. 예술은 때로 강한 충격과 전율을 통해 우리의 지리멸렬한 일상을 뒤흔들기도 한다. 달콤한 위안을 제공하기보다 삶에 대한 근본적인 문제의식을 각성시키려는 것이다.

1. 수용과 감상

예술이 언제나 논리적으로 설명할 수 있는 방식으로 우리의 인식에 작용하는 것은 아니다. 그것은 때로 미세한 감각과 비약적 정서를 통해 수용되기도 한다. 이해되지 않는다고 해서, 분석할 수 없다고 해서 예술을 느끼고 즐기지 못하는 것은 아니다. 다음 예문을 읽어 보자.

1946년 어느 오후, 함부르크의 레페르반 가를 따라 걷고 있었을 때의 일이었다. 그날따라 음습한 회색 안개가 불구의 모습을 한 창녀들 주위를 소용돌이치고 있었는데 그녀들의 뺨은 움푹 패이고 코는 퍼렇게 변색되었으며 개중에는 목발을 짚은 여자들도 섞여 있었다. 그런 음울한 풍경 속에서 나는 한 떼의 아이들이 잔뜩 흥분해서 어느 나이트클럽 문 안으로 밀려들어가는 광경을 목도하고는 곧 그들의 뒤를 쫓아 들어갔다. 클럽 안에 마련된 무대 위에는 바야흐로 맑고 화창한 하늘이 펼쳐져 있었는데, 그것을 배경으로 무수한 금빛 가루가 수놓아진 번쩍이는 의상을 입은 두 명의 광대가 채색구름을 타고 막 하늘의 여왕을 방문하러 가는 모습이 보였다. 광대 하나가 또 다른 광대에게 질문을 던졌다. "여왕님께 무얼 달라 그럴까?" 또 다른 광대는 대답했다. "저녁밥을 차려 달라지" 그러자 아이들은 일제히 옳다고 환성을 질렀다. "저녁밥으로 무엇무엇을 달라 그럴까?" "햄, 순대……" 그 광대는 아이들이 먹어 볼 수 없는 음식들의 이름을 주워섬기기 시작했다. 그 황홀한 음식 이름들의 축제가 계속 되어감에 따라 아이들의 환호성은 점차 사그라들고 마침내는 깊은 침묵이 클럽 안을 지배하기 시작했다. 참되고도 깊은 연극적 침묵이. 아이들이 거기에 존재하지 않는 것들을 너무도 간절히 소망하자 이미지에 불과하던 것들이 참으로 실재하는 것이 된 것이다.

– 피터 브룩, 『빈 공간』, 김선 옮김, 청하, 1989.

위의 예문에서는 실제 존재하지 않는 것들을 마치 지금, 여기에 존재하는 것처럼 느껴지는 마술, 그런 존재감을 통해 현실적 부재를 더욱 생생하게 환기시키는 마술과도 같은 상황을 기술하고 있다. 글쓴이가 경험한 '참되고도 깊은 연극적 침묵'이란 이처럼 논리로는 설명할 수 없는 이해 불가능한 상황에서 가능한 것이다.

 다음의 관점에서 예술작품의 기능과 수용에 대해 함께 토론해 보자.

1990년대 중반 발견된 '거울신경'은 공감이 후천적으로 학습된 것이 아닌, 선천적으로 타고났다는 사실을 입증했다. 이탈리아 연구진은 원숭이를 대상으로 신경세포에서 발생하는 전기작용을 연구하고 있었다. 연구진은 미소 전극들을 원숭이의 뇌에 삽입하고 행동을 관찰했다. 한 연구원이 점심 후식으로 아이스크림을 먹었는데, 이를 본 원숭이의 신경 일부가 활성화되었다. 정작 원숭이는 아무런 행동을 하지 않았는데도 그랬다. 훗날 인간의 뇌에서도 발견됐으며 '거울신경'이라 명명된 이 부위는 인간이 다른 사람의 행동에 반응하는 능력을 선천적으로 갖고 있다는 점을 입증했다.

– 폴 에얼릭 외, 『공감의 진화』, 고기탁 옮김, 에이도스, 2012.

발표되었을 당시에는 예술작품으로 인정받지 못했지만, 시간이 흐른 후 예술작품으로 수용된 사례를 찾아 보고, 그 이유에 대해 정리해 보자.

최근 예술(작품) 활동이 사회적 공론(公論)의 대상이 된 사례를 찾아 정리해 보고 함께 토론해 보자.

2. 해석과 평가

예술작품은 개인의 주관적 감상 대상인 동시에 객관적인 평가 대상이기도 하다. 포털 사이트에서 영화나 음악 등을 대상으로, 매일 실시간으로 이루어지는 평점 매기기를 떠올려 보자. 동일한 대상에 대해 서로 다른 평가가 충돌하는 경우를 쉽게 발견할 수 있을 것이다. 예술작품에 대한 평가도 이와 크게 다르지 않다. 누군가의 해석과 평가가 주관적 취향이나 특정한 기호에서 벗어나 객관적인 것으로 수용되기 위해서는 일정한 평가 기준을 제시한 해석 활동이 요구된다.

그러나 영향력 있다고 판단되는 예술 이론을 평가의 기준으로 제시하고, 이를 개별 예술작품에 적용하는 방식으로 진행되어 온 전통적 예술 비평 방법에 대해 근본적으로 문제를 제기할 수 있다. 한 시대를 주도해 왔으나 결국 하나의 특정한 관점일 수밖에 없는 주류 예술이론이 진정 자유로워야 할 예술 창작 정신을 한정하거나 제약할 수 있기 때문이다.

> **예문 4** 예술작품은 본원적으로 그 내용이라는 주장이 오늘날 많은 예술 장르의 실질적인 발전에 힘입어 그 빛이 바래고 있는 것처럼 보이기는 하지만, 이 주장은 여전히 범상치 않은 패권을 휘두르고 있다. 나는 그 이유가, 이 주장이 예술작품을 대면하는 어떤 방식으로 변장한 가운데, 예술을 진지하게 받아들이고자 하는 대부분의 사람들 속에 깊이 뿌리내린 채 존속하고 있기 때문이라고 생각한다. 내용을 과도하게 강조한다는 것은 끝나지 않을, 혹은 결코 완성되지 못할 해석 작업을 해야

앞의 예문에서 예술평론가인 수잔 손택은 내용을 분석하는 전통적 예술비평 방법을
비판한다. 수잔 손택은 이어지는 글에서 "곧바로 감정을 불러일으키려는 예술이 있는가
하면, 지적 이해라는 경로를 통해서 감정에 호소하는 예술이 있다. 감정을 끌어들이거
나 감정이입을 야기하는 예술이 있는가 하면, 초연하면서도 깊이 사색하도록 만드는 예
술이 있다"고 하여 다양한 예술을 있는 그대로 수용하는 활동, 예술적 미감의 다양성을
인정하고 수용하는 태도를 강조한 바 있다. 이는 단일한 하나의 관점으로 예술을 평가
하는 태도를 문제시하는 것이며, 근본으로는 예술을 '~을 위한' 것으로 이해하는 태도를
거부하는 것이다. 예술은 그 자체로 가치있는 것으로 수용되어야 하며, 그것이 바로 예
술이 존재하는 이유가 될 수 있다. 현대 예술은 이처럼 예술의 존재 이유 자체를 성찰하
는 '메타'–예술적 속성을 지닌다.

학습활동 6 · **다음의 내용을 조별로 조사해서 발표해 보자.**

ⅰ) 최근 권위 있는 단체에서 수여한 예술상의 심사평을 찾아 읽고 해당 작품을 좋은 작품
으로 평가하는 기준에 대해 조사해 보자.

ⅱ) 주요 예술상 수상 작품을 찾아 나만의 평가 기준이 제시된 심사평을 쓴 후, 조별로 발
표해 보자.

1 다음의 그림은 모두 '구두'를 표현하고 있다. 하나는 밭에서 일하는 농부의 구두를 사실적으로 그린 것이고, 다른 하나는 실제적인 모습과는 무관하게 추상적으로 표현된 구두이다. 두 그림을 비교해 보고 어떤 느낌을 받았는지 자유롭게 서술해 보자.

그림 2 반 고흐, 〈땅파는 농부〉, 1885.
Van Gogh Museum, Armsterdam.

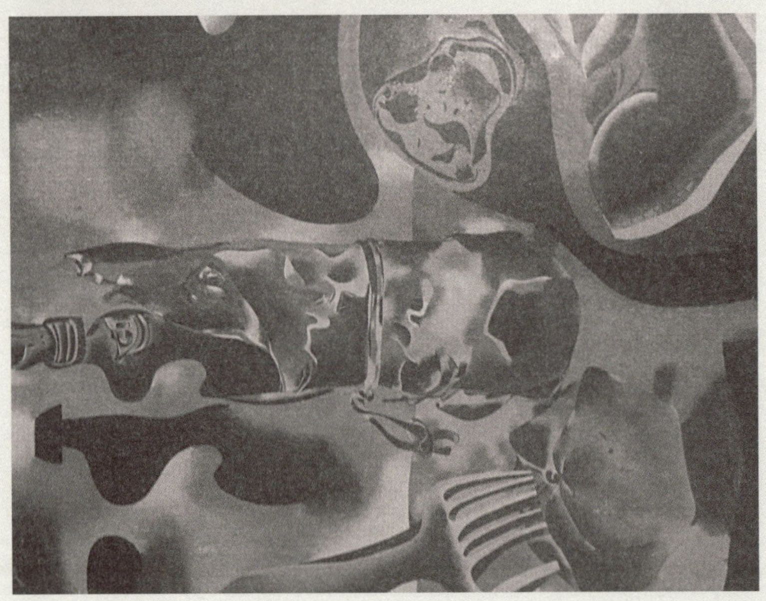

그림 3 미로, 〈낡은 구두가 있는 정물화〉, 1937. The Museum of Modern Arts, New York.

—박정자, 『빈센트의 구두』, 기파랑 에크리, 2005.

2 다음의 정의가 의미하는 바가 무엇이라고 생각하는지 설명하는 글을 써 보자.

> "예술작품은 어떤 사회제도(예술계)를 대표하여 활동하는 사람들에 의해 감상의 대상으로서의 지위를 부여 받은 인공물이다"(조지 딕키)

3 지금까지 감상한 예술작품 중 잊을 수 없는 인상 깊은 것이 있다면 그 경험을 글로 설명해 보자.

4 다음 예시는 예술을 수용하는 서로 다른 방법을 제시하고 있다. 이 중 하나를 취해 그것을 옹호하는 글을 써 보자.

> - "예술비평의 임무는 의미를 밝히고 그것들이 구현되는 양식을 설명하는 것이다, 그러므로 예술을 구성해 주는 해석 없이는 그 어떤 것도 예술작품이 아니다."
> - "해석을 대신해 우리에게 필요한 것은 예술작품을 본능적으로 느끼는 성애학(erotics)이다."

5 다음 글은 인터넷 매체에 등장한 '정치 패러디' 허용에 대한 찬반 논쟁을 보여준다. 패러디는 포스트모던 예술의 대표적 양식인 혼성모방의 한 방법으로, 모방의 대상이 된 원본과는 별도의 창작활동으로 이해된다. 이 글을 참고하여 정치 패러디의 구체적 예를 찾아, 그 의미를 해석하여 읽는 이에게 제시하는 비평문을 써 보자.

A: 패러디는 가공의 수준이 낮아 저작권법의 보호를 받기 어렵다고 본다.

B: 패러디의 수준을 기준으로 적법성 여부를 판단하는 것은 곤란하다. 글을 잘 쓰는 사람만 법으로 보호할 수는 없다. 수준 낮은 패러디는 시장에서 걸러질 것이다.

A: 법이 기술 발달의 속도를 못 따라간다며 사이버 상에서만 보호의 폭을 넓혀야 한다는 주장은 법적 안정성을 저해할 수 있다.

B: 인터넷 공간이기 때문이 아니라 패러디의 내용이 정치적이기 때문에 보호하자는 것이다. 민주주의는 다양한 의견이 사회적 합의를 이뤄가는 과정이기 때문에 정치적 표현은 보호받아야 한다.

A: 정치적이라는 말은 불확정 개념이므로 한계를 지을 필요가 있다. 특히 패러디를 구분해야 한다. 직접적 패러디와 간접적 패러디가 있는데, 직접적 패러디는 완성도가 높아 2차 저작물이 아니라 별개의 창작물로 여겨지며 현행법상 표현의 자유를 인정받는다. 문제는 원작을 살짝 빌려와 변형을 주는, 창작성이 떨어지는 간접적 패러디다. 이는 원작자의 동의를 받지 않을 경우 저작권법 위반이 된다.

B: 패러디를 만평과 비교해 보자. 둘 다 풍자라는 영역 안에서 그림이나 컴퓨터 합성을 수단으로 의견을 밝히는 것이다. 의사 표현이라는 목적은 같고 수단이 다를 뿐인데 만평은 법적 보호를 받고 패러디는 그렇지 못한 것은 타당하지 않다.

A: 풍자만화는 독창성이 확실하게 발휘되는 분야이기 때문에 표현의 자유를 인정받는 것이다. 독창
성의 수준은 객관화하기 어렵지만 상대적 평가는 가능하다.

B: 패러디는 저작권법 제25조의 '비평을 위한 인용'에 해당한다고 봐야 하지 않을까. 보도 비평 교육
연구를 위해 공표된 저작물을 인용할 수 있으므로 정치 패러디가 비평을 목적으로 원작물을 인용
하더라도 저작권의 침해에 해당하지 않는다고 봐야 한다.

A: 그러나 저작권법상 정당한 범위 안에서, 공정한 관행에 합치되어야 한다는 단서 조항이 있다. 여
기서 말하는 비평이란 정치적 비판이 아니라 문학이나 예술에 관한 비평을 말한다.

B: 비평을 문학에만 한정할 수 있는가. 비평을 위한 인용이 학자나 기자에게 허용되듯 일반에게도 허
용돼야 하지 않을까.

A: 패러디에 의한 명예훼손 등 인격권 침해와 실정법 위반도 패러디의 보호 한계를 따지기 위해 짚
어봐야 한다.

B: 구체적인 사실을 적시해 타인의 명예를 훼손할 경우 명예훼손의 책임을 져야 한다. 하지만 구체적
사실을 적시하지 않으면 의견 표명이라고 보아 보호하고 있다. 패러디는 대부분 의견 표명이기 때
문에 명예훼손의 책임에서 벗어나게 된다. 또 구체적인 사실을 적시하거나 암시하더라도 조롱의
대상이 공직자라면 그 패러디는 정치적 표현으로 간주해 보호돼야 한다.

A: 대법원의 기본 입장은 표현의 자유를 보장해 얻는 사회적 이익과 이로 인한 개인의 피해를 비교
해 판단하는 것이다. 사실의 적시 없이도 인격권을 침해했다고 판단하면 표현의 자유에 한계를 지
을 수 있다. 공인(公人) 이론도 문제다. 인터넷 매체는 모든 사람을 공인으로 만들어버릴 수 있다.

B: 공인의 개념을 확대하는 데는 반대한다. 하지만 국민이 낸 세금으로 운영되는 기관에서 의사결정
을 하는 이들의 공적인 행위에 대해서는 자유롭게 비판할 수 있어야 한다.

A: 대법원 판례가 표현의 자유와 명예권의 충돌에서 언론의 자유에 손을 들어주는 추세인 것은 사실
이다. 하지만 그때 피고는 언론사들이다. 언론사들은 진실과 거짓에 대해 판단할 책임과 능력이
있어 신뢰를 한다는 것이다. 하지만 정치 패러디는 보도된 사진이나 포스터를 이용해 개인이 의사
주체로 등장한다. 언론사와 개인은 위법성 기준이 달라야 한다.

B: 정치 패러디라고 언제나 보호받아야 한다는 것은 아니다. 선거법과 관련해서는 엄격해야 한다. 허
위의 사실을 담고 있는 패러디를 시정할 시간적 여유가 없기 때문이다.

A: 정치 패러디는 허위 사실 전달이 아니라 잘못된 이미지를 굳히는 게 목적이다. 따라서 허위 사실
을 담고 있지 않더라도 표현의 자유를 너그럽게 허용해서는 안 된다.

– 「'정치 패러디' 어디까지 허용되나」, 『동아일보』, 2004. 6. 28.

6 기꺼이 많은 액수의 돈을 지불할 만큼 가치 있는 문화활동이나 예술공연이 있다면 무엇인지 적
어 보고 그 이유를 서술해 보자.

w r i t i n g   F o r m

학술적 에세이

학술적 에세이는 학술적 글쓰기의 일종으로서, 학술논문에 비해 적은 분량과 자유로운 양식의 글쓰기이다. 우리는 흔히 수필을 에세이라고 하지만, 에세이의 외연은 매우 넓다. 개인의 일상적인 경험이나 느낌을 자유롭게 서술한 글에서부터 자신의 주장을 논리적으로 논증한 글까지 다양한 산문이 모두 에세이에 포함된다.

학술적 에세이는 학문 탐구 과정에서 어떤 문제를 자신의 관점에서 분석적·비판적으로 살펴보고 견해와 주장을 정립한 후, 이에 대한 논리적 이유와 근거 자료를 제시함으로써 주장의 정당성을 입증하는 글이다. 학술논문과 같이 엄격한 형식과 전문성이 요구되는 것은 아니며, 인용 및 주석 달기 등 몇몇 규약을 제외하고는 구성과 문장 표현 면에서도 자유롭다. 그만큼 글쓴이의 창의성, 문제를 보는 주체적 관점을 확보하려는 노력이 중요하다.

1. 계획하기

■ 유형별 점검사항

• 어떤 학술적 에세이를 쓸 것인지 목적과 대상, 글의 성격을 점검한다.

> – 주장의 성격, 글의 목적에 따라 : 텍스트 해석과 비평을 위한 글인지, 논쟁적 문제에 대해서 의견이나 새로운 대안을 제시하기 위한 글인지 성격을 분명히 한다.
> – 탐구 대상에 따라 : 문학, 역사, 철학, 대중문화, 사회현상 등 대상에 맞는 분석틀과 평가 기준을

설정한다.

– 과제 유형에 따라 : 논평형, 문제제시형, 문제발견형 중 어느 것인지 확인하고, 과제의 분량과 형식, 제한된 시간을 점검한다.

주제 선정

• 위의 유형에 맞게 주제의 구체화 과정을 거쳐 주제를 확정한다. 주어진 읽기자료가 있다면 요약과 토론을 거쳐 관심 있는 화제를 찾고 그에 대한 자신의 주장을 정립한다.(4장 참고)

자료 탐색

• 주제 선정 과정에서 다양한 자료 탐색을 함께 할 수 있으며, 주제 확정 후에는 수집한 자료를 분류, 분석하여 쓰임새를 정한다. 우선 주장을 논리적으로 입증할 근거 자료들을 정리하고, 근거 자료 외에 독자를 수사적으로 설득할 수 있는 자료도 정리한다.(5장 참고)

계획서 작성

• 계획서에는 1) 문제의식 2) 구성 개요 3) 주요 참고문헌 등의 내용을 담는다. 학술적 에세이의 유형은 다양하지만, 기본 구성과 몇 가지 대표적 유형은 다음과 같다.

▶ 기본구성 ◀

도입부(문제 설정)	본론(문제 분석)	마무리(문제 해결)
• 전반부 : 독자의 관심 유도, 논의할 문제 제시 • 후반부 : 글쓴이 자신의 견해 혹은 논의 방향 제시	• 핵심적 견해의 세부적 설명 • 논증적 구성을 통한 주장–이유–근거의 제시 • 예상되는 반론 검토 및 자기주장 옹호	• 논의 문제와 자기주장 재진술 • 해결책 혹은 함축적 의미 진술

● **계획서 예시1**

1) 문제의식 : 대학 수강신청 제도의 개선을 위한 해결방안을 찾고자 한다.

2) 구성개요

• 도입부: 대학 수강신청 제도의 불합리함과 현재 상황 제시

• 본론 1: 문제의 원인 분석

• 본론 2: 새로운 해결방안 제시

• 마무리: 대안의 문제점과 한계, 필요성 강조

3) 주요 참고문헌

● 계획서 예시2

1) 문제의식 : 인터넷 발달이 대중문화의 획일성 변화에 끼치는 영향을 분석하고자 한다.

2) 구성개요

- 도입부: 인터넷으로 인한 사회 변화와 대중문화의 변화 양상
- 본론 1: 쌍방향 의사소통과 다양한 선택을 낙관하는 이론 소개
- 본론 2: 문화산업론의 유의미성을 지지하는 입장
- 본론 3: 대중문화의 현실 분석과 이론의 현실 적용성 분석
- 마무리: 기술 발달의 중립성과 수용 주체의 시각 강조

3) 주요 참고문헌

2. 초고 쓰기

- 다루는 문제에 대해 질문–답변의 호응 관계가 이루어지도록 도입부와 마무리 단락을 쓴다.
- 도입부에는 문제를 예상하거나 요약해 보여주는 예화, 사실, 인용, 독자의 일반적인 생각 등이 들어갈 수 있으며, 문제와 핵심 개념이 소개된다.
- 마무리 단락에는 자신의 주장이 왜 중요한지 설명하고 강조한다.
- 각 단락마다 소주제문과 뒷받침문장을 쓴다.
- 초고를 완성하고 주제를 효과적으로 나타낼 수 있는 제목을 붙인다.
- 인용 각주와 참고문헌을 정리한다.

3. 고쳐 쓰기

1) 글의 목적에 맞는지 전체적 내용 점검하기

(글의 분량, 형식, 독자 설정, 주제의 성격을 확인한다.)

- 흥미롭고 창의적인 글인가? 글쓴이 나름의 새로운 관점·사실·표현이 나타나 있는가?
- 전체적으로 글의 내용이 명료하고 핵심이 잘 드러나 있는가?
- 화제에 대한 글쓴이의 견해는 설득력이 있는가?
- 독자는 누구인가? 이 글은 독자의 입장을 고려하고 있는가?

2) 독자의 입장에서 글의 논리적 구조 점검하기

(1부 3장의 '비판적 읽기'의 방법에 따라서, 이 글의 관점과 주장에 비판적인 독자의 눈으로 반론하듯이 글을 읽어본다.)

- 이 글이 다루는 문제가 중요한 문제인가?
- 글쓴이의 주장은 논쟁의 여지가 있는 주장인가?
- 주장의 한계에 대해서는 생각해 보았는가?
- 다른 해법이 아닌 그 해법을 선택한 이유는 무엇인가?
- 현재 문제로 인해 발생하는 손실보다 해법을 이행함으로써 발생하는 손실이 더 크지는 않을까?
- 그 해법이 더 큰 문제를 야기하여 상황을 악화시키지는 않을까?
- 근거가 충분한가?
- 근거가 정확하고 구체적인가? 그 근거는 어떤 자료에 의해 뒷받침됐는가?
- 근거가 대표적인가?
- 근거가 최근에 수집한 정보인가?
- 전제를 받아들일 수 있는가?
- 주장과 근거 사이에 전제가 적용될 수 있는가?
- 전제가 일반적인 통념에 적절한가?

3) 단락 구성과 문장 점검하기

(1부 2장의 '분석적 읽기'의 방법에 따라서, 글을 읽어본다.)

- 각 단락은 소주제문에 따라 나뉘어져 있는가?
- 논증이 전개되는 순서는 명확하고 효과적인가? 재배열이 필요한 부분은 없는가?
- 문장과 문장, 단락과 단락 사이에 비약이나 단절은 없는가? 각 단락의 마지막 문장은 다음 단락의 첫 문장과 의미상 연관이 있는가?
- 이 글의 수사적 전략에 적절한 문장 표현으로 돼 있는가?
- 문장과 어휘 선택에 어색한 점은 없는가?
- 맞춤법, 띄어쓰기에 고칠 부분은 없는가?

4) 제목과 도입부, 마무리 단락에서 주제를 더 효과적으로 나타낼 수 있는 방안 찾기

- 제목에 주제를 말해 주는 핵심어가 들어 있는가?
- 독자의 관심과 흥미를 끌 수 있는 제목인가?
- 도입부와 마무리 단락은 질문–답변의 호응 관계로 이루어져 있는가?

5) 인용 각주와 참고문헌 점검하기

글이 실리는 매체와 글의 성격, 대상 독자에 따라 각주와 참고문헌 표기 방식은 달라질 수 있다. 기본 규약은 학술논문 쓰기와 같으나, 대체로 좀 더 간단한 방식을 따른다.

이름 : ________________

점검 항목 및 세부 내용	수정 방향
1. 주제의 명료성 • 전체적으로 글의 내용이 명료하고 핵심이 잘 드러나 있는가? • 화제에 대한 글쓴이의 견해는 설득력이 있는가?	
2. 논리적 일관성과 타당성 • 독자에게 주제를 전달하기 위해 필요한 내용(근거)이 충분한가? (주제에 익숙하지 않거나 동의하지 않는 독자를 납득시킬 만큼 주제에 대한 뒷받침 문장을 충분히/풍부하게 썼는가?) • 주제를 전달하기 위한 내용(근거)이 타당한가? (내용에 논리적 비약이나 생략이 없는가? 내용이 타당하고 일관성 있는가?)	
3. 구성의 적합성과 완결성 • 각 단락은 소주제문에 따라 나뉘어져 있는가? • 논증이 전개되는 순서는 명확하고 효과적인가? 재배열이 필요한 부분은 없는가? • 문장과 문장, 단락과 단락 사이에 비약이나 단절은 없는가? 각 단락의 마지막 문장은 다음 단락의 첫 문장과 의미상 연관이 있는가?	
4. 표현의 정확성과 적절성 • 이 글의 수사적 전략에 적절한 문장 표현으로 돼 있는가? • 문장과 어휘 선택에 어색한 점은 없는가? • 맞춤법, 띄어쓰기에 고칠 부분은 없는가?	
5. 사유의 독창성과 깊이 • 흥미롭고 창의적인 글인가? 글쓴이 나름의 새로운 관점·사실·표현이 나타나 있는가?	
6. 기타 • 과제의 요구사항을 충족했는가? (글의 분량, 형식, 독자 설정, 주제의 성격이 적절한가?)	
수정방향(동료점검의 경우 총평)	

10장

종교와 과학

현대인은 합리적 인식에 근거한 과학적 사고의 우월성을 인정하는 경향을 보이면서도 절대자에 대한 신앙과 구도(求道)의 삶을 추구하는 종교적 태도 또한 부정하지 않는다. IT 강국으로 인정받는 우리나라의 경우도 통계조사에 따르면 인구의 절반 이상이 종교를 갖고 있는 것으로 나타난다. 이처럼 언뜻 보기에 매우 대립적인 가치를 표명하고 있어 양립하기 어려울 것으로 생각되는 종교와 과학이 실제로 우리의 삶 속에서는 '공존'하고 있다.

그러나 양자 사이에 '조화'가 구현되고 있는지에 대해서는 이론의 여지가 있다. 과학의 합리주의가 과연 인간의 삶을 행복하게 만들었는가 하는 회의적 질문에 많은 사람들이 공감하는 한편, 인간의 마음을 위로하고 정신을 정화한다는 종교가 도그마(dogma)에 빠져 배타주의와 폭력의 진원지가 되고 있다는 비판의 소리도 높기 때문이다. 그러므로 종교와 과학의 관계에 대한 고찰은 현재의 자신과 사회를 이해하는 데 도움이 될 뿐만 아니라 나아가 우리의 미래를 바르게 정립하기 위한 필수적인 작업이기도 하다.

이 장에서는 종교와 과학의 관계가 역사적으로 어떠한 양상을 보여주었는지 살펴보고, 종교와 과학의 바람직한 공존과 조화를 위한 토론과 발전적 대안을 제시하는 글쓰기를 학습해본다.

1 종교와 과학의 관계

우주와 생명의 기원은 무엇인가? 신체의 재활과 생산량 증대를 위한 생명공학 연구에서 생명의 개념과 윤리 기준은 무엇인가? 마음과 정신을 제어하는 뇌와 신경의 기능 및 요소는 무엇인가? 이처럼 근대 자연과학의 각 분과별 탐구 주제는 창조주 또는 영혼의 존재에 대한 믿음을 전제로 하고 있는 종교의 지위를 근본적으로 위협하는 것처럼 보인다.

하지만 이러한 질문들이 실제로 문제 삼고 있는 것은 특정 종교의 '교리'이지 종교의 핵심인 '신앙'이 아니라고 볼 수도 있다. 또한 근대 이전에는 이런 질문들이 모두 종교의 영역 안에 포함되어 있었다는 점도 간과해서는 안 된다. 종교와 과학의 관계가 보여준 역사적 변화 양상은 우리가 생각하는 것보다 훨씬 다양하며 단순히 갈등의 양상만을 보였던 것은 아니다.

1. 공존과 조화

근대 이전까지 오랜 시간 동안 종교는 인간이 세계를 이해하는 주요한 사고방식이었으며 삶의 지표로 기능했다. 근대 초기까지 과학자들은 지금 우리가 '과학'이라고 부르는 사고방식으로 인간과 세계를 이해했다기보다 '종교'적 관점에서 세계를 이해하고 과학을 발전시켰다. 다시 말해 종교와 과학이 지금처럼 분리되어 다른 영역으로 인식된 것은 근대 이후의 일이며, 그 이전에는 서로 긴밀한 관계를 맺고 있었다.

'신', '종교', '과학' 등의 개념을 이해하기 위해 다음 예문을 살펴보자.

가) 과거와는 전혀 다른 세상에서 전혀 다른 세계관을 가지고 살면서도 우리는 과거에도 언제나 지금 우리와 똑같은 방식으로 신에 관해 생각했다고 여기는 경향이 있다. 과학과 기술은 놀라울 만큼 발전했지만 우리의 종교적 사고는 놀라울 만큼 발전이 없고 심지어 원시적일 때가 있다. (중략)

그러나 유대교, 기독교, 이슬람교의 일부 위대한 신학자들은 신에 관한 우리의 생각을 말로 옮기는 일이 중요하기는 하지만 인간이 만든 것이기에 이러한 교리들은 불충분할 수밖에 없다는 점을 분명히 했다. 그들은 세속의 것들을 설명하기 위해 쓰이는 말들이 신을 설명하는 데는 부적절하다는 것을 신자들이 이해하도록 일상적인 사고와 말의 패턴을 정교하게 뒤집는 영성 수련법들을 고안했다. 신은 우리가 이해할 수 있는 방식으로는 선하지도 성스럽지도 강하지도 지혜롭지도 않았다. 심지어 신이 '존재한다'고도 말할 수 없었다. 우리의 존재 개념이 너무 제한적이었기 때문이다. 신이 다른 어떤 존재가 아니므로 신은 '어떤 것도 아닌 것'이라고 말하는 쪽을 택한 현자들도 있었다. 경전을 읽을 때도 그것이 곧 신에 관한 사실인 것처럼 문자 그대로 읽을 수 없었음은 물론이다. 그런 신학자들에게 오늘날의 일부 신 개념은 우상숭배처럼 보였을 것이다. (중략)

현대의 회의론자들은 "인간의 말을 넘어선 곳에 신의 웅변이 있다."는 스타이너의 결론을 받아들일 수 없을 것이다. 그것은 우리의 신 개념이 너무 제한적이기 때문일지도 모른다. 우리는 수행도 하지 않으며 종교의 '비결'도 잃어버렸다. 역사학자들이 근대 초기라고 일컫는 16~17세기에 서구인들은 과학적 합리성에 지배되고 경제적으로 기술과 자본에 기반을 둔 완전히 새로운 문명을 발전시켰다. 로고스가 눈부신 결과를 일궈내면서 신화는 신뢰를 잃었고 과학적 방법이 진리를 구하는 유일하게 신뢰할 만한 수단으로 간주되었다. 이런 과정에서 종교는 불가능한 것은 아니더라도 어려운 것이 되었다.

신학자들이 과학이라는 기준을 채택하기 시작하면서 우리는 기독교의 뮈토스를 경험적, 합리적, 역사적으로 입증 가능한 것으로 해석하고 그에 걸맞지 않은 방식으로 바라보게 되었다. 철학자와 과학자들은 더 이상 의례의 의미를 이해하지 못했고 종교적 지식도 실천적이라기보다는 이론적인 지식으로 변해갔다. 신이 땅 위를 걸어 다니고, 죽은 자가 무덤 밖으로 걸어 나오고, 바다가 기적적으로 갈라지던 옛이야기를 해석하는 법도 잊어버렸다. 신앙, 계시, 신화, 신비, 신조와 같은 개념들도 우리 선조들이라면 깜짝 놀랐을 만한 방식으로 이해되기 시작했다. 특히 '믿음(belief)'이라는 말의 의미도 변해서 종교의 교리를 무턱대고 받아들이는 것이 신앙의 전제조건이 되었다. 그래서 오늘날에는 정통 교리를 곧이곧대로 받아들이는 것이 종교인의 가장 중요한 일인 것처럼 종교인을 '믿는 자(believer)'로 일컬을 때가 많다.

이처럼 종교를 합리적으로 해석하면서 근본주의와 무신론이라는 현대의 두 가지 현상이 생겨났다. 이 둘은 서로 무관하지 않다. 이른바 '근본주의'로 알려진 방어적 독실함은 20세기에 거의 모든 주요 신앙들로 번져나갔다. 기독교 근본주의자들은 뮈토스를 버리고 로고스에 기운, 완전히 이성적이고 과학적인 신앙을 갈구하며 종교사에 유례없는 문자주의로 성서를 해석했다. 미국에서는 프로테스탄트 근본주의자들이 이른바 '창조 과학(creation science)'이라는 이념을 발전시켰다. 성서의 신화들이 과학적으로 입증 가능하다고 여기는 그들은 공립학교에서 진화론을 가르쳐서는 안 된다는 운동을 벌여왔다. 진화론이 〈창세기〉 1장에 나오는 천지창조 이야기와 모순되기 때문이다.

　　역사적으로 보면 무신론은 신 그 자체를 절대 부정하기보다는 어느 특정한 신 개념을 부정하는 입장인 경우가 거의 대부분이었다. 기독교도와 무슬림도 초창기에는 다른 종교인들에게 '무신론자'로 불렸다. 그들이 신의 실재를 부정해서가 아니라 그들의 신 개념이 너무 이질적이라서 신성 모독적으로 보였기 때문이다. 따라서 무신론은 그것이 없애고자 하는 유신론의 형태에 의존하며 그 형태의 거울상이 될 수밖에 없다. 서구의 전형적인 무신론은 19세기와 20세기 초 포이어바흐, 마르크스, 니체, 프로이트에 의해 발전했다. 이들의 이념도 결국은 근대 유럽과 미국에서 자라난 신학적 신 개념에 대한 대응이자 그에 좌우될 수밖에 없었다. 리처드 도킨스, 크리스토퍼 히친스, 샘 해리스 같은 더 최근의 무신론자들은 좀 다른 경우다. 이들은 오로지 근본주의가 만들어낸 신에 주목하며 셋 다 근본주의가 모든 종교의 본질이자 핵심이라고 주장하기 때문이다. 이런 점에서 그들의 비판은 힘을 잃는다. 사실 근본주의는 그것이 지키고자 하는 전통을 도리어 왜곡하기 십상인, 정통과는 거리가 먼 신앙의 형태이기 때문이다. 하지만 '신(新)무신론자'들은 세속적인 유럽뿐 아니라 좀 더 전통적으로 종교적인 사회인 미국에서도 엄청난 독자층을 거느리고 있다. 이들의 저서가 널리 읽힌다는 사실은 많은 사람들이 종래의 신 개념에 의아해하고 심지어 분노한다는 의미다.

– 카렌 암스트롱, 『신을 위한 변론』, 정준형 옮김, 웅진지식하우스, 2010.

　　나) 뉴턴은 신의 섭리가 세상을 창조했을 뿐만 아니라 매 순간 신이 자신의 의지로 세상을 지배하고 존속시킨다고 믿었으며, 그와 같은 믿음의 증거를 찾아내기를 간절히 원했다.

　　뉴턴에게 스스로 돌아가는 세상을 창조만 하고 방치해두는 최고 존재(Supreme Being)는 데카르트 같은 위장한 이교도들의 신일 뿐이었다. 뉴턴은 마치 순박한 사제처럼 데카르트에게 맹렬한 혐오감을 드러냈다. 신이 자신의 피조물의 세계를 참으로 통치하고 존속시킨다는 사실을 입증하는 것은 뉴턴의 생애를 건 목표였다. 이런 목적의식과 확신으로 뉴턴은 기존 관념의 속박에서 벗어나, 물체의 힘이 모든 자연 현상의 궁극적인 원인이라는 기존의 통념을 의심할 수 있었다. 그는 궁극적 원리가 물질이 아니라 '비물질적인 힘'이라고 간절히 믿었다. 뉴턴의 이른바 '운동법칙'은 신의 정당한 의지에 의해 직접적으로 선포된 것이었다. 만일 그와 같은 비물질적 힘의 존재가 입증된다면, 창조주의 직접적인 활동 없이는 세계가 단 한순간도 존속할 수 없음이 분명해지고, 따라서 기계론 철학으로 위장한 이교도들의 주장에 맞서 신의 섭리가 옹호될 수 있었다.

– 월터 카프, 「미래와 과거를 바라본 야누스 뉴턴」, 윌리엄 L. 랭어 엮음, 『뉴턴에서 조지 오웰까지』,
박상익 옮김, 푸른역사, 2009.

　　가)에서 글쓴이는 종교와 신의 존재, 지적 설계론 등을 둘러싼 최근 논의를 검토하면서, 신이 우주를 디자인했다는 지적 설계론자들뿐 아니라, 과학적 사실을 통해 그것들을 논박하려는 과학주의자들 역시 신과 종교에 대해 크게 오해하고 있다고 비판한다. 그리고 종교와 과학을 대립적인 것으로 이해하는 태도 역시 현대 사회에서 그렇게 왜곡된 인식의 결과일 뿐 본질적으로는 그렇지 않다고 주장한다.

　　나)는 근대 과학을 정립했다는 평가를 받는 뉴턴이 신에 대해 어떤 관념을 지니고 있었는지를 보여준다. 뉴턴은 종교와 과학을 분리해서 보고 있지 않으며 현재와 같이 갈등이나 충돌 관계로 보고 있지도 않았다. 그에게 자연의 궁극적 원리를 찾아내려는 노력은 신이 창조한 세계에 대해 이해하고자 하는 노력과 같은 의미였던 것이다. 다시 말해 뉴턴에게 있어 운동법칙은 자신의 종교적 관념과 충돌하는 것이 아니라 조화롭게 공존하는 것이었다.

이처럼 종교와 과학은 오랫동안 분화되지 않은 채 공존해 왔으며, 상호보완적인 역할을 수행해 왔다. 근대로 접어들면서 사회 여러 분야의 자율성이 확대되고 종교와 과학의 독립성 또한 강화되었지만 양자 모두 인간의 삶에 크나큰 비중을 차지하고 있다는 점은 과거와 다르지 않다.

학습활동 1 다음에 제시된 화제들 중에서 한 가지를 택하여 '종교적 관점' 혹은 '과학적 관점'에서 분석, 해석하는 글을 쓰고, 이를 바탕으로 다른 관점을 선택한 상대방과 토론해 보자.

- 알타미라 동굴의 벽화와 제의
- 토테미즘과 샤머니즘
- 그리스와 로마의 신화
- 갈릴레오와 교황청의 지동설과 천동설의 충돌

2. 갈등과 대화

종교와 과학의 관계에 대해서는 갈등과 충돌이 불가피하다는 입장과 공존이 가능하다는 입장, 통합되어야 한다는 입장까지 다양한 시각이 존재한다. 역사적으로 과학과 종교 간의 갈등과 충돌이 표면화된 시대도 있었고, 둘 사이의 대화가 모색된 시기도 있었다. 갈등 양상은 주로 서양에서, 특히 기독교와 자연과학의 대립으로 나타났는데, 이에 비해 초월적 존재, 인격신의 존재를 부정하는 불교와 과학의 관계는 이와 다를 수 있다.

관점을 달리해 본다면, 역사 속에서 종교와 과학이 갈등을 빚을 때 그 갈등은 언제나 '어떤 종교'와 '어떤 과학' 사이의 갈등으로 나타났다는 점을 기억해 둘 필요가 있다.

다음 예문에서와 같이 종교와 과학의 갈등과 대화는 역사적으로 다양한 양상을 보였다.

먼저 우리나라의 여러 종교들에서 종교와 과학의 관계가 어떠했는지 짚어 보도록 하죠. 저는 그 관계 유형을 무관심, 갈등, 분리, 대화/통합의 네 가지로 나누어 보았습니다. (중략) 우선 **무관심**은 언뜻 분리와 비슷해 보이지만 사실 좀 다릅니다. 분리는 나름의 이론적 틀에 따라 과학과 종교를 각자의 고유한 영역에 배치하려 하죠. 거기에는 나름대로 과학과 종교에 대한 일정한 성찰이 있습니다. 이와 달리 무관심은 말 그대로 무관심이죠. (중략) 우선 무관심은 과학자나 종교인, 또 종교의 종류를 막론하고 두루 나타나지만, 특히 무관심이 지배적인 것은 유교(儒敎), 무교(巫敎), 그리고 대개의 신종교들입니다. (중략)

다음으로 **갈등**은 여러 종교들의 안팎에서 좀 다르게 나타납니다. (중략) 다른 종교들의 경우는 종교마다 좀 차이가 있기는 하지만 외부자들이 특정 종교가 비과학적이라고 비판하며 종교와 과학의 공존은 불가능하다고 보는 경우는 여전히 많습니다. 반면에 그리스도교와 달리 다른 종교들에서는 종교가 나서서 과학을 거부하거나 공격하는 일이 별로 없습니다. 신 선생님께서도 지적하셨듯이, 그리스도교에서 유독 과학과 종교의 갈등이 심한 것은 창조주 절대자 신에 대한 생각, 로고스 중심주의, 그리고 문자주의적인 경전 이해 때문이죠. 하지만 다른 종교들에서는 대개 이런 측면들이 그리 심각하지 않습니다. 애초에 갈등의 소지가 그리 크지 않은 거죠. 불교처럼 궁극적 실재를 비인격적인 우주적 법칙으로 본다면 우주의 생성이나 생명의 진화에 관련된 창조주 신의 문제가 제기될 이유가 없습니다. 또 불교에는 방편설이 있어서 경전과 교리에 상식이나 과학에 어긋나는 부분이 있어도 이게 그리 심각하게 문제되지 않습니다. 상징적 수단 정도로 보면 그만이죠. (중략)

세 번째로 과학과 종교 각각의 고유한 영역을 인정하는 **분리** 입장도 종교의 유무나 종류에 상관없이 두루 나타납니다. 예를 들어 원불교에는 "물질이 개벽하니 정신을 개벽하자"라는 창시 이념이 있습니다. 이것은 물질과 정신을 실체적으로 구분하는 서구의 경직된 근대적 이분법과는 좀 다르겠습니다만, 어쨌든 이에 따르면 과학과 종교는 각각 물질과 정신의 영역에 관련되는 것으로 적당히 분리되죠. (중략)

마지막으로 **대화 내지 통합** 유형입니다. 종교들 바깥에서는 이런 태도를 가진 사람은 아마 없겠죠. 반면에 종교들은 과학과 종교의 적극적인 만남을 추구하고, 그 만남에서 제기되는 문제들을 받아들여 변화를 도모하며, 나아가 과학에 새로운 동기와 전망을 제공하기도 합니다. 물론 종교들이 다 그런 것은 아니고, 신학이나 교학 체계가 정교하고, 과학이라는 거대한 상대와 마주할 수 있는 규모와 세력을 가진 일부 종교들만의 이야기입니다. (중략)

"과학은 종교를 오류와 미신으로부터 정화할 수 있으며, 종교는 과학을 우상 숭배와 절대화로부터 정화할 수 있습니다. 과학과 종교는 서로를 좀 더 넓은 세계, 즉 과학과 종교가 함께 번성할 수 있는 세계로 이끌어갈 수 있습니다. (…) 우리는 진정한 우리가 되기 위해, 우리가 되어야 할 바가 되기 위해 서로를 필요로 합니다." (요한 바오로 2세, '메시지', 1990년)

"과학적 발견들이 우주론 같은 지식 분야들에 대한 더 깊은 이해를 제공한다면, 불교의 설명들은 때로 과학자들에게 그들 자신의 분야를 새로운 방식으로 볼 수 있게 해 줍니다. (…) 우리의 대화는 과학뿐만 아니라 종교에도 유익을 제공해 왔습니다. (…) 과학은 물질적 세계를 이해하는 탁월한 도구였으며, 우리 삶이 크게 진보하게 해 주었습니다. 하지만 현대 과학은 내적 경험들에 관위의 예문 앞부분에서 글쓴이는, 종교를 비판하는 대다수 과학자들에게 무신론이란 형이상학적 신념이자 실천적 신념이며, 이는 극단적인 경우 어떤 대화도 거부하는 배타적, 독선적 종교와 별로 다르지 않다고 주장한다. 그리고 양자의 대화를 모색하기 위해 위에서처럼 과학과 우리나라 여러 종교들의 관계가 어떠했는지를 살펴본다. 무관심, 갈등, 분리, 대화/통합의 네 가지 유형을 제시하면서 각각의 사례를 들고 있다.

마지막 유형인 대화/통합 관계의 예로 인용된 글에는 우리 시대의 대표적인 종교 지도자들이 표방한 종교와 과학의 공존과 대화를 향한 요청이 담겨 있다. 이 메시지들은 종교와 과학의 궁극적인 목표가 서로 다른 것이 아니라는 전제를 깔고 있으며, 대화를 통해 협력해 나간다면 더 나은 미래를 기대할 수 있다는 공통된 입장에 서 있다. 물론 세부적인 논의를 보면 신앙과 교리가 다른 만큼 그 대화의 내용도 뚜렷한 차이를 보이고 그에 대한 평가나 검증도 어려운 일이지만, 대화와 소통의 노력만으로도 의미가 있다고 볼 수 있다.

이렇게 종교와 과학은 다양한 갈등 양상을 보이는 한편, 서로의 입장을 이해하며 더 나은 발전을 위해 서로 협력하려는 대화의 모색 역시 계속되고 있다.

최근 네이처는 1916년과 1996년에 80년 간격을 두고 실시한 같은 설문조사 결과를 발표했다. 1916년에 미국 과학자 중 40퍼센트가 신을 믿는다고 답했다. 그런데 과학과 신은 서로 어울리지 않는다고 생각하는 사람들은 1996년에도 신을 믿는 과학자의 비율이 1916년과 같았다는 사실에 놀랄 것이다. 이들은 오늘날의 수치가 훨씬 낮을 것으로 예측했다.

그러나 설문조사의 표현을 달리했으면 이 수치는 더욱 높아졌을 것이다. 당시 아인슈타인을 비롯한 많은 과학자들이 40퍼센트에서 제외되었는데, 이는 질문이 "내 기도에 응답하는 (인격체로서의) 신을 믿는가"였기 때문이다.

– 러셀 스태나드 엮음, 『21세기의 신과 과학 그리고 인간』, 이창희 옮김, 두레, 2002.

2 우리 시대의 종교와 윤리

현대 과학기술의 발달은 자연과 인간을 바라보는 우리의 시각을 완전히 바꿔 놓았다고 할 수 있을 정도로 놀라운 면모를 보여 주고 있다. 이런 변화 속에서 우리는 가치관의 혼란을 겪기도 하고 세계에 대한 더 깊은 이해에 도달할 수 있다는 희망을 갖기도 한다. 현대 과학기술의 발달이 신의 존재를 부정할 것인지, 아니면 신에 대한 인간의 이해를 더 심화시킬 것인지 그 결론은 아직 알 수 없다.

역사적으로 오랫동안 공존과 갈등이 계속된 이유는 어떤 의미에서 종교와 과학이 불가분의 관계를 가진 측면이 있기 때문이다. 세계의 신비를 서로 다른 관점에서 이해하려고 노력해 온 종교와 과학이 이제는 서로 협력하여 인간과 세계에 긍정적으로 작용할 수 있는 방법을 모색해야 할 것이다.

1. 현재에 대한 성찰

현대사회가 복잡한 만큼 종교와 과학의 관계가 빚어내는 스펙트럼 역시 다양하다. 과학기술이 모든 문제를 해결하고 궁극적으로 밝은 미래를 만들어낼 것이라고 낙관하는 사람들이 있는 반면, 종교적 신념과 가치를 맹목에 가까울 정도로 신봉하는 사람들 또한 적지 않다. 이들은 종교적 신념의 가치체계와 충돌하는 사안에서는 비판과 검증을 통해 확립된 과학적 견해와 대립하기도 하고, 과학기술의 윤리적 측면을 공박하기도 한다.

이런 종교의 모습은 과학기술의 한계를 보완하는 측면도 있지만 갈등적 대립으로 혼란을 초래하기도 한다.

이렇게 부정적인 측면이 있음에도 불구하고 종교는 여전히 인간과 사회에 현실적 의미를 지니고 있는데, 종교가 오랜 세월 동안 사라지지 않고 우리 곁에 있는 것은 이 때문이다.

대표적인 갈등 양상을 살펴보면 다음과 같다.

가) 이라크 북부 모술에서 11일(현지시간) 오후 발생한 차량 자살폭탄 테러로 최소 9명이 숨졌다. DPA 통신은 폭탄을 가득 실은 차량 한 대가 수도 바그다드에서 북쪽으로 390㎞ 떨어진 모술 무타나 지역의 군 검문소로 돌진, 폭발하면서 군인 5명을 포함한 9명이 숨지고 18명이 부상했다고 전했다.

이번 테러의 배후를 자처하는 단체는 아직 나타나지 않았지만, 알카에다와 같은 수니파 무장단체의 전형적인 공격 수법으로 알려졌다.

이라크에서는 수만 명의 희생자를 낸 2006~2008년을 정점으로 점차 폭력과 테러 사건이 감소하는 추세였다. 그러나 2011년 말 미군 철수 이후 시아파와 수니파 간 갈등이 다시 심화하면서 테러가 빈발, 사상자가 속출하는 등 치안이 여전히 불안한 상태다. 지난 8일에도 이라크 곳곳에서 시아파를 겨냥한 연쇄 차량 폭탄테러로 최소 33명이 숨지고 100명 넘게 부상했다.

－「이라크 북부서 자살폭탄 테러」, 『연합뉴스』, 2013. 2. 12.

나) 생물학계가 고등학교 과학 교과서에서 '시조새'와 '말의 진화' 부분을 삭제·수정하라는 교과서진화론개정추진회(이하 교진추)의 청원을 기각해 달라고 정부 당국에 공식 요청했다. 한국생물과학협회는 6일 '진화학 관련 고등학교 과학 교과서 개정 청원에 대한 기각 청원서'를 교육과학기술부장관에게 제출했다고 밝혔다. 청원서에는 교진추가 지난해 12월과 올해 3월 과학 교과서 개정을 청원한 내용이 현대 진화생물학의 관점에서 볼 때 과학적으로 전혀 타당성이 없으므로 기각해달라는 내용이 담겼다.

－「창조론으로 교과서 수정하면 세계적 웃음거리」, 『연합뉴스』, 2012. 7. 6.

가)처럼 자살폭탄 테러가 끊이지 않는 이유는 죽음이 끝이 아니라 새로운 삶의 시작이라고 가르치는 종교 때문이라고 비판하는 이들이 많다. 이런 사건으로 특정 종교만 비판받는 것이 아니라, 모든 종교가 문제라는 식으로 확대되기도 한다. 비판적 논자들은 더 나은 세계를 만들기 위해 '다음 세상의 존재'를 가르치는 종교는 사라져야 한다고 주장한다.

나)는 종교와 과학의 충돌을 보여주는 대표적인 사례로, 진화론과 창조론의 갈등과 대립을 보여준다. 한국 기독교계 일부에서 교과서 개정 청원을 올렸는데, 이는 미국에서 몇 십 년째 지속되고 있는 진화론–창조론 논쟁이 우리에게도 일어날 수 있음을 시사한다.

이렇게 종교와 과학은 각자의 입장과 가치를 지니고 우리 사회 곳곳에서 충돌 또는 대화를 하고 있는데, 우리 삶을 깊이 이해하고 더 행복하게 만들기 위해서는 각각의 논점들을 구체적으로 이해할 필요가 있다.

다음 글은 생태 위기에 종교의 책임이 있으며, 이를 해결하는 데에도 종교는 무용하거나 적절하지 않다는 논지를 담고 있다. 이러한 주장에 대해 찬성과 반대 중 어느 한 입장을 선택한 후 조별로 토론해 보자.

생태 윤리의 기본적 공리는 만약 우리가 지구를 우리의 진정한 고향으로 경험하기를 배우지 않는다면 우리는 그것을 돌보는 성향을 거의 갖지 않을 것이라는 점을 명심하라. 그러나 종교는 이 세계를 우리의 고향으로 받아들일 수 없다. 종교의 가르침이 전형적으로 우리의 진정한 고향을 다른 곳, 즉 초자연적인 세계에 두고 있음을 알기 위해서 그것을 자세히 검토할 필요도 없다. 어떻게 그러한 세속적이지 않은 관점이 생태를 진지하게 생각하기를 요구할 수 있겠는가? 종교가 말하는 '우주에 집 없음(cosmic homeless)'은 생태 운동을 도울 충분한 도덕적 에너지를 제공할 수 없다. 반면에, 자연 세계 모두가 거기에 있고 항상 거기에 있을 것이라는 의미에서의 순수한 자연주의 철학은 생태 윤리학을 위한 적절한 토대다.

또한, 현대의 생태 위기는 성서가 땅에 대한 '지배권'을 인간에게 부여한 데서 기원했다는 린 화이트 2세(Lynn White Jr.)의 널리 알려진 명제를 잊지 말자. 이러한 인간 중심적 신념의 오만함이 인간이 자연을 그들의 통제하에 놓고 남용하도록 종교적으로 허용해왔다. 마찬가지로 많은 신자들이 종말론적 믿음에 따라 이 세계가 파괴를 향해 가고 있다고 본다. 그들에게 우리의 현재의 자연 환경은 그것의 멸망이 예정되어 있으므로 아낄 가치가 없는 것이다. 그밖에 다른 많은 측면에서 종교는 비인간적인 자연 세계에 대해 너무 적은 관심만을 지니고 있음을 보여주었다. 그러므로 우리는 종교가 생태적으로 무용함을 발견한다.

– 존 호트, 「과학과 종교, 상생의 길을 가다」, 구자현 옮김, 들녘코기토, 2003.

2. 미래에 대한 전망

인간 사회의 모든 문제를 해결해 줄 것처럼 보였던 과학이 근대를 지나 현대에 이르면서 점차 심각한 문제점을 드러내고 있으며, 그 발전적 대안을 모색하는 데 종교의 역할이 필요하다는 지적도 나오고 있다.

종교는 일종의 사회문화적 전통, 관습과 연관돼 개인의 가치관과 윤리를 형성하는 데 큰 역할을 한다. 종교가 특정한 교리와 전통에 얽매이는 것이 아니라 인간 보편의 가치에 의미를 둘 때 종교의 영역은 더 확장될 수 있고 과학이 지니는 한계를 넘어설 수 있는 시각을 제시할 수 있다.

그러므로 우리는 다음 예문에서처럼 개인의 종교적 체험이 가지는 사회적 의미를 묻고, 우리 시대에 바람직한 가치관과 윤리가 무엇인지 함께 고민해 봐야 할 것이다.

예문 4

가) 교회는 병원과는 다른 차원에서 생명과 죽음을 다루는 성소였다. 의사가 몸을 치료해 주고 육신의 생사를 관장하는 곳이라면, 목사는 영혼의 삶과 죽음, 구원과 타락을 결정짓는 존재였다. 초등학교 2학년 때인가 처음 자발적으로 교회를 갔던 날 나는 십자가 앞에서 엄숙한 자세로 기도를 올리면서 나 자신이 뭔가 새롭게, 인간답게 거듭나는 듯한 감정에 휩싸였다. 그 후에도 열심히 교회에 다닌 건 바로 그런 기분, 곧 교회에 다니면 좀 더 '인간다운 인간', '영혼이 정화된 인간'이 되리라는 믿음 때문이었던 것 같다. (중략)

목욕을 하고 병원에서 치료를 받고, 교회에 가서 회개의 기도를 올리고, 하나의 촌락이 근대화되었는지의 여부는 이처럼 몸과 마음, 곧 신체를 정화하는 트라이앵글이 갖추어졌느냐에 달려 있지 않을까. 내 고향 뿐 아니라, 이른바 '개발'이 진행된 곳이라면 어디든 이 세 가지 공간이 공통적으로 활약하게 마련이다. 근대화의 첨병인 학교가 민족이나 역사 담론 같은 거시적 영역을 주로 담당한다면, 목욕탕, 병원, 교회는 일상의 미시적 영역에서 근대적 규율과 습속을 구성원들의 신체에 아로새긴다. 엄마가 때를 깨끗하게 벗겨주는 것을 자식에 대한 애정으로 생각하고, 병원에서 문명, 생명, 죽음 등의 표상들을 환기하고, 또 절보다는 교회에 다녀야 좀 더 '완전한 인간'에 가까워진다고 믿었던 식으로.

– 고미숙, 『한국의 근대성, 그 기원을 찾아서』, 책세상, 2001.

나) 저는 종교와 과학은 인류가 오랜 역사 과정에서 환경에 적응하면서 생존율을 높이기 위해 만들어낸 '메커니즘' 가운데 하나라고 생각합니다. (중략) 인류나 특정 사회는 생존을 위한 메커니즘을 다양하게 가지고 있고 동시에 사용합니다. 각 메커니즘은 일정 부분 자기 영역과 자기 담론 구조를 가지고 있으며, 다른 메커니즘과는 서로 보완적일 때도 있고 경쟁적일 때도 있습니다. 인류는 이런 메커니즘 하나에만 독점적 지위를 주지 않고, 상황과 필요에 따라 다양한 메커니즘들 사이의 비중을 달리하면서 각기 역할을 할 수 있도록 조정합니다. 그런데 특정 메커니즘이 그 메커니즘이 만들어진 기능이나 활동 영역을 벗어나서 지나치게 강한 영향력을 행사하는 경우, 인류나 특정 사회는 자동적으로 비대해진 특정 메커니즘을 제어하려고 합니다. 즉 특정 메커니즘의 독주로 인해 인류나 특정 사회가 생존의 위협을 받거나 적응의 정도가 심하게 훼손될 때, 다른 메커니즘을 사용해 그 메커니즘을 제어하게 됩니다.

역사적으로 종교가 사회의 생존을 위협할 지경에 이를 때, 종교는 다른 메커니즘의 제어를 받았습니다. (중략)

인류의 생존력 강화에 봉사해야 할 과학이라는 메커니즘이 이제는 핵무기나 환경 파괴 등의 예에서 볼 수 있듯이 인류의 생존을 위협하는 상황에 이르자, 과학을 제어하기 위한 다른 메커니즘이 필요해지고, 그 역할이 종교에 맡겨진 게 아닌가 싶습니다.

– 신재식·김윤성·장대익, 『종교전쟁』, 사이언스북스, 2009.

다) 자연 상태에서 나타나는 인간 본성(human nature)도 자연적인 것이니 그대로 받아들여야 한다고 말할 수 있는가? 조지 에드워드 무어(George Edward Moore)라는 분석철학자는 '자연주의의 오류(naturalistic fallacy)'라는 개념으로 이를 설명한 바 있다. 그것은 우리가 추구해야 하는 가치와 연관된 주장인 '당위 명제'와 실제 존재하는 현상에 대한 설명인 '사실 명제'는 서로 다른 차원의 것인데, 이를 혼동할 때 생기는 오류다.

좋은 예가 진화론적 윤리다. 진화론에 따르면, 생존을 위한 치열한 경쟁 속에서 개체가 자기 이익을 추구하는 것, 그리고 이런 과정에서 수컷과 암컷의 생존 전략이 서로 다른 것은 자연적인 현상이다. 그런데 진화론이 사실에 대한 설명이라는 위상에 만족하지 않고, 여기서 더 나아가 가치와 관련된 결론을 도출하려 한다면 이것이 자연주의의 오류다. 현대 진화론에 따르면 동물 세계의 행동은 모두 유전자의 확산과 관련되어 있다. 인간을 포함해 모든 동물 행동의 설명 단위는 유전자이며, 더 나아가 DNA로 환원 가능하다. 동물과 인간 개체는 유전자의 명령에 의해 움직이는 기계일 뿐이다. 가령 사자의 경우, 새로 우두머리가 된 수컷은 암컷들이 기르던 그 전 우두머리 사이에서 난 새끼들을 물어 죽인다. 이는 자신의 유전자를 신속하게 확산시키기 위한 전략으로 설명 가능하다.

하지만 그렇다고 해서 그런 전략이 과연 도덕적으로 옳으며, 우리가 추구해야 할 당위라고 할 수 있는가? 그렇다면 인간 세계에서도 남자들은 자신의 유전자를 확산시키기 위해 부인이 전남편과의 사이에서 낳은 자식들을 다 죽여야 할까?

— 김명식, 「자연으로 돌아가면 행복할까」, 『철학으로 과학하라』, 웅진지식하우스, 2008.

가)는 한 개인의 종교 체험과 선택이 어떤 사회적 맥락 속에서 이루어지는지를 보여 주는 글로서, 종교가 어떻게 개인과 사회에 영향을 미치는지를 보여 준다.

나)의 글쓴이는 현대 사회에 위협적인 과학의 문제를 종교가 해결하도록 노력해야 한다는 주장을 하고 있다. 이전 시대에 종교가 정도를 벗어나 지나친 영향력을 행사할 때 과학이 견제하며 균형을 맞추었던 것처럼 오늘날에는 과학에 대해서 종교가 그런 역할을 해야 한다는 것이다.

현대 과학기술문명에 대해서는 비관적 전망과 낙관적 전망, 두 가지 상반된 관점만 있는 것은 아니다. 다)와 같이 자연주의에 대한 인문적 성찰을 하는 과정에서 제3의 관점이 나타나기도 한다. 70억에 가까운 현재 지구의 인류가 전통적 농경 방식으로 살아갈 수 있을까? 현대 과학기술문명이 주는 풍요에 익숙한 사람들에게 이를 거부하고 최소한의 생존 수준만을 충족하는 정도의 삶을 살라고 요구할 수 있을까? 이런 문제에 대해 글쓴이는 종교에 비견될 수 있는 강력한 철학이 동반되지 않는다면 불가능한 일이라고 말한다.

종교와 과학은 그 자체의 미래가 아니라 종교와 과학의 존재 기반인 인간과 사회의 미래에 기여할 방법이 무엇인지에 집중할 때 그 본연의 역할을 찾을 수 있을 것이다. 더 나은 세계를 만들기 위한 방법의 모색에 함께 관심을 기울일 때 비로소 진정한 대화가 가능할 것이다.

다음 글을 참고하여 생태주의와 과학기술주의의 두 입장으로 나눠 주요 쟁점을 토론해 보자. 그리고 발전적인 삶의 모습이 무엇인지 생각해 보고, 그렇게 되기 위한 실천적 방안으로 어떤 것이 있는지 구체적인 모델을 제시해 보자. 생태도시, 종교적 생활공동체 등 구체적 대안 사례를 조사해서 발표해 보자.

버몬트 골짜기에서도 뉴욕이나 보스톤 교외에서 지내는 것처럼 살 수 있었다. 가까운 도회지에 있는 슈퍼마켓에 자주 드나들면서 필요한 물건들을 사고, 독성 농약으로 자라 먼 곳에서 실려 온 과일과 채소를 사 먹으면 그만이었다. 뿐만 아니라 공장에서 가공해 깡통에 넣어 파는 물건을 사도 됐다. 그렇게 하면 모든 식생활이 간단히 해결되었다. 굳이 허리를 굽히고 손발에 흙을 묻히며 농사를 짓지 않아도 되었다. 버몬트 골짜기에서도 살림이 넉넉한 여남은 집이 그렇게 살고 있었다. 그런데 사실을 따지고 보면 그들은 신선도도 떨어지고 건강에도 안 좋은 음식을 제값 다 주고 사 먹고 있었다.

우리가 이런 생활에 마음이 끌릴 리 없었다. 왜냐 하면 유기 농법으로 가꾼 싱싱하고 생기 있는 음식이 더욱 가치가 있고 소중하다고 믿었기 때문이다. 할 수만 있다면 우리 손으로 모든 양식을 길러 먹고, 집 밖에서 돈으로 사야 할 물건들은 아주 적게 한다는 생각으로 살림 계획을 세웠다.

– 헬렌 니어링·스코트 니어링, 『조화로운 삶』, 류시화 옮김, 보리, 2000.

1 칼 세이건의 소설을 원작으로 한 1997년의 SF 영화 〈콘택트(Contact)〉(로버트 저매키스 감독, 1997)를 감상하고, 에로웨이 박사와 자스 위원의 대화 속에서 '종교와 과학의 관계'에 대한 여러 가지 논점을 찾아 정리해 보자.

또는 소설 『파이 이야기』를 원작으로 한 〈라이프 오브 파이(Life of pie)〉(이안 감독, 2013)를 감상하고, 종교와 과학에 관계된 논점을 찾아 정리해 보자. 이 가운데 하나를 주요 화제로 삼아 2000자 내외의 영화감상문을 써 보자.

2 다음의 몇 가지 화제 중에서 한 가지를 택해 해당 분야에서 이루어지고 있는 종교와 과학의 대화 혹은 논쟁에 대한 자료를 조사해서 정리한 후, 이를 다른 사람들이 잘 이해하도록 설명하는 글을 써 보자.

- 가톨릭과 생명공학
- 불교와 생명윤리
- 진화론과 창조론
- 뇌과학과 인간의 마음
- 빅뱅 이론과 불교적 우주관

3 다음 방법을 참고하여, '한국 사회에서 기독교와 과학계의 갈등'에 관한 한 편의 학술적 에세이를 써 보자.

① 마이클 루스, 『다윈주의자가 기독교인이 될 수 있는가』, 이태하 옮김, 청년정신, 2002, 1~2장을 읽고 핵심 내용을 정리한다.
② 대학생 기독교 단체를 대상으로 설문, 인터뷰를 진행한다.
③ 자신을 무신론자라고 생각하는 사람들을 대상으로 설문, 인터뷰를 진행한다.

4 다음의 몇 가지 화제는 종교와 과학의 관점이 가장 첨예하게 부딪치는 이슈들이다. 이와 관련해서 다양한 자료를 찾아 읽은 후 자신의 관점을 정립하고, 해당 화제에서 종교와 과학이 갈등을 넘어서 공존을 모색하도록 하는 발전적 대안을 찾아 2000자 내외로 글을 써 보자.

- 유전자 조작
- 줄기세포 연구와 인간 복제 가능성
- 안락사와 존엄사
- 사후 피임약과 낙태

학술논문

1. 학술논문의 특징

　학술논문은 글쓴이에게도 흥미롭고 읽는 이에게도 흥미로운 문제를 제기하고 그 해결과정을 과학적이고 논리적으로 제시하여 스스로 답을 구하는 글이다. 학술논문을 쓸 때 주의할 점은 '설명'과 '논증', '화제'와 '주제', '대상화'와 '문제화'의 차이를 정확히 구분하여 서술하는 것이다. 곧 학술논문은 화제를 대상화하여 설명하는 글이 아니라, 주장이 있는 주제를 문제화하여 논리적으로 증명하는 글이 되어야 한다.

　학술논문은 기존의 연구결과를 바탕으로 자신의 지식을 체계적으로 조직하는 글이다. 또한 학술논문의 연구 결과는 학문의 장에서 타인과 공유될 때 의미를 지닌다. 따라서 학술논문은 학문의 장에서 전달·소통될 수 있도록 일정한 규범에 따라 논리적으로 구조화되어야 하고, 그러므로 작성에 앞서 치밀한 글쓰기 계획이 필요하다. 학술논문을 쓸 때는 선행 연구를 바탕으로 글쓴이가 처리할 수 있고 수행할 수 있는 논제를 연구 주제로 선택하고, 연구자의 능력과 상황을 고려하여 주제의 범위를 구체화해야 한다.

　학술논문에서 요구되는 조건을 정리하면 다음과 같다.

① 유의미한 문제제기(주제) – 독창성
② 과학적이고 논리적인 문제해결과정(논증 과정) – 타당성
③ 체계적 구성(체재) – 객관성
④ 간결하고 정확한 표현(표현) – 정확성
⑤ 학문의 장에서의 소통(전달) – 소통가능성
⑥ 양심적 인용(주석) – 윤리성

2. 학술논문의 주제 찾기

학술논문을 집필할 때 가장 중요한 단계는 논문의 주제를 정하는 단계이다. 논문의 주제 범위가 넓고 포괄적이면 논문의 독창성을 주장하기 어렵고, 반대로 논문의 주제 범위가 협소하고 구체적이면 주장을 논증하는 과정이 쉽지 않다. 가령 "세포에 관한 연구", "기후변화 레짐의 형성과 녹색 중상주의 국제정치", "유아의 부모표상과 사회적 의도 귀인" 등은 주제로 적절하지 못하다. 글쓴이의 관점과 주장 없이 연구 대상만을 제시하고 있기 때문이다. 이런 경우 글쓴이의 관점과 주장을 포함시켜 주제로 구체화시키는 단계가 필요하다. 아래의 예시는 주장이나 관점을 주제로 구체화하는 과정을 보여준다.

> 아버지의 역할
>
> 핵가족 사회에서 아버지의 역할
>
> 핵가족 내 유아 돌봄에서 아버지의 역할 변화
>
> 1980년대 이후 핵가족 내 유아 돌봄에서 아버지의 참여 역할 고찰

논문의 주제는 다양한 내용과 질문 형식을 포함할 수 있다. 자신이 선택한 연구 대상에 대해 학계에서 진행되고 있는 논의의 정도를 고려하여 논문 주제의 내용과 질문 형식을 정하는 것이 좋다. 가령 학계의 논의가 시작 단계에 있는 연구 대상은 분석형 주제로 접근하는 것이 생산적일 수 있고, 논의가 상당히 진행된 경우에는 문제를 해결하는 대안을 제시하는 연구 주제가 의미 있을 수 있다. 논문 주제의 내용과 질문 형식을 구체적으로 정리하면 다음과 같다.

1) 주제의 내용과 질문 형식

주제 내용	질문 형식
새로운 학설(담론) 제시	문제 제기형
다양한 관점을 통한 분석	문제 분석형
논증을 통한 사실 확인과 해결을 위한 다양한 입장 구성	입장(관점) 구성형
입장에 따른 문제 해결을 위한 방향 제시	문제해결 방향 제시형
문제에 적용하여 구체적 해결 방안 제시	문제해결 방안 제시형

1. 질문을 만들고 답하기

① 내가 말하고자 하는 것은 무엇인가(주제)

② 이러한 논의가 필요한 이유는 무엇인가(연구 목표 검토)

③ 이전에 비슷한 논문이 제출된 적이 있는가(선행 연구 검토)

④ 주제를 가장 잘 드러낼 수 있는 방법론은 무엇인가(과학적 방법 검토)

2. 학과 세미나와 학술 대회, 도서관의 자료 검색 활용

논문 집필과 관련된 자료는 주제 분류와 상관없이 '핵심어(Key Word)'를 통해 검색한다.

고심 끝에 확정한 논문 주제가 학문의 장에서 유의미한 논의거리가 될 수 있는지를 판단하려면 학술논문에서 요구되는 연구 목표와 연구 목적에 대입해 내용을 점검해 보는 것이 좋다. 만약 아래의 연구 목적과 연구 목표에 내가 선택한 논문 주제가 해당된다면, 그 주제는 충분히 논문 주제로서의 가치와 의미를 지닌다고 할 수 있다.

2) 연구 목적과 연구 목표

연구 목적	연구 목표
• ~를 이해하는 데 기여하다 • ~에 대한 지식을 늘리다 • ~에 대한 지식을 수집하다 • 특정 현상을 설명하다 • 논쟁을 진행하다 • 새로운 어떤 것을 발견하다 • 어떤 것을 다시 논의하게 만들다 • 어떤 것을 시험하거나 발전시킨다	• 특정 문제를 해결한다 • 이미 수행된 연구에 반론을 제기한다 • 현상 간 연관성을 분석한다 • 난해한 원전을 이해한다 • 비교하고 대조하고 평가한다 • 이론이나 입장을 입증하거나 정당화한다 • 사안이나 대상을 새롭게 분석한다 • 작품을 새로운 관점에서 해석한다 • 현실 분야를 정리, 체계화한다 • 방법론을 개발하고 검증하고 실험하고 적용한다

3. 학술논문 작성 단계

학술논문은 일반적으로 계획하기–연구계획서 쓰기–초고 집필–피드백 받아 수정하기의 순서로 집필된다. 하지만 학술논문은 순차적이라기보다 순환적으로 작성된다. 학술논문은 논리적으로 구조화된 지식을 구축하는 글이기 때문에 실제 작성에 앞서 꼼꼼하게 계획하는 과정이 중요하다. 각 작성 단계를 구체적으로 정리하면 다음과 같다.

1) 계획하기

① 선행 연구 검토를 통해 주제 찾기
② 필요한 자료 수집하기
③ 문제제기를 통해 연구 목표 확정하기
④ 주제를 한정하여 구체화하기
⑤ 연구방법 확정하기

2) 연구계획서 쓰기

연구 목적과 그에 따른 구체적 주제를 확정한 후에는 연구계획서를 작성하여 연구 진행 과정과 그 내용을 미리 점검해 보는 것이 좋다. 연구계획서의 내용은 대개 제목, 연구 목적, 선행 연구 검토, 연구 방법론, 참고문헌 정리로 구성되지만 그 형식은 분과학문 마다 다소 차이를 지닌다.

① 공학계열의 연구계획서 내용

1. 연구 목적
 1.1. 연구의 문제
 1.2. 연구의 필요성

2. 이론적 배경
 2.1. 선행 연구 현황 소개
 2.2 연구 방향의 제시

3. 연구 원리 및 가설
 3.1. 연구 원리

3.2. 연구 가설

4. 연구 방법
 4.1. 실험 대상과 절차
 4.2. 자료 처리 및 결과 분석

5. 연구 기간

6. 예상되는 결과 및 시사점

7. 참고 문헌

② 인문사회계열의 연구계획서 내용

제목	
1. 연구 주제문	
2. 연구 목적 및 필요성	
3. 연구 방법	
4. 선행 연구 검토	
5. 목차	
6. 참고문헌	
7. 핵심어	

③ 과학논문(IMRAD) 양식의 내용

서론(Introduction)
재료 및 방법(Materials and Methods)
결과(Results)
토의(Discussion)
결론(Conclusion) : 선택 사항
참고문헌(Reference)

3) 초고 집필

연구계획서를 통해 논문의 내용을 미리 점검한 후 본격적으로 논문을 작성한다. 논문 초고는 다음의 내용을 바탕으로 글쓴이의 주제가 명확히 표현, 전달될 수 있도록 집필한다.

> ① 선행 연구의 비판적 검토
> ② 수집한 자료 읽고 분석하기
> ③ 자료 혹은 데이터 분석을 토대로 주제 논증하기
> ④ 본문의 내용을 항목으로 정리하여 구성하기
> ⑤ 인용된 자료 정리와 주석 달기

4) 지도 교수의 피드백에 따라 수정하기

논문의 초고가 완성되면 되도록 자주 지도 교수와 면담 시간을 갖는 것이 좋다. 완성된 글은 피드백을 하기 어렵다. 글이 완성되기 전 지도 교수와의 면담을 통해 논문 집필 과정을 순환적으로 반성하고 성찰하여 보다 완결된 논문이 될 수 있도록 노력하는 것이 필요하다. 특히 자신의 논문에 대한 타인의 조언을 열린 마음으로 수용하는 태도가 중요하다. 학술논문은 글쓴이의 만족을 위해 쓰는 글이 아니라, 우리가 함께 고민하고 해결해야 할 문제거리를 나누고 그 해결책을 찾아보는 글이기 때문이다.

4. 학술논문의 인용과 주석달기

학술논문을 작성할 때는 참조한 인용 자료의 출처와 서지 사항을 정확히 표시해야 한다. 그렇지 않으면 표절한 논문이라는 의혹을 받을 수 있다. 일반적으로 표절이란 인용된 자료의 출처를 밝히지 않고 타인의 글을 무단으로 인용하는 경우, 출처를 부정확하게 밝히는 경우, 인용 부분을 정확하게 표시하지 않는 경우를 말한다.

학술논문에서 자신의 주장이나 설명을 뒷받침하기 위해 기존 자료를 인용하는 방법에는 직접 인용법과 간접 인용법이 있다. 직접 인용법은 원문을 그대로 인용하는 경우 사용된다. 통상 직접 인용한 내용이 네 줄 이상인 경우에는 한 줄을 띄어 직접 인용된 부분을 표시한다. 직접 인용한 내용이 세 줄 이하인 경우에는 " "를 사용하여 직접 인용된 부분의 시작과 끝을 표시한다.

　간접 인용법에는 내용을 요약하여 인용하는 요약 인용과 인용된 내용과 의미를 정리하여 바꿔 표현하는 바꿔 인용하기(paraphrase)가 있다. 간접 인용법의 요약 인용에서 주의해야 할 점은 요약한 내용의 처음과 끝을 정확하게 명시해야 한다는 것이다. 아래의 간접 요약 인용 예문을 보면, 인용된 내용이 시작되는 부분을 판단하기 어렵다. 이런 경우 그 시작을 알리는 문구를 삽입하여 요약 인용한 내용의 시작 부분을 분명히 제시해야 한다.

예_ 우리나라에서 청소년 비행은 형법을 위반한 행위뿐만 아니라 미래에 형법을 위반할 가능성이 있는 행위들도 포괄한다. 좁은 의미에서 소년비행이란 12세 이상 20세 미만의 소년에 의한 범죄 행위, 촉법 행위 및 우범 상태를 말하며 이러한 행위를 하거나 상태에 놓인 소년들을 각각 범죄소년, 촉법소년, 우범소년이라고 한다. 범죄소년이란 14세 이상 20세 미만의 소년으로서 형법법령에 위배되는 행위를 한 자로서 형사책임이 있다. 촉법소년이란 12세 이상 14세 미만의 소년으로서 형법법령에 위배되는 행위를 한 자로 형사책임은 없다. 우범소년이란 12세 이상 20세 미만의 소년으로서 보호자의 정당한 감독에 복종치 않는 성벽이 있거나 정당한 이유 없이 가정에서 이탈하거나 범죄성이 있는 부도덕한 자와 교제하거나 금전낭비, 부녀유혹, 불건전한 오락 등을 하는 자로서 본인의 성격 또는 환경에 비추어서 장래에 형법법령을 범할 우려가 있는 자를 의미한다.

– 학생 글

수정_ 우리나라에서 청소년 비행은 형법을 위반한 행위뿐만 아니라 미래에 형법을 위반할 가능성이 있는 행위들도 포괄한다. <u>우리나라 소년법 4조에서는 좁은 의미에서 소년비행을 다음과 같이 정의하고 있다.</u> 즉 12세 이상 20세 미만의 소년에 의한 범죄 행위, 촉법 행위 및 우범 상태를 말하며 이러한 행위를 하거나 상태에 놓인 소년들을 각각 범죄소년, 촉법소년, 우범소년이라고 한다. 범죄소년이란 14세 이상 20세 미만의 소년으로서 형법법령에 위배되는 행위를 한 자로서 형사책임이 있다. 촉법소년이란 12세 이상 14세 미만의 소년으로서 형법법령에 위배되는 행위를 한 자로 형사책임은 없다. 우범소년이란 12세 이상 20세 미만의 소년으로서 보호자의 정당한 감독에 복종치 않는 성벽이 있거나 정당한 이유 없이 가정에서 이탈하거나 범죄성이 있는 부도덕한 자와 교제하거나 금전낭비, 부녀유혹, 불건전한 오락 등을 하는 자로서 본인의 성격 또는 환경에 비추어서 장래에 형법법령을 범할 우려가 있는 자를 의미한다.

　한편 바꿔 인용하기의 경우에는 내용이 인용자의 주관에 따라 왜곡되어서는 안 되며 바꿔 쓴 어휘와 표현이 인용한 원문과 지나치게 겹쳐서도 안 된다. 타인의 글을 인용한 후 인용된 내용에 주석을 달았다 해도, 원문의 표현과 어휘를 지나치게 많이 그대로 사용하는 경우 표절의 의혹에서 벗어날 수 없다. 아래 예문의 경우 바꿔 인용하기를 활용했지만 원문과 비교해 보면, 원문의 주요 어휘와 표현이 거의 동일하게 사용되고 있으며 특히 5개 이상의 단어가 연속적으로 열거되고 있음을 볼 수 있다. 이런 경우 주석을 표시했다 해도 표절로 판단된다. 그러므로 바꿔 인용하기에서 인용한 내용은 정확히 전달하되 인용자 스스로의 표현과 어휘를 선택하여 다시 고쳐 쓰고, 반드시 정확한 주석을 달아야만 한다.

예_ 바르바는 신체를 식민화된 것으로 생각했다. 철저히 훈련된 신체는 충동적 표현을 지향하는 것이 아니라 제2의 식민지를 건설한다. 하여 바르바는 체현된 극적 페르소나의 드라마를 유기체인 신체에게 넘겨주었다.

원문_ 바르바에게 신체란 '식민화된' 것으로 간주된다. 신체는 철저한 훈련을 필요로 한다. 철저히 훈련된 신체는 충동적 표현을 지향하는 단순한 해방이 아니라, 바르바에 따르면, '제2의 식민지를 건설하는 것'을 의미하고, 그로부터 고양된 신체적 표현의 풍부함, 정확성, 긴장, 그리고 그것들과 함께 현존이 생겨난다. 바르바는 체현된 극적 페르소나 사이에서 생겨나는 드라마를 유기체인 신체에게 말 그대로 양도했다.

수정_ 바르바는 신체를 충동을 표현하는 것이 아니라 "제2의 식민지를 건설하는 것"으로 생각했다. 따라서 바르바는 자신의 연극 작업에서 극적 페르소나를 통해 구현되는 드라마 대신, 신체를 선택했다.

2) 주석달기의 목적

　주석달기는 학술논문에서 자신의 주장이나 설명을 뒷받침하기 위해 활용한 자료의 서지 사항을 정리하는 것을 말한다. 자신이 근거로 활용한 자료가 신뢰할 수 있는 자료라는 점을 설득하려면 주석을 정확하게 정리해야 한다. 인용된 자료의 서지 사항을 정확하게 기술해야 "근거가 잘 갖춰진 논문(well documented article)"을 집필할 수 있다.

학술논문을 집필할 때 주석을 반드시 달아야 하는 경우는 다음과 같다.

주석달기를 할 때에는 다른 논문에 있는 주를 무단으로 도용해서는 안 되며, 인용한 글의 시작과 끝부분을 정확하게 표기해야 한다. 보통 주석은 인용된 글이나 단어가 끝난 부분의 오른쪽에 붙인다. 또한 한 편의 글에서 주석의 형식은 선택된 한 가지 형식을 일관되게 사용해야 하며, 주석에서 요구하는 서지 사항은 빠짐없이 기입해야 한다.

3) 주석달기의 실제

학술논문에서 주석과 참고문헌을 제시하는 방법은 여러 가지가 있다. 연구자는 그 중 어떤 방법을 선택해도 무방하지만, 일반적으로 연구자가 속한 전공분야에서 통용되는 방법을 따른다. 현재 주석과 참고문헌을 작성하는 방법으로 널리 사용되는 것은 MLA(The Modern Language Association of America), APA(The American Psychological Association), Chicago Manual Style이 있고, 연세대학교 연구처에서도 『새논문작성법(1998년)』을 통해 주석과 참고문헌 작성법을 정리했다. 여기에서는 국내 인문·사회 계열에서 가장 많이 사용하는 MLA 방식(1999, 제5판)에 따라 본문 내주와 각주, 참고문헌 작성법을 정리했다.

단행본

1) 기본적으로 저자 혹은 단체명과 인용 쪽수를 다음과 같이 적는다.

　내주 : (유종호 109) (Welty 78) (연세대학교 연구처 117)

　각주 : 유종호, <u>시란 무엇인가</u>(서울 : 민음사, 1995) 109.

　　　　연세대학교 연구처, <u>새논문작성법</u>(서울 : 연세대학교, 1998) 117.

참고문헌 :

　　임춘성. 기업정보화 방법론. 서울 : 커뮤니케이션북스, 2007.

　　Welty, Eudora. One Writer's Beginnings. Cambridge : Harvard University
　　Press, 1984.

2) 공저자는 ‘, ’로 구분하여 표기하고 4인 이상일 경우는 ‘등 혹은 et al.’로 표시한다.

　　내주 : (김기영, 곽노균 198) (Smith and Gunless 76)

　　　　　(임익순, 소영일, 이종민 98) (Smith, Abrahm, and Gunless 89-97)

　　　　　(김달중, 등 79) (Smith, et al. 195)

　　각주 : 김기영, 곽노균, 계량의사결정론(서울 : 법문사, 1986) 198.

　　　　　이경환, 등, 소프트웨어工學(서울 : 청문각, 1994) 79.

　　참고문헌 : 김기영, 곽노균. 계량의사결정론. 서울 : 법문사, 1986.

　　　　　　　이경환, 황선명, 주영택, 변우용. 소프트웨어工學. 서울 : 청문각, 1994.

3) 저자명이 포함된 단행본의 내주와 각주에는 저자 이름 대신 저자명이 들어간 저서
　　명을 적는다.

　　내주 : (미당서정주전집 19) (Smith's 87-94)

　　각주 : 미당서정주전집(서울 : 민음사, 1987) 19.

　　참고문헌 : 서정주. 미당서정주전집. 서울 : 민음사, 1983.

4) 번역서의 경우에는 원저자의 이름과 인용 쪽수를 적는다.

　　내주 : (Langman 22)

　　각주 : J. Langman, 의학태생학:정상과 이상, 김동창 역(서울 : 최신의학사, 1981)
　　　　　19.

　　참고문헌 : Langman, J. 의학태생학:정상과 이상. 김동창 역. 서울 : 최신의학사,
　　　　　　　1981.

5) 학위논문의 경우는 다음과 같이 적는다.

　　내주 : (이영희 45)

　　각주 : 이영희, “연민을 위한 비극-레씽의 비극 연구”, 박사학위논문, 연세대학교,
　　　　　1995, 45.

참고문헌 : 이영희. "연민을 위한 비극-레씽의 비극 연구". 박사학위논문. 연세대
학교, 1995.

연속간행물

1) 연속간행물의 경우 참고문헌을 정리시 인용된 논문의 시작과 끝 페이지를 함께 적
는다.

내주 : (김종태, 정혜윤 56) (김미란 188)

각주 : 김종태, 정혜윤, "신문과 방송자료의 데이터베이스 시스템 구축", 정보과학
회지 29.12(1995) : 56.

이정훈, "햇볕정책의 그늘, 무너지는 대북공작", 신동아 2001년 8월호 :
188.

참고문헌 :

김홍균. "기후변화협약체제와 WTO체제의 충돌과 조화". 법학논총 26.4 (2009)
: 65-89.

이찬송, 윤순진. "기후변화의 국제정치경제:기후변화레짐 내 환경-무역 갈등".
한국사회와 행정연구 21.3 (2010) : 231-267.

Bush, Jane R. "Rhetoric and the Instinct for Survival." Political Perspectives
29.3 (1990) : 35-39.

2) 신문기사의 경우는 다음과 같이 적는다.

내주 : (김철수 2면)

각주 : 이대환, "문학의 운명", 매일신문 2002년 12월 9일 : 21면.

참고문헌 : 동아일보 2009년 4월 9일.

3) 인터넷 자료의 경우는 자료 제공 사이트와 사이트에 대한 설명을 함께 적는다.

내주 : (야후! 백과사전)

각주 : 야후! 백과사전, 2001.1.5 〈http://kr.encycl.yahoo.com〉

참고문헌 : 야후! 백과사전. 2001.1.5 〈http://kr.encycl.yahoo.com〉

　참고로 국내 사정에 맞게 변형한 내주와 참고문헌 정리법을 1998년 연세대학교 연구처에서 펴낸『새논문작성법』에 따라 MLA 방식을 국내 사정에 맞게 변형한 방식을 간략하게 정리한다.

본문 내 주석

1) 기본적으로 ( ) 안에 ',' 없이 저자 혹은 단체명과 발행연도를 적는다. 편저나 역서의 표기는 하지 않는다.

   (김복순 2012) (연세대학교 1995) (한국. 교육인적자원부 2013)

2) 공저자는 ', '로 구분하며, 4인 이상일 경우는 '외'로 적는다.

   (김기영, 소영일, 이종민 1987) (Smith, and Gunless 2001)

   (김기영 외 1983) (Smith et al. 1958)

3) 인용 쪽수를 표시할 때는 다음과 같이 적는다.

   (이기영 1989, 145-148) (Smith 1987, 23, 43, 34-38)

4) 인용한 자료가 두 개 이상일 경우에는 ' ; '으로 구분히고, 권차와 쪽수를 힘께 표시할 때는 권차를 먼저 쓰고 ' : ' 다음에 쪽수를 적는다.

   (Smith 1987, 3 : 23 ; Elf 1988, 4 : 43)

참고문헌

1) 단행본

   글쓴이. 출판연도. 책 제목. 판. 출판지역 : 출판사.

   임춘성. 2007. 기업정보화 방법론. 제1판. 서울 : 커뮤니케이션북스.

2) 정기 간행물

   글쓴이. 출판연도. "글 제목". 수록학회지, 권(호) : 논문의 시작과 끝 쪽수.

김홍균. 2009. "기후변화협약체제와 WTO체제의 충돌과 조화". 법학논총, 26(4): 65-85.

이찬송, 윤순진. 2010. "기후변화의 국제정치경제: 기후변화레짐 내 환경-무역 갈등". 한국사회와 행정연구, 21(3) : 231-265.

3) 번역서

김만중. 1970. 구운몽. 이가원 譯註. 서울 : 연세대학교 출판부.

4) 학위 논문

신선도. 2003. 정보화 역량 관점의 정보화 수준 평가 모형에 관한 연구. 석사학위 논문, 연세대학교 대학원, 정보통신학과.

5) 외국 단행본 서적

Alcazar, W. E., ed. 1996. *Microphysiology: New frontiers*. Seattle : Warburton.

6) 외국 정기 간행물

Chervery, N. L. 1981. "Evaluating Information system Effectiveness". *MIS Quarterly*, 15(3) : 55-69.

1장

김훈, 『인문학 글쓰기』, 북스힐, 2005.

바버라 베이그, 『하버드 글쓰기 강의』, 박병화 옮김, 에쎄, 2011.

히라노 게이치로, 『책을 읽는 방법』, 김효순 옮김, 문학동네, 2008.

2장

앤서니 웨스턴, 『논증의 기술』, 이보경 옮김, 필맥, 2004.

Lester Faigley·Jack Selzer, *Good Reasons with Contemporary Arguements*, New York : Pearson Longman, 2009.

3장

정희모, 이재성, 『글쓰기의 전략』, 들녘, 2005.

조셉 윌리엄스, 『논증의 탄생』, 윤영삼 옮김, 홍문관, 2008.

4장

신형기 외, 『글쓰기』, 연세대학교 출판부, 2003.

정희모 외, 『대학글쓰기』, 삼인, 2008.

김창원, 『학술적 글쓰기 입문』, 시와 진실, 2012.

5장

조셉 윌리엄스, 『논증의 탄생』, 윤영삼 옮김, 홍문관, 2008.

6장

최상규, 『글 어떻게 쓸 것인가』, 정음사, 1986.

앤서니 웨스턴, 『논증의 기술』, 이보경 옮김, 필맥, 2010.

James Crosswhite, 『이성의 수사학』, 오형엽 옮김, 고려대학교 출판부, 2001.

7장

심경호, 『나는 어떤 사람인가』, 이가서, 2010.

조셉 캠벨·빌 모이어스, 『신화의 힘』, 이윤기 옮김, 고려원, 1992.

알랭 드 보통, 『로맨스』, 김화영 옮김, 한뜻, 1995.

노에 게이치, 『이야기의 철학』, 김영주 옮김, 한국출판마케팅연구소, 2009.

에릭 홉스봄, 『만들어진 전통』, 박지향·장문석 옮김, 휴머니스트, 2004.

한국구술사학회 엮음, 『구술사로 읽는 한국전쟁』, 휴머니스트, 2011.

8장

김미영, 『현대공동체주의: 매킨타이어, 왈저, 바버』, 한국학술정보, 2006.

존 그레이, 『자유주의』, 손철성 옮김, 이후, 2007.

스테판 뮬홀·애덤 스위프트, 『자유주의와 공동체주의』, 김해성·조영달 옮김, 한울, 2001.

9장

조광제, 「예술 개념, 움직이는 미로」, 『철학, 예술을 읽다』, 동녘, 2006.

조선미, 『화가와 자화상』, 도서출판 예경, 1995.

박정자, 『빈센트의 구두』, 기파랑 에크리, 2005.

마거릿 P. 배틴, 『예술이 궁금하다』, 윤자정 옮김, 현실문화연구, 2004.

수잔 손탁, 『해석에 반대한다』, 이민아 옮김, 이후, 2007.

10장

신재식·김윤성·장대익, 『종교전쟁』, 사이언스북스, 2009.

존 호트, 『과학과 종교, 상생의 길을 가다』, 구자현 옮김, 들녘코기토, 2003.

리처드 도킨스, 『만들어진 신』, 이한음 옮김, 김영사, 2007.

카렌 암스트롱, 『신을 위한 변론』, 정준형 옮김, 웅진지식하우스, 2010.

Charles Lipson, 『정직한 글쓰기』, 김형주·이정아 옮김, 멘토르, 1989.

연세대 연구처, 『새논문 작성법』, 연세대 출판부, 1998.

논문작성법편찬위원회, 『학술논문작성법』, 계명대학교 출판부, 2003.

_지은이

유광수 연세대학교 학부대학 교수

임진영 연세대학교 강사

김기란 홍익대학교 국어교육학과 겸임교수

주형예 연세대학교 강사

강현조 연세대학교 교육개발지원센터
       글쓰기교실 선임연구원

_기획 및 자문

정희모 연세대학교 국어국문학과 교수

비판적 읽기와 소통의 글쓰기

초판 1쇄 발행 2013년 8월 26일
초판 4쇄 발행 2018년 2월 28일

지 은 이 유광수 외
펴 낸 이 박찬익
펴 낸 곳 도서출판 박이정

주   소 서울시 동대문구 천호대로 16가길 4
전   화 02)922-1192~3 팩스 02)928-4683
홈페이지 www.pjbook.com
이 메 일 pijbook@naver.com
등   록 1991년 3월 12일 제1-1182호
I S B N 978-89-6292-434-3 (93710)